SCHÄFFER
POESCHEL

Sigrid Bekmeier-Feuerhahn/Nadine Ober-Heilig

Kulturmarketing

Theorien, Strategien und Gestaltungsinstrumente

Mit Praxisbeispielen von Henry C. Brinker

2014
Schäffer-Poeschel Verlag Stuttgart

Bibliografische Information der Deutschen Nationalbibliothek
Die Deutsche Nationalbibliothek verzeichnet diese Publikation in der Deutschen Nationalbibliografie;
detaillierte bibliografische Daten sind im Internet über http://dnb.d-nb.de abrufbar.

Gedruckt auf säure- und chlorfreiem, alterungsbeständigem Papier.

ISBN 978-3-7910-3346-4

Dieses Werk einschließlich aller seiner Teile ist urheberrechtlich geschützt. Jede Verwertung außerhalb der engen Grenzen des Urheberrechtsgesetzes ist ohne Zustimmung des Verlages unzulässig und strafbar. Das gilt insbesondere für Vervielfältigungen, Übersetzungen, Mikroverfilmungen und die Einspeicherung und Verarbeitung in elektronischen Systemen.

© 2014 Schäffer-Poeschel Verlag für Wirtschaft · Steuern · Recht GmbH
www.schaeffer-poeschel.de
info@schaeffer-poeschel.de
Einbandgestaltung: Melanie Frasch (Bild: sonja gutschera + leif osthoff gbr)
Satz: Nadine Ober-Heilig
Druck und Bindung: Kösel, Krugzell · www.koeselbuch.de
Printed in Germany
Februar 2014

Schäffer-Poeschel Verlag Stuttgart
Ein Tochterunternehmen der Haufe Gruppe

Vorwort

Nicht nur in der Praxis erfährt Kulturmarketing in den letzten Jahren – im Zuge knapper werdender Ressourcen und steigender Managementanforderungen an Kulturbetriebe – eine wachsende Aufmerksamkeit. Auch aus theoretischer und bildungsorientierter Perspektive wird Kulturmarketing bedeutsamer: An den Hochschulen sind vermehrt Studiengänge mit Schwerpunkten wie Kulturmanagement, Kulturorganisation oder Kulturkommunikation entstanden – Kulturmarketing ist hier ein wichtiger Bestandteil in Studium und Lehre.

Als Grundlagenliteratur für die Aus- und Weiterbildung im Kulturmarketing stehen bislang Best-Practice-Werke aus der Praktikerliteratur, diverse Lehrbücher aus Marketing- und Managementtheorie sowie konzeptionstheoretische Werke zur Verfügung. Seit vielen Jahren fehlt ein geeignetes Kulturmarketing-Lehrbuch, das ausgehend von den besonderen Rahmenbedingungen von Kulturbetrieben diese verschiedenen Erkenntnisfelder zusammenführt. Wir legen ein solches Lehrbuch für Studierende und Lehrende, aber auch für Praktiker vor: theoretisch fundiert und kompakt, mit Rückbezug zur Praxis und daher auch transferorientiert.

Das Anliegen unseres Lehrbuchs ist es, als Überblickswerk verschiedene Ansätze aus unterschiedlichen Marketingrichtungen sowie Managementtheorien zu synthetisieren und dies stets mit dem modifizierenden Blick für Kulturbetriebe. Diese Synthese in der theoretischen Fundierung verknüpft unser Lehrbuch mit einer unmittelbaren Praxisperspektive; so ermöglichen wir durch zahlreiche Anwendungsbeispiele den Transfer und belegen den praktischen Nutzen des Kulturmarketings. An dieser Stelle vielen Dank für die Unterstützung und Anregungen »aus dem Feld«!

Vor allem Henry C. Brinker von BRINKERMEDIA Hamburg hat aus seiner langjährigen Erfahrung am Schluss jeden Kapitels passende Beispiele beigesteuert und ausgearbeitet. Für diese authentische Rückkopplung in die Welt der Praktiker bedanken wir uns herzlich. Weiterhin danken wir Uli Meyer-Johanssen von MetaDesign Berlin für die Bereitstellung des ausführlichen Beispiels zum Konzerthaus Berlin. Unser Dank gilt außerdem allen internen wie externen Helfern, die so maßgeblich an der Fertigstellung dieses Lehrbuchs beteiligt waren. Ihnen als unseren Lesern wünschen wir, dass Sie neue Perspektiven und interessante Synergien entdecken und freuen uns auf Ihre Reaktion.

Lüneburg, Januar 2014
Prof. Dr. Sigrid Bekmeier-Feuerhahn
Nadine Ober-Heilig, M.A.

Inhalt

Vorwort V
Einleitung XI

1 Organisation von Kultur innerhalb des kulturellen Sektors 1
1.1 Kulturbegriff und kultureller Sektor 1
1.2 Besonderheiten und Formen von Kulturorganisationen 4
1.3 Kulturbetriebe als Non-Profit-Organisationen 11

2 Der Kulturmarkt und seine Agitatoren als Ausgangspunkt des Kulturmarketings 19
2.1 Der Markt und die Marktakteure 19
2.1.1 Relevante Akteure des Kulturmarkts 20
2.1.2 Wettbewerber auf dem Kulturmarkt 22
2.2 Besonderheiten von Angebot und Nachfrage auf dem Kulturmarkt 28
2.2.1 Kulturleistungen als Dienstleistungen 28
2.2.2 Besonderheiten öffentlicher kultureller Güter in Angebot und Nachfrage 31

3 Das moderne Marketing und seine Relevanz für den Kulturbereich 39
3.1 Definition und Funktion von Marketing und Kulturmarketing 39
3.2 Spezielle Marketingbereiche mit Relevanz für Kulturbetriebe 46
3.2.1 Dienstleistungsmarketing 46
3.2.2 Non-Profit-Marketing 49
3.3 Marketing als strategisches Konzept 52
3.4 Positionen und Kontroversen zum Kulturmarketing 55

4 Analytische Dimension des Marketings im Kulturbereich 61
4.1 Zielplanung 61
4.1.1 Hierarchie von Zielebenen 62
4.1.2 Das Mission Statement als Basis von Unternehmenszielen 66
4.2 Analyse von Organisation und Wettbewerbsumfeld 68
4.2.1 Die SWOT-Analyse 68
4.2.2 Positionierungsanalyse 74
4.3 Analyse von Verhalten und Entscheidungsprozessen der Besucher 76

5 Strategieentwicklung in Kulturbetrieben 91
5.1 Unternehmenstypenbezogene Strategiebildung 91
5.2 Marktsegmentierung und Zielgruppenbildung 93
5.3 Geschäftsfeldstrategien 95
5.3.1 Abgrenzung strategischer Geschäftsfelder 95
5.3.2 Marktabdeckungsstrategien 96
5.3.3 Marktfeldstrategien 97

5.4	Marktteilnehmerstrategien	99
5.4.1	Audience Development	99
5.4.2	Wettbewerbsbezogene Strategien	103
5.4.3	Kooperationsstrategien	104
5.5	Die Corporate Identity als strategisches Identitätskonzept nach innen und außen	106
5.6	Markenbildung als strategisches Konzept zur Präferenzbildung	108
5.6.1	Die Konzeption der Marke	108
5.6.2	Markenführung	110
5.6.3	Bedeutung des Brandings für Kulturanbieter und Besucher	113

6 Der Marketingmix für Kulturbetriebe als operative Strategieumsetzung ... 119

6.1	Finanzierungspolitik	119
6.1.1	Fundraising	121
6.1.2	Sponsoring	122
6.1.3	Etablierung von Public-private-Partnerships	125
6.1.4	Merchandising und Licensing	126
6.1.5	Weitere Aktivitäten zur Erzielung neuer Erlösfelder	126
6.2	Personalpolitik	127
6.2.1	Personalbestandsplanung und Personalbedarfsplanung	128
6.2.2	Personalentwicklung	129
6.3	Produkt- und Leistungspolitik	130
6.3.1	Kern- und Zusatzleistungen	130
6.3.2	Leistungsqualität und Kundenzufriedenheit	134
6.4	Preispolitik	136
6.4.1	Methoden der Preisbildung	137
6.4.2	Instrumente der Preispolitik zur Erlösoptimierung	140
6.5	Distributionspolitik	142
6.5.1	Absatzwege	143
6.5.2	Vertriebsstrategien	144
6.6	Kommunikationspolitik	145
6.6.1	Kommunikationsformen	147
6.6.2	Wirkungsmodelle der werblichen Kommunikation	148
6.6.3	Kommunikationsinstrumente	150
6.7	Prozesspolitik	156
6.7.1	Qualitätsmanagement	157
6.7.2	Business Process Reengineering (BPR)	159
6.8	Ausstattungspolitik	160
6.8.1	Funktionsbereiche	160
6.8.2	Architektur	161

7 Ausblick: Kulturmarketing als ganzheitlicher Marketingprozess – der Case »Konzerthaus Berlin« ... 171

7.1	Strategische Planung als Erfolgsfaktor – ein neuer Auftritt für das Konzerthaus Berlin	171

7.2	Zielsetzung und kommunikative Herausforderung der Neupositionierung	172
7.3	Die Macht des Visuellen und die Macht der Sprache: der Übersetzungsprozess	174
7.4	Von der Strategie zum Markenauftritt: die Gestaltung der Marke Konzerthaus Berlin	175
7.5	Von den Basiselementen zum Gesamtauftritt	176
7.6	Iván Fischer, Symbol der Neuausrichtung	177
7.7	Die Säulen der Marketingstrategie	178
7.8	Fazit: ohne klare Strategie kein klares Profil	179
7.9	Einordnung Case Konzerthaus Berlin	180

Literaturverzeichnis 183
Stichwortregister 191

Einleitung

Kulturmarketing hat in den letzten zehn Jahren stark an Bedeutung gewonnen. Im wissenschaftlichen Bereich hat sich Kulturmarketing als eigenes Forschungs- und Lehrgebiet etabliert und es ist eine Vielzahl von Studienangeboten mit diesen Inhalten neu entstanden. Aber auch in der Praxis kommt heute (fast) keine Kultureinrichtung mehr gänzlich am Marketinggedanken vorbei. Kulturmarketing erfährt in seinen vielfältigen Ausprägungsformen so eine wachsende Relevanz und auch Akzeptanz. Auch wenn es immer noch vereinzelte Institutionen gibt, welche Kulturmarketing als Kommerzialisierung von Kultur missverstehen und einen Qualitätsverlust befürchten, so kann doch festgehalten werden, dass ein allgemeines Umdenken in den Institutionen stattgefunden hat. Der Prozess einer flächendeckenden Durchsetzung von Kulturmarketing ist somit schon weit vorangeschritten, jedoch längst nicht abgeschlossen. Jede einzelne Kultureinrichtung muss dabei ihren eigenen Weg beschreiten.

Entsprechend bestehen in den Kulturbetrieben neben den verschiedensten Formen der Auseinandersetzung mit dem Thema Marketing sehr unterschiedliche Arten wie dieses umgesetzt wird. Oftmals beschränken sich Kulturbetriebe in der Praxis beispielsweise auf die Umsetzung operativer Maßnahmen wie mittelfristiger Kommunikationskampagnen oder eine singuläre Corporate Design-Entwicklung, statt ganzheitliche Konzepte zu erarbeiten. In den meisten Fällen beanspruchen solche Einzelmaßnahmen auf diese Weise langfristig mehr Ressourcen als eine Investition in eine identitätsbasierte Marketingkonzeption. Nach wie vor fehlt es hier jedoch häufig an Kompetenzen und grundlegenden Kenntnissen bei den Mitarbeitern, welche mit Marketingaufgaben betraut werden. Demgegenüber resultiert der Vorwurf, dass Kulturmarketing die künstlerischen Ideale verkaufen würde und die Kultur kommerzialisiert, hauptsächlich aus der Tatsache, dass Kulturmarketing eine betriebswirtschaftlich orientierte Arbeitsweise voraussetzt. Diese Kritik hat auch heute in Ansätzen noch ihre Berechtigung, es ist jedoch zunehmend Normalität geworden, dass auch Kulturbetriebe nach wirtschaftlichen Prinzipien arbeiten und dies schließt eine hohe Qualität der Inhalte kultureller Produktion und Vermittlung nicht aus. Kulturmarketing wird nicht zuletzt auch durch die erschwerten finanziellen Rahmenbedingungen zunehmend notwendig. So befinden sich heute Kulturbetriebe im Zuge sinkender öffentlicher Fördergelder in einem Spannungsfeld zwischen ihrem Bildungsanspruch sowie wirtschaftlichen und kulturpolitischen Interessen.

Anforderungen an Kulturbetriebe

Die Anforderungen an Kulturbetriebe sind heute andere als noch vor 30 Jahren. Auch die Bedeutung von Kultur und Kulturorganisationen hat sich im Verlauf der Zeit geändert. Kulturelle Güter sind heute einer breiten Schicht der Gesellschaft zugänglich und prägen in vielfältiger Weise unseren Alltag. Kultur ist nicht mehr nur ein Aushängeschild für Prestige und höhere Bildung, sondern hauptsächlich Freizeitbeschäftigung. Die Kulturinstitutionen sehen sich so erlebnisorientierten Besuchern gegenüber, wobei jeder Einzelne nach einem Angebot verlangt, welches möglichst genau zu seinen Bedürfnissen wie Wissenserweiterung, Unterhaltung, Erholung etc. passt. Entsprechend steigt die Zahl der Anbieter auf dem Freizeitmarkt, die solche zielgruppenorientierten Angebote versprechen. Kulturbetriebe sehen sich infolgedessen einer zunehmenden Konkurrenzsituation gegenüber.

Auf der anderen Seite steigt die Bedeutung von Kultur als Standortfaktor für Städte, Regionen und Länder, welche sich nicht auf den Tourismus beschränkt. So werden Standorte von Fachkräften, Unternehmen und Investoren nicht nur nach beispielsweise infrastrukturellen Vorteilen, sondern auch nach ihrem kulturellen Angebot ausgewählt. Städte und Länder konkurrieren um kulturelle Auszeichnungen und Titel. Kultur wird damit auch zunehmend zu einem Wirtschaftsfaktor.

Kultureinrichtungen als soziale Institutionen stehen damit keineswegs isoliert da, sondern befinden sich in einem Geflecht der unterschiedlichsten Interessen und Einflüsse. Neben den sinkenden lokalen Förderungen stellen die zunehmenden volkswirtschaftlichen Budgetsanierungen ein hohes Finanzrisiko für Kulturbetriebe dar. So führen Budgetkürzungen nach und nach auch zu einer erhöhten Berücksichtigung von Wirtschaftlichkeitszielen. Die Zersplitterung in unterschiedliche Ressorts auf Gemeinde-, Länder- und Bundesebene versieht das kulturbetriebliche Umfeld mit zusätzlicher Instabilität. Aber nicht nur die Öffentlichkeit in Form des Staates wirkt auf die Kultur ein, sondern beispielsweise auch die mediale Entwicklung. Entsprechend sehen sich Kulturbetriebe einer fortlaufenden Entwicklung der Medienlandschaft und den damit gesteigerten Wahrnehmungsformen, -frequenzen und -ansprüchen gegenüber, auf die es zu reagieren gilt.

Was dieses Buch leisten soll

Entsprechend der wachsenden Bedeutung von Kulturmarketing ist in den vergangenen Jahren auch die Anzahl der Publikationen zu diesem Thema gestiegen. Viele Veröffentlichungen gehen jedoch aus einer Praktiker-Perspektive an dieses Feld heran. Nur wenige betrachten Kulturmarketing dabei unter ganzheitlichen Gesichtspunkten, welche die speziellen Rahmenbedingungen des Kulturmarkts und dessen Akteuren explizit berücksichtigen. Das vorliegende Buch will diese Lücke füllen. Es greift fundierte Erkenntnisse aus der Marketingforschung auf und berücksichtigt klassische Konzepte der Betriebswirtschaftslehre. Dabei wird stets die Relevanz dieser Konzepte für Kulturbetriebe aufgezeigt und deren Methodik an die Rahmenbedingungen des Kulturbereichs angepasst. Ein ganzheitliches Verständnis von Marketing im Sinne einer strategischen Marketingkonzeption, die basierend auf Identitätswerten der Organisation Strategien und Instrumente eines Kulturbetriebs optimal anpasst, ist ferner eine wesentliche Grundlage dieses Buches.

Das Buch richtet sich daher an Studierende der Bereiche Kulturwissenschaften, Kulturmanagement, Kulturkommunikation etc. und auch an alle Leser, die sich für die strategische Einbindung von Marketingmaßnahmen in Kulturbetrieben interessieren, auch ohne spezielle wirtschaftswissenschaftliche Vorkenntnisse. Zusatzinformationen zu einzelnen Themen, welche Ansatzpunkte für eine vertiefende Auseinandersetzung bieten, vermitteln die blau umrandeten Beispielboxen im Text. Auf den blauen Seiten am Ende eines jeden Kapitels werden aus Praktikerperspektive Anwendungsfelder der in den Kapiteln dargestellten theoretischen Grundlagen veranschaulicht und ermöglichen so einen unmittelbaren Wissenstransfer.

Das Buch ist in sechs Kapitel aufgeteilt, welche thematisch aufeinander folgen. **Kapitel 1** klärt zunächst die Organisation von Kultur innerhalb des kulturellen Sektors und zeigt die verschiedenen Zugänge zu diesem auf. Weiterhin geht Kapitel 1 auf den Kulturbegriff ein und stellt die Besonderheiten und unterschiedlichen Formen von Kulturbetrieben dar. Dabei spielt die Marktausrichtung ebenso eine Rolle wie das Wirtschaftlichkeitsprinzip. In diesem Kapitel werden Kulturbetriebe als Non-Profit-Einrichtungen (NPOs) beschrieben, da auch in allen folgenden Kapiteln hauptsächlich auf nicht kommerzielle Kulturbetriebe Bezug genommen wird.

Im **Kapitel 2** steht der Kulturmarkt mit seinen Agitatoren im Blickpunkt. Anbieter und Nachfrager von Kulturleistungen werden ebenso thematisiert wie staatliche Einrichtungen und Kulturpolitik. Klassische Marktgesetze stellen den Ausgangspunkt dar, um die Besonderheiten von Angebot und Nachfrage im Kulturbereich zu erklären. Daher wird in diesem Kapitel ebenso auf die Mechanismen von Märkten eingegangen. Um die Besonderheiten des nicht kommerziellen Kulturmarktes zu verstehen, ist es weiterhin relevant, Kulturgüter auch als öffentliche und als meritorische Güter zu betrachten. Staatliche Eingriffe in den Markt, deren Auswirkung auf die Preisbildung sowie das Phänomen des Marktversagens werden hier thematisiert. In Kapitel 2 wird ferner das Konzept der Dienstleistung herangezogen, um Kulturleistungen und deren Besonderheiten verständlich zu machen.

Kapitel 3 bietet eine Annäherung an die Begriffe Marketing und Kulturmarketing. Neben Definitionen dieser Begriffe werden auch Funktionen und Formen des Marketings aufgezeigt. Dabei wird deutlich, dass besonders die Konzepte des Dienstleistungsmarketings und des Non-Profit-Marketings Bedeutung für das Kulturmarketing besitzen. Marketing wird in der heutigen Zeit zunehmend als Beziehungsmarketing verstanden, was auch für den Kulturbereich gilt. Weiterhin wird in Kapitel 3 aufgezeigt, wie Marketing als strategisches Konzept verstanden werden kann und es werden Zugänge zur strategischen Marketingkonzeption dargestellt. Abschließend werden verschiedene Positionen und Kontroversen zum Kulturmarketing diskutiert.

Kapitel 4 befasst sich mit den analytischen Dimensionen des Marketings im Kulturbetrieb. Dies schließt Konzepte zur Zielplanung und zum Mission Statement ebenso ein wie Analysen zu Organisation und Wettbewerbsumfeld. Sehr umfassend wird die SWOT-Analyse behandelt, ein klassisches Konzept zur Aufdeckung von Stärken, Schwächen, Chancen und Risiken einer Organisation, welches auch im Kulturbetrieb zur Anwendung kommt. Die Positionierungsanalyse wird ebenso vorgestellt wie Möglichkeiten zur Analyse von Käuferverhalten. Diese Konzepte, welche zum größten Teil aus der klassischen Betriebswirtschaftslehre stammen, werden hier für den Kulturbereich modifiziert und beispielhaft angewendet. Die Nutzer von Kulturangeboten sowie die Besucher stellen dabei eine wesentliche Größe dar. Daher werden die Bedürfnisse der Konsumenten und ihre Verhaltensformen und Entscheidungsprozesse sowie deren individuelle Lebensstile in den Fokus gerückt.

In **Kapitel 5** wird die Strategieentwicklung in Kulturbetrieben beleuchtet. Die behandelten Strategieformen reichen von unternehmenstypenbezogenen Strategien über Geschäftsfeldstrategien, Marktteilnehmerstrategien bis hin zu Wettbewerbs- und Kooperationsstrategien. Weitere wichtige Themenfelder in diesem Kapitel sind die Corporate Identity und die Markenbildung als identitätsbildende Strategien. Da viele Kulturbetriebe noch keine konsistenten Marken entwickelt haben, zeigt sich hier ein großer Handlungsbedarf auf dem Feld des Kulturmarketings. Die Bedeutung und Funktion von Marken für den Kulturbetrieb sowie Markenführung, Markenarchitektur und der Begriff des Brandings werden in diesem Kapitel behandelt.

In **Kapitel 6** wird der Marketingmix als Instrument operativer Strategieumsetzung vorgestellt. Anwendung findet dabei der erweiterte Marketingmix aus dem Dienstleistungsbereich (7 Ps).

Diese klassischen Marketinginstrumente werden auf den Kulturbereich angewandt. Dabei werden aus dem Bereich der Ressourcengenerierung Instrumente der Finanzierungspolitik und der Personalpolitik vorgestellt. Sehr detailliert wird auf die verschiedenen Produkte und Leistungen im Kulturbereich eingegangen, wobei auch der Zusammenhang von Kern-und Zusatzleistungen sowie die Besucherzufriedenheit eine Rolle spielen. Die Preispolitik zeigt verschiedene Möglichkeiten der Preisgestaltung und Erlösoptimierung im Kulturbetrieb auf. Im Bereich der Distributionspolitik werden unterschiedliche Absatzwege und Vertriebsstrategien für Kulturleistungen und Kulturgüter beschrieben. Einige Konzepte sind dem Dienstleistungsbereich entnommen und werden hier auf den Kulturbereich übertragen. Viel Platz wird in diesem Kapitel der Kommunikationspolitik eingeräumt. Gerade im Kulturbereich kommt den kommunikativen Maßnahmen eine sehr große Bedeutung zu, was u. a. mit den spezifischen Eigenschaften von Kulturgütern zusammenhängt. Neben dem Kommunikationsprozess werden verschiedene Kommunikationsformen und Kommunikationsinstrumente vorgestellt, welche im Kulturbetrieb relevant sind. Weiterhin behandelt Kapitel 6 die Themenbereiche Prozesspolitik mit besonderem Fokus auf das Konzept des Qualitätsmanagements und der Ausstattungspolitik, wobei hinsichtlich der Ausstattung im Kulturbetrieb die Architektur eine wesentliche Rolle spielt. Welche Marketinginstrumente im einzelnen Kulturbetrieb jeweils zur Anwendung kommen, hängt letztendlich vom Einzelfall ab, jedoch soll hier ein möglichst umfassender Pool an Instrumenten aufgezeigt werden, welche Kulturbetriebe in der Praxis nutzen können.

Einen Ausblick auf die Möglichkeiten eines konzeptionellen Ansatzes im Kulturmarketing vermittelt abschließend der ausführliche Case des Konzerthauses Berlin in **Kapitel 7**. Als erfolgreiches Beispiel wird hier nochmals die Umsetzung einer identitätsbasierten Marketingkonzeption auf Planungs-, Analyse- und Strategieebene sowie deren Ausgestaltung mithilfe verschiedener Instrumente des Kulturmarketings veranschaulicht.

1 Organisation von Kultur innerhalb des kulturellen Sektors

Bevor die Möglichkeiten von Marketing innerhalb des Kulturbereichs diskutiert werden können, ist zunächst die Ausgangssituation zu klären, vor deren Hintergrund Kulturmarketing schließlich zur Anwendung kommt. Diese umfasst die Definition von Kultur und die Beschaffenheit des Kultursektors (Kapitel 1.1), die verschiedenen Formen von Organisationen innerhalb des Kultursektors und ihre Rahmenbedingungen (Kapitel 1.2), insbesondere bei Non-Profit-Organisationen (Kapitel 1.3).

1.1 Kulturbegriff und kultureller Sektor

Kulturbegriff

Es gibt inzwischen eine unüberschaubare Menge an Begriffsbestimmungen von Kultur. Im weiten Sinne kann der Kulturbegriff auf Verhaltensweisen, Handlungen, Strukturen, Strategien und Institutionen innerhalb eines sozialen Systems bezogen werden, die sämtliche für ein Volk spezifischen Besonderheiten an Werten widerspiegeln. Sämtliche Lebensäußerungen einer Gesellschaft wie Künste, Wissenschaften, Sprache und Religion werden von diesen bestimmt und sind somit Teil einer spezifischen Kultur.

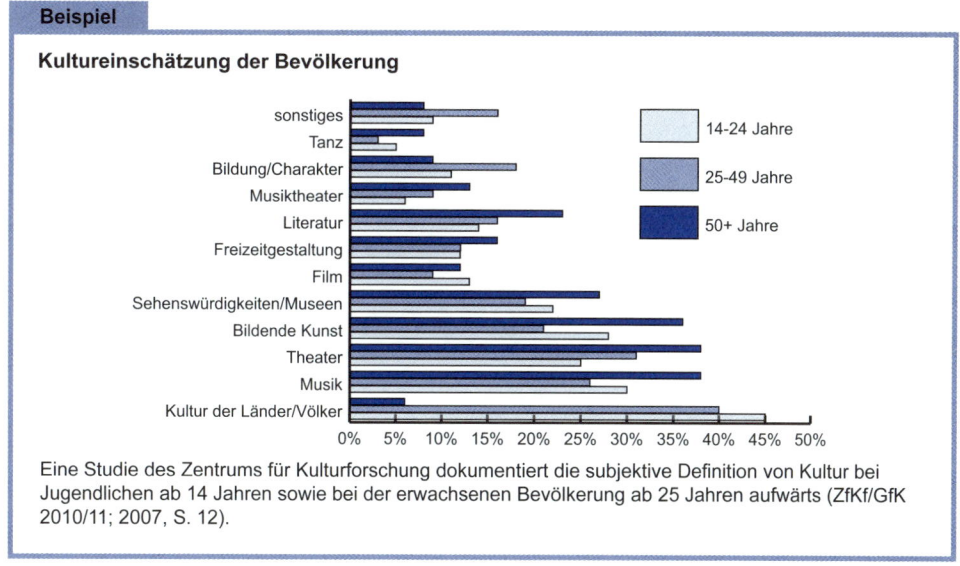

Beispiel

Kultureinschätzung der Bevölkerung

Eine Studie des Zentrums für Kulturforschung dokumentiert die subjektive Definition von Kultur bei Jugendlichen ab 14 Jahren sowie bei der erwachsenen Bevölkerung ab 25 Jahren aufwärts (ZfKf/GfK 2010/11; 2007, S. 12).

Von einer sehr weit gefassten Kulturauffassung grenzt sich die einschränkende Ansicht ab, dass zur Kultur nur das zu rechnen ist, was in den Bereich kultureller Produktion und Distribution fällt wie Theater, Musik, Museen, Ausstellungen, freischaffende Künstler, Film, aber auch Denkmalschutz, Literaturpflege, die Veranstaltung von Kulturereignissen und staatliche Kulturverwaltung (vgl. Geppert et al. 2002, S. 2). Im engeren Sinne lässt sich der Kulturbegriff damit auch als Gesamtheit aller Artefakte auffassen, die das Ergebnis geistiger, künstlerischer und kreativer Arbeit ohne Zweckgerichtetheit darstellen (vgl. Hansen 2011, S. 9 ff.). Sowohl der Produktionsprozess als auch der sich anschließende Rezeptionsprozess sind dabei höchst anspruchsvoll und nur von besonders begabten oder speziell qualifizierten Menschen mit Sensibilität oder Kunstsinn zu leisten, weshalb diese Arbeit bei vielen Völkern einen sehr hohen Status hat. Die künstlerischen Produkte, als Ergebnisse dieses Produktionsprozesses, sind ohne verwendbaren Zweck, d. h. sie können für die praktische Daseinsbewältigung des Menschen keine Funktion übernehmen. Insofern ist diese Kategorie des Kulturbegriffs sowohl beschreibend als auch wertend angelegt. Dennoch gilt hier die Kunst nicht als Synonym von Kultur, sondern ist ein spezieller Teil, nämlich die avantgardistische Spitze innerhalb des Kulturbereichs. Auch wenn von einem engen Kulturverständnis die Rede ist, umfasst dieses ein breites Spektrum unterschiedlicher Arten von kulturellen Gütern und Leistungen. Diese können wiederum nach verschiedenen Kriterien erfasst werden, wie unterschiedliche Differenzierungsansätze zeigen. Abbildung 1.1 greift beispielhaft die Klassifizierungen nach Straßl (2010), Scheytt (2005) und Bruhn (2010) auf.

Kunst bzw. die verschiedenen Kunstformen wie bildende und darstellende Kunst, Musik und Literatur bilden übergreifend eigene Bereiche innerhalb des Kultursektors, die sich vor allem durch ihre Produktivität auszeichnen. Davon abgegrenzt sind die Bereiche der Kulturpflege (wie etwa Laienförderung, Denkmalpflege, Archive, Heimat- und Brauchtumspflege) und Bildung, die gegenüber der Kunst- und Kulturproduktion eher einen administrativen sowie vermittelnden Charakter besitzen. Weitere Gebiete einer breiteren Kulturdefinition sind solche, die der Alltagskultur zuzurechnen sind wie z. B. verschiedene Medien oder Sport.

Straßl (2010)	Scheytt (2005)	Bruhn (2010)
▪ Kulturelles Erbe	▪ Kunst	▪ Bildende Kunst
▪ Druckerzeugnisse und Literatur	▪ Bildung	▪ Darstellende Kunst
▪ Musik	▪ Kulturpflege	▪ Musik
▪ Darstellende Kunst		▪ Literatur
▪ Bildende Kunst		▪ Film/Fernsehen
▪ Film und Fotografie		▪ Kulturpflege
▪ Hörfunk und Fernsehen		▪ Architektur
▪ Soziokultur		
▪ Sport		
▪ Natur- und Landschaftspflege		
▪ Sonstige kulturelle Aktivitäten		
▪ Kulturverwaltungen		

Abb. 1.1: Klassifizierungen von Kultur

Zugänge zum kulturellen Sektor

Vor allem jene Bereiche, die der Kunst und Kultur im engeren Sinne zugeordnet werden können, sowie sämtliche Produkte und Leistungen, die sich in diesen manifestieren, sind Teil des kulturellen Sektors, innerhalb dessen auch das Kulturmarketing agiert. Als Sektoren werden in der BWL große Wirtschaftsbereiche bezeichnet, zu denen wiederum unterschiedliche Branchen zu zählen sind. Eine Zuordnung zu einer Branche erfolgt für Betriebe, die ähnliche Produkte herstellen, die mit ähnlichen Artikeln handeln oder die ähnliche Dienstleistungen erbringen (z. B. Handels-, Bank-, Verkehrs-, Versicherungs- und sonstige Dienstleistungsbranchen). In Analogie hierzu werden Leistungen im kulturellen Sektor unterschieden. Der Bereich von Produktion, Vertrieb und Vermittlung kreativer Güter wird (vorwiegend in der englischsprachigen Literatur) in Abgrenzung zu anderen Industriesektoren als »Creative Industries« bezeichnet. Dabei sind sämtliche Produkte und Leistungen einbezogen, welche im weitesten Sinne mit kulturellen und künstlerischen Werten belegt werden können:

»*They include book and magazine publishing, the visual arts (painting, sculpture), the performing arts (theatre, opera, concerts, dance), sound recordings, cinema and TV films, even fashion and toys and games.*« (Caves 2000, S. 1).

Im kulturellen Sektor lässt sich somit eine Vielzahl von Unternehmensformen, Strukturen und Beziehungen, sowohl im Sinne der »Creative Industries« als auch in Unternehmen aus anderen Bereichen, wiederfinden. Künstler, Vertriebsorgane, Produktionsstätten sowie vermittelnde Institutionen sind hier in ihren verschiedenen Ausprägungen und Interaktionen zu nennen.

Die Basisausrichtung des kulturellen Sektors lässt sich gut über drei verschiedene Zugangsweisen erfassen (vgl. Abb. 1.2): ein funktionaler, ein institutioneller und ein personaler Zugang (vgl. Hollerweger/Nachbagauer 2003, S. 11 ff.).

Personaler Zugang	Institutioneller Zugang	Funktionaler Zugang
Alles, was Produzenten von Kunst (Künstler) und kunstnahen Produkten im Rahmen der Ausübung ihrer Tätigkeiten hervorbringen.	Personen bzw. Organisationen und die ihnen angehörigen Personen, bei denen eine künstlerische Tätigkeit vorherrscht, bzw. wo diese deren Zweck bildet.	Alles, was zur Befriedigung der Bedürfnisse nach Kunst und Kultur einer Gesellschaft führt, bzw. was so bewertet wird, dass es diese Funktion erfüllt.

Abb. 1.2: Zugänge zum kulturellen Sektor

Der personale Zugang weist durch die Fokussierung des künstlerischen Schaffens auf die damit verbundenen Fähigkeiten und Fertigkeiten hin, welche für die Ausübung künstlerischer Tätigkeiten erforderlich sind. So wird vor allem das Beschäftigungspotenzial thematisiert, das durch Kultur entsteht und welches für personalbezogene Ansätze des Kulturmarketings von Bedeutung ist.

Der institutionelle Zugang schließt wiederum neben künstlerisch tätigen Personen auch solche mit ein, die in Organisationen indirekt an der Erstellung kultureller Leistungen beteiligt sind, wie z. B. Wissenschaftler, Pädagogen oder Verwaltungspersonal. Da der Begriff der Institution bzw. Organisation nicht zwangsläufig eine hohe Anzahl an Mitarbeitern bedeuten muss, schließt der institutionelle Zugang auch selbstständige Künstler und ihr Atelier ein und ist in diesem Fall mit dem personalen Zugang deckungsgleich. Weiterhin bezieht ein institutioneller Zugang verschiedene Interaktionsprozesse innerhalb des kulturellen Sektors mit ein, in denen Vorgänge wie Vermarktung, Präsentation, Vermittlung, rechtliche Regulierung, Archivierung, Bewertung und Kanonisierung, Forderung und Sanktionierung ablaufen (Zembylas 2006, S. 103). Organisationen sind somit innerhalb des institutionellen Zugangs auch die Adressaten des Kulturmarketings im Allgemeinen. Um diese genauer beschreiben und differenzieren zu können, werden im Folgenden die Besonderheiten von Organisationen, die innerhalb des Kultursektors agieren, vorgestellt.

Der funktionale Zugang spiegelt eine globale Auffassung des Kultursektors wider. Kunst und Kultur sind hier weder an Personen noch Organisationen gebunden. Dies erschwert jedoch die Abschätzung der Bedeutung von Kunst und Kultur, welche sich letztendlich gerade anhand der Betrachtung von Organisationen und Personen offenbart, durch die der künstlerische Schaffensprozess nach außen getragen wird. Wichtig für das Kulturmarketing sind dennoch die spezifischen kollektiven und individuellen Bedürfnisse, welche durch Kunst und Kultur befriedigt werden können.

1.2 Besonderheiten und Formen von Kulturorganisationen

Kulturorganisationen als Institutionen

Die unterschiedlichen Unternehmensformen von kulturschaffenden Organisationen innerhalb des kulturellen Sektors werden allgemein unter dem Begriff der Kulturinstitutionen zusammengefasst. Diese Organisationen sind gesamtgesellschaftliche Gebilde, die besondere Merkmale aufweisen und in denen spezifische Regeln gelten, wie die folgende Auflistung zeigt (vgl. Höhne 2009:2, S. 86):

- Orientierung auf bestimmte Ziele
- Errichtung speziell zum Zweck der Erreichung von ausdrücklich definierten Zielen
- Besitz einer formalen Struktur
- Arbeitsteilung, einschließlich Machtdifferenzierung und Verantwortungsdelegation
- Einrichtung auf Dauer
- Kontrolle durch spezifische Machtzentren.

- Optimierung des Personals durch qualitätsorientierten Austausch
- Rationale Koordination des Handelns
- Genau feststellbarer Mitgliederkreis und Verfahren für Aufnahme und Ausschluss.

Entsprechend gibt es auch im Kultursektor einen Kanon von Regeln, Normen sowie vorgegebenen Aufgabenbeschreibungen. Dies führt auch automatisch zu bestimmten Inklusions- sowie Exklusionsmechanismen, über welche sich kulturelle Organisationen definieren. Solche beinhalten z. B. die qualitative hierarchische Kategorisierung von Hochkultur vs. Populärkultur, ernsthafter vs. unterhaltender, reflektierter vs. naiver, professioneller vs. dilettantischer, avancierter vs. konservativer Kultur. Trotz einer durchaus kritischen Auseinandersetzung mit solchen institutionsinhärenten Hierarchien lässt sich das Erfordernis zu einer solchen Differenzierung feststellen, nämlich um eine ideelle wie ökonomische Verortung kultureller Organisationen überhaupt zu ermöglichen (Zembylas 2006, S. 104).

Ökonomische Ausrichtung von Kunst und Kultur produzierenden Institutionen

Künstlerische Produktion lässt sich unter Berücksichtigung von Bourdieus Theorie des kulturellen Feldes danach klassifizieren, in welchem Maße diese am Markt und an wirtschaftlichen Prinzipien ausgerichtet ist (Chiapello 1993, S. 10 f.). Es lassen sich im Wesentlichen zwei Unterfelder ausmachen in dem, was Bourdieu als »kulturelles Feld« bezeichnet: In dem einen gilt künstlerische Autonomie als L'art pour l´art, in dem anderen orientiert sich Kunstschaffen durchaus bereits an den Anforderungen eines sichtbar werdenden Kunstmarktes, zeigt sich also schon weniger kapital- und wirtschaftsfeindlich. Abbildung 1.3 zeigt beispielhaft Kunstschaffende und deren Einstellung gegenüber wirtschaftlichen Prinzipien bei der künstlerischen Produktion für die einzelnen Felder → **siehe auch Praxisbeispiel »Das Markt-Dilemma Kultur produzierender Institutionen: die ökonomische Ausrichtung an Theatern in Berlin und Wien« (S. 14/15)**.

Das Geschehen im »kulturellen Feld« ist aber auch als evolutionärer Prozess zu verstehen, bei dem die in beiden kulturellen Unterfeldern stattfindenden Reibungen zu einer Verschiebung führen. D. h., künstlerische Produktionen, die vormals der Avantgarde angehörten, rücken somit nach

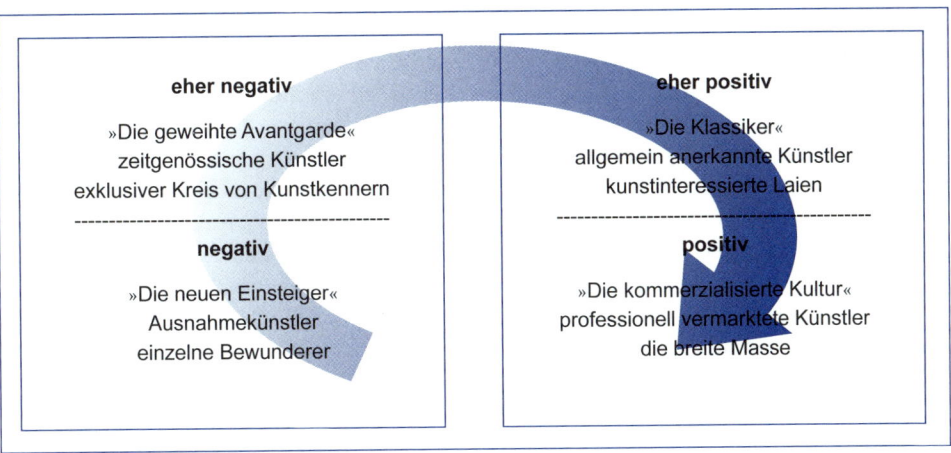

Abb. 1.3: Einstellungen von Kunstschaffenden gegenüber wirtschaftlichen Prinzipien

und nach in den dem Kunstmarkt zugewandten Bereich vor. Dies erklärt sich allein schon aus den künstlerischen Innovations- und Entwicklungsvorgängen auf der einen und der fortschreitenden Integration neuer Strömungen in den künstlerischen Kanon auf der anderen Seite. Gerade in dieser augenscheinlichen Differenz von innovativen, autonomen Kulturprodukten gegenüber jenen Prinzipien der Wirtschaft liegt häufig die Argumentationsgrundlage für die grundsätzliche Ablehnung von Marketingmethoden im Kulturbereich, welche von Seiten einiger kultureller Vertreter vorgebracht wird. Dennoch existieren durchaus Ausnahmen in Form von künstlerischen Strömungen wie beispielsweise der Pop-Art, die ihre Nähe zu Markt- und Wirtschaftsprinzipien von Beginn an bewusst hervorhebt. Sie entziehen sich dadurch dem evolutionären Entwicklungsprozess der kulturellen Felder, verweisen so jedoch auch programmatisch auf die ihm zugrunde liegenden Prinzipien.

Das Wirtschaftlichkeitsprinzip in Kulturbetrieben

Kulturmarketing bezieht sich nach der oben beschriebenen Klassifizierung auf solche Organisationen, welche sich durch eine eher positive Haltung gegenüber wirtschaftlichen Prinzipien auszeichnen. Das impliziert, dass aus einer wirtschaftlichen Perspektive sämtliche Entscheidungen dem ökonomischen Prinzip unterliegen, das auch als Wirtschaftlichkeitsprinzip bezeichnet wird. Demnach beschreibt das Wirtschaftlichkeitsprinzip ein Formalziel, also ein Durchführungsprinzip, welches verlangt, das Verhältnis von Output und Input zu optimieren. Grundsätzlich kann eine Institution hierzu nach zwei Ausprägungen handeln:

- **Maximierungsprinzip:** Bei einem gegebenen Input ist ein größtmöglicher Output zu erwirtschaften, mit anderen Worten: Handle so, dass du mit deinen gegeben Mitteln das maximale Ergebnis erreichst.
- **Minimierungsprinzip:** Ein gegebener Output ist mit einem geringstmöglichen Input zu erwirtschaften, mit anderen Worten: Erreiche ein bestimmtes Ergebnis mit minimalen Mitteln.

Während sich für Erwerbswirtschaften das Durchführungsprinzip stets auf die Maximierung des Gewinns durch die optimale Kombination der Produktionsfaktoren bezieht, steht im Kulturbereich die Qualität der Kulturleistung im Vordergrund. In der Regel handelt es sich um Unikate, die als Ergebnis eines kulturellen Erstellungsprozesses stark individuell geprägt sind. Hier ist das Formalziel der Wirtschaftlichkeit nur selten unmittelbar zu übertragen, denn hier geht es nicht darum, in einer gegebenen Zeiteinheit möglichst viel an Kulturleistungen zu produzieren. Nicht Quantitäten, sondern Qualitäten sind hier ausschlaggebend. Um jedoch die gewünschte Qualität der Kulturleistung nachhaltig produzieren zu können, bedarf es geeigneter Rahmenbedingungen. Zur Schaffung dieser geeigneten Rahmenbedingungen dient das Kulturmarketing. Um hier eine optimale Auswahl und Gestaltung der jeweiligen Marketingstrategien zu realisieren, sollte bei der Frage der Verwendung der in Kulturbetrieben fast immer knappen Ressourcen das Wirtschaftlichkeitsprinzip Anwendung finden → **siehe auch Praxisbeispiel »Das Prinzip der Wirtschaftlichkeit öffentlich-rechtlicher Gebührensender: Das MDR Sinfonieorchester und sein Dirigent Fabio Luisi« (S. 16/17).**

Kategorisierung von Kulturorganisationen nach ihrer Marktausrichtung

Diejenigen kulturellen Organisationen, die nach wirtschaftlichen Prinzipien handeln bzw. handeln müssen, lassen sich wiederum dadurch unterscheiden, inwieweit sie ihre Handlungen und Entscheidungen am Markt ausrichten. Zu Kulturorganisationen zählen gewinnorientierte wie nicht kommerzielle, privatwirtschaftliche wie öffentliche Betriebe. Dabei werden hochkulturelle Einrichtungen wie beispielsweise Museen und Theater genauso einbezogen wie die gesamte Kulturindustrie, worunter auch Filmproduktionen, Musicals und die Medien fallen (Colbert 2008, S. 11 ff.).

Für eine genauere Klassifizierung von Kulturbetrieben, wie sie in Abbildung 1.4 dargestellt ist, welche u. a. Auswirkungen auf die Wahl des Marketingansatzes hat, lässt sich zunächst nach Markt- und Produktperspektive von Kulturbetrieben unterscheiden. Eine Marktperspektive ist dabei gleichbedeutend mit Konsumentenorientierung, d. h., das unternehmerische Handeln wird über die Orientierung an der Nachfrage der Konsumenten bzw. den Besucherwünschen definiert. Eine Produktperspektive heißt dagegen, dass die gegebenen Eigenschaften kultureller Produkte bzw. Kulturgüter den Ausgangspunkt des Handelns eines Kulturbetriebes markieren, woraus sich auch seine Daseinsberechtigung ergibt. Zwischen diesen beiden Extremen – Produkt- versus Marktperspektive – gibt es eine große Bandbreite von Mischformen. Bei der zweiten Dimension innerhalb der Klassifizierung geht es um die Produktionsart des Kunstwerks bzw. Kulturguts, nämlich ob es sich um die Produktion oder Reproduktion eines Prototyps handelt (ebenda). Ergebnis der Produktion des Prototyps ist demzufolge das künstlerische Einzelstück. Bei der Reproduktion handelt es sich um eine künstlerische Hervorbringung auf der Grundlage eines schon bestehenden Originals wie z. B. eines Manuskripts, Musters, Prototyps oder Modells. Ein Kulturbetrieb verfolgt dann die Absicht, mit einem Produkt in die Massenproduktion zu gehen. Diese Produkte sind dann standardisierte Güter und, da auch hier das Gesetz der großen Zahl gilt, beliebig oft reproduzierbar. Damit können immer neue effektivere Produktionskategorien eingesetzt werden, was im Ergebnis zur unmittelbaren Steigerung der Wirtschaftlichkeit führt. Vertrieben werden diese Produkte somit hauptsächlich von gewinnorientierten Betrieben.

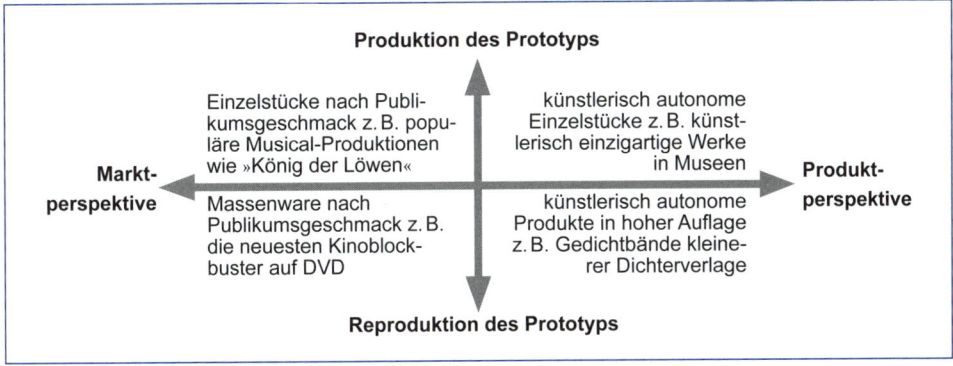

Abb. 1.4: Klassifizierung von Kulturbetrieben

Viele Wissenschaftler unterscheiden grundsätzlich zwischen einer kommerziellen, den Prinzipien der Wirtschaft entsprechenden und einer nicht kommerziellen, öffentlich subventionierten Kulturproduktion, wie in Abbildung 1.5 beispielhaft dargestellt ist (vgl. Fischer 2001, S. 45). Eine gewinn- und marktorientierte Vorgehensweise auf der kommerziellen Seite wird dabei einer an inhaltlich-ideellen Zielen orientierten Handlungsweise auf der nicht kommerziellen Seite gegenübergestellt. Die Bedeutung des Kulturprodukts bei nicht kommerziellen Kulturbetrieben als gegebener Ausgangspunkt von Strategien der Vermittlung und Vermarktung wird hier besonders deutlich.

Wirtschaft (und kommerzielle Kultur)	Kultur (öffentlich subventioniert)
Wird von den Marktkräften bestimmt.	Wird von ihrem gesellschaftspolitischen Auftrag bestimmt.
Bringt Produkte und Dienstleistungen auf den Markt, um Gewinne zu erzielen.	Vermittelt Ideen und hat immaterielle Ziele.
Befriedigt die Wünsche und Bedürfnisse der Kunden; was diese wollen, sollen sie erhalten.	Sucht das Publikum für sich zu interessieren und von sich zu überzeugen.
Das neue Marketing der Wirtschaft verkauft Waren als Problemlösungen, das heißt der Verkauf maskiert sich als Problemlösung.	Vertritt einen Bildungsanspruch: will soziales und politisches Bewusstsein fördern und das ästhetische Urteilsvermögen stärken.
Bejaht bestehende Gesellschaftsstrukturen.	Stellt (auch) kritische Fragen zu Gesellschaft, Politik und Umwelt.
Wirtschaftsgüter sind in ständiger Veränderung begriffen. Die Wirtschaft ist innovativ und verändert sich mit dem Zeitgeist und beeinflusst ihn.	Kulturschaffen ist tendenziell unbeweglich. Künstlerische Grundformen haben sich in den letzten Jahrhunderten nur unwesentlich weiterentwickelt.
Kann grundsätzlich mit der Bereitschaft der Kunden rechnen, neue und innovative Produkte zu akzeptieren.	Dort, wo zeitgenössische und innovative Formen entwickelt werden, hat es die Kultur schwer, sich beim Publikum durchzusetzen.
Hat die Möglichkeit, neue Produkte zu testen und ggf. zu modifizieren.	Muss sich im Veranstaltungsbereich in der Regel ohne Erprobung dem Publikum stellen und hat nur selten die Möglichkeit, nach der Premiere Änderungen vorzunehmen.
In der Wirtschaft gibt es eine Einführungs- und eine Wachstumsphase der Produkte, deren Lebensdauer sehr lange sein kann.	Kulturschaffen muss weitgehend aus dem Stand funktionieren, weil es in der Regel zeitlich befristet und als Produkt nicht lagerungsfähig ist.
Auf viele Angebote der Wirtschaft trifft der Kunde zufällig, ohne notwendigerweise vorher darüber informiert gewesen zu sein.	Die Teilnahme an einer kulturellen Veranstaltung bedarf in der Regel der vorherigen Information und ggf. einer Vorbereitung.

Abb. 1.5: Prinzipien von Wirtschaft und öffentlich geförderter Kultur

Die kommerzialisierte und die öffentlich subventionierte Kultur unterscheiden sich hierbei prinzipiell in den jeweiligen Rahmenbedingungen und Grundhaltungen. Betrachtet man jedoch gerade die Vielfalt an betrieblichen Erscheinungsformen, die sich mittlerweile innerhalb des kulturellen Sektors herausgebildet hat, wird schnell deutlich, dass eine solch klare Abgrenzung in der aktuellen Praxis nur noch selten zu finden ist. Dies wird vor allem auch durch den Umstand begleitet, dass rein öffentlich subventionierte Kulturinstitutionen durch den Abzug öffentlicher Gelder im Kulturbereich immer seltener werden. Insofern stellt sich vielmehr die Frage nach einer Vereinbarkeit wirtschaftlicher Denkstrukturen und Strategien wie dem Marketing mit den Denkweisen und Rahmenbedingungen von Kulturorganisationen, statt einer grundsätzlichen Differenzierung.

Differenzierung von Kulturorganisationen über ihre betrieblichen Eigenschaften

Neben ihrer Haltung gegenüber marktgerichteten Handlungsweisen und den damit einhergehenden gesellschaftlichen Rahmenbedingungen lassen sich die verschiedenen Formen von Kulturorganisationen über ihre betrieblichen Eigenschaften genauer einordnen. Das Handeln nach dem ökonomischen Prinzip ist dabei lediglich ein Merkmal zur Kennzeichnung eines Betriebs. In marktwirtschaftlichen Systemen lassen sich die drei Betriebstypen – private Unternehmung, NPO und öffentliche Organisation – durch verschiedene Merkmale charakterisieren, wie sie nachfolgend in Abbildung 1.6 dargestellt werden.

Als Betrieb bezeichnet man eine planvoll organisierte Wirtschaftseinheit, in der Produktionsfaktoren kombiniert werden, um Güter und Dienstleistungen herzustellen oder abzusetzen (vgl. Wöhe/Döring 2013, S. 27). Ebenfalls kennzeichnend ist die Fremdbedarfsdeckung. Der Betrieb produziert also im Gegensatz zum Haushalt nicht für sich selbst, sondern für Dritte. Kulturbetriebe bedienen entsprechend einen öffentlichen Bedarf nach Kunst und Kultur, welcher zudem eine hohe kulturpolitische Relevanz besitzt. Außerdem werden jegliche Betriebe bewusst von Menschen geschaffen und zeichnen sich i. d. R. durch eine arbeitsteilige Aufgabenerfüllung aus (vgl. Weber/Kabst 2012, S. 6).

Unternehmungen, die sich durch ihre an Absatz und Gewinn orientierten Zielvorgaben auszeichnen und ihre Einnahmen zudem in erster Linie aus Umsatzerlösen generieren, können als kommerzielle Unternehmen bezeichnet werden. Kulturbetriebe dieser Art können sich entsprechend problemlos an »klassischen« Marketingansätzen orientieren, während nicht kommerzielle Kulturbetriebe bei der Umsetzung einer Marketingkonzeption auf ihre Besonderheiten als Non-Profit-Organisationen Rücksicht nehmen müssen, um ihre gesellschaftliche Akzeptanz als solche zu wahren und ihren mit diesem Status verbundenen Aufgaben gerecht werden zu können. So besteht eine wesentliche Aufgabe öffentlicher Kulturinstitutionen darin, einen Bildungsauftrag zu erfüllen. Entsprechend dieser Anforderung engagieren sich Kulturbetriebe in den letzten Jahren zunehmend, diesen mit Hilfe neuer Vermittlungs- und Präsentationsformen zu erfüllen. Kulturinstitutionen werden häufig aus öffentlicher Hand, aber auch durch Stiftungen etc. mitfinanziert, die so das Überleben der Institutionen sichern, aber durch die wiederum auch der Anspruch einer gewissen Vermittlungsqualität mitbestimmt ist. Das dominante Leistungsziel öffentlicher, aber auch nicht kommerzieller privater Kulturbetriebe stellt somit die Produktion von Werten und Normen dar. Konkret bedeutet dies, dass die entstandenen Produkte der Kulturorganisation einen Sinn bzw. eine Bedeutung haben. Die Sinnkonstruktion, wie beispielsweise Identität, Motivation oder Integration, ist das oberste Ziel der Einrichtung. Bei kulturellen Non-Profit-Betrieben dominiert dieses Sachziel der Sinnkonstruktion im Gegensatz zu erwerbswirtschaftlichen Betrieben, bei denen der Gewinn – also ein Formalziel – im Vordergrund steht (Fischer 2001, S. 45 f.). Diese Kulturbetriebe sind es, mit denen sich der nachfolgende Ansatz eines integrativen Kulturmarketings und somit dieses Buch beschäftigt. Entsprechend soll im Folgenden die gesellschaftliche Bedeutung und Zielrichtung von Non-Profit-Organisationen (NPOs) nochmals genauer beleuchtet werden.

Betriebstyp/ Merkmal		Unternehmung (Private Betriebe)	Non-Profit-Organisation (Private Betriebe)	Non-Profit-Organisation (Öffentliche Betriebe)	Öffentlicher Verwaltungsbetrieb
Bedarfsdeckung	Beispiel	Kinocenter	Kulturvereine	Staatsopern	Denkmalämter
	Eigen- sowie Fremdbedarfsdeckung	Individuelle Fremdbedarfsdeckung	Individuelle Fremdbedarfsdeckung	Vorwiegend individuelle Fremdbedarfsdeckung	Überwiegend kollektive Fremdbedarfsdeckung
Ziele	Sachziele (Leistungsziele)	Beschaffungs-, Produktions- und Absatzziele	Gemeinschaftliche Versorgung gesellschaftlicher und wirtschaftspolitischer Ziele	Gemeinschaftliche Versorgung gesellschaftlicher und wirtschaftspolitischer Ziele	Kollektive Wohlfahrtsförderung
	Formalziel (Durchführungsziele)	Erwerbswirtschaftliche Ziele: Gewinnmaximierung, Kostenminimierung, Rentabilität, Marktposition	Wirtschaftlichkeitsprinzip: Ausrichtung auf Effektivität (Zielerreichung) bei gleichzeitiger Effizienz in den Tätigkeitsfeldern zur Sicherung der Aufgabenerfüllung (z. B. Mittelbeschaffung)	Wirtschaftlichkeitsprinzip: Ausrichtung auf Effektivität (Zielerreichung) bei gleichzeitiger Effizienz in den Tätigkeitsfeldern zur Sicherung der Aufgabenerfüllung (z. B. Mittelbeschaffung)	Wirtschaftlichkeitsprinzip: Bürgerfreundlichkeit, Ausrichtung auf Effektivität (Zielerreichung) bei gleichzeitiger Effizienz in den Tätigkeitsfeldern zur Sicherung der Aufgabenerfüllung (z. B. Mitteleinsatz)
	Zieldominanz	Formalzieldominanz v. a. erwerbswirtschaftliche Ziele	Sachzieldominanz	Sachzieldominanz	Sachzieldominanz, v. a. gemeinwirtschaftliche Ziele
	Grad der Unabhängigkeit der Zielsetzung	groß (gesetzliche Beschränkungen)	gering bis mittel (kollektives Interesse)	gering bis mittel (kollektives Interesse)	gering (politische Zielvorgaben, Gesetze)
Leistungsstruktur	Leistungsverpflichtung	nein	nein bis teilweise	teilweise (öffentliche Zugänglichkeit)	ja
	Abnahmepflicht der Leistungsempfänger	nein	nein	nur im Ausnahmefall, (z. B. Anschluss- und Benutzungsfall)	teilweise (z. B. Schulpflicht, Wehrpflicht)
	Personalstruktur	Festangestellte Mitarbeiter/innen	Festangestellte Mitarbeiter/innen, Ehrenamtliche oder Vereinsmitglieder	Festangestellte Mitarbeiter/innen, Ehrenamtliche oder Vereinsmitglieder	Festangestellte Mitarbeiter/innen
Eigentums- und Finanzstruktur	Staatsanteil am Eigentum	nein	nein	teilweise bis komplett	komplett
	Herkunft der Einnahmen	Umsatzerlöse, Finanzerträge	Umsatzerlöse und Fremdmittelakquise, teilw. Subventionen	Umsatzerlöse und Subventionen	Überwiegend aus Steuern und Gebühren
	Bestandsrisiko	ja	ja	gering	nein

Abb. 1.6: Formen von Kulturorganisationen und ihre betrieblichen Eigenschaften

1.3 Kulturbetriebe als Non-Profit-Organisationen

Eines der wichtigsten Merkmale von Non-Profit-Organisationen ist, dass die Erzielung von Gewinn kein vorrangiges Unternehmensziel ist. Dies trifft für öffentliche und eine Vielzahl privat geführter Kulturbetriebe zu, welche die Kulturvermittlung (Sachziel) als Basis ihrer Leistungserstellung betrachten. Die besondere Bedeutung der Leistungserstellung in NPOs wird auch in der Definition von Bruhn (2012, S. 21) deutlich:

»*Eine Non-Profit-Organisation ist eine nach rechtlichen Prinzipien gegründete Institution (privat, halb-staatlich, öffentlich), die durch ein Mindestmaß an formaler Selbstverwaltung, Entscheidungsautonomie und Freiwilligkeit gekennzeichnet ist und deren Organisationszweck primär in der Leistungserstellung im nicht kommerziellen Sektor liegt.*«

Dies bedeutet nicht, dass NPOs überhaupt keine Gewinne erwirtschaften dürfen. Sie unterliegen allerdings einer Beschränkung, was die Verteilung dieser Gewinne betrifft. Im Gegensatz zu profitorientierten Betrieben dürfen die Gewinne der NPO nicht an Mitglieder der Organisation verteilt werden. Sie können aber selbstverständlich zur Verfolgung der Non-Profit-Ziele in das Unternehmen reinvestiert werden. Weitere Merkmale bestehen in ihrer Zielsetzung nach einem z. B. ethischen, ökologischen oder sozialen Wertekanon sowie in ihrer Thematisierungsfunktion (vgl. Herger 2004, S. 158). Abbildung 1.7 verdeutlicht die wesentlichen Merkmale von NPOs und ihre (erstrebten) gesellschaftlichen Effekte.

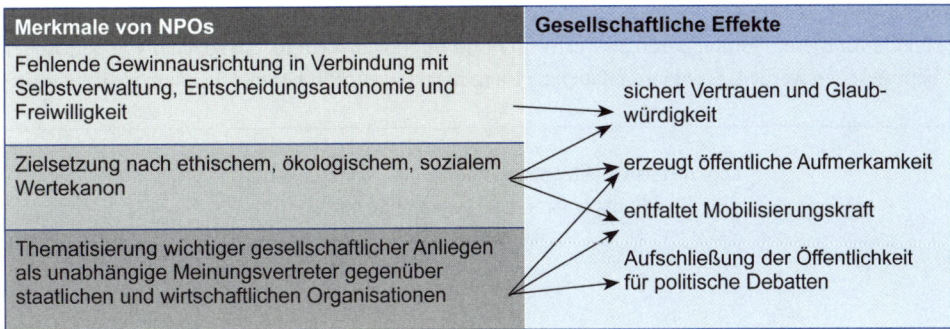

Abb. 1.7: Merkmale und gesellschaftliche Effekte von Non-Profit-Organisationen

Ausrichtung der betrieblichen Ziele von NPOs und öffentlicher Kulturinstitutionen

Ziele von NPOs beziehen sich i. d. R. auf das Erfüllen gesellschaftlicher Funktionen. Dominante Sachziele von Kulturinstitutionen, die zu einer an gesellschaftlichen Interessen ausgerichteten Sinnkonstruktion beitragen, sind Werte wie Bildung, Kunstsinn und gesellschaftliches Kritikbewusstsein (Hasitschka 2007, Sp. 1020 ff.). Ziele der Sinnkonstruktion sind jedoch schwer messbar. Als Ersatzindikatoren können immaterielle und materielle Gegenleistungen herangezogen werden. Immaterielle Gegenleistungen sind beispielsweise die Besuchsfrequenz eines Museums oder die Auslastung eines Theaters. Die materiellen Gegenleistungen beziehen sich auf die Finanzierung, beispielsweise auf die Kostendeckung oder auf das Leistungsangebot, etwa auf die Anzahl der Veranstaltungen.

Als grundlegende Funktionen von NPOs lassen sich **Dienstleistung, Interessenvertretung** und **Gemeinschaftbildung** nennen. Die Dienstleistungsfunktion bezieht sich auf das gesellschaftliche System Wirtschaft und beinhaltet die Bereitstellung von materiellen und immateriellen Leistungen, welche einen öffentlichen und kollektiven Nutzen schaffen. Die Funktion Interessenvertretung bezieht sich auf das System Politik und zielt darauf ab, diese zu verändern. Die Gemeinschaftsbildung beinhaltet verschiedene Funktionen von NPOs (Mobilisierung einer Gemeinschaft, Partizipation, Integration) und macht deren integrative Rolle deutlich (vgl. Leitner et al. 2008, S. 96).

Gesellschaftliche Rolle von Non-Profit-Organisationen

Die Verortung von Kulturbetrieben des Non-Profit-Bereichs innerhalb der Gesellschaft lässt sich gut am Modell des gesellschaftlichen Kräfte-Dreiecks von **Markt, Staat** und **Civil Society** veranschaulichen wie in Abbildung 1.8 dargestellt (van Tulder/van der Zwart 2006, S. 8). Dabei ist jeder Bereich im institutionellen Sinne bestimmten Regeln unterworfen. Das Zusammenspiel zwischen den drei Kräften bestimmt das Funktionieren der Gesellschaft.

NPOs übernehmen auf diese Weise die Funktion von gesellschaftlichen Problemlösern, indem sie in der jeweiligen Problemsituation ein Interessengleichgewicht herausarbeiten und damit Einfluss bei politischen Diskussionen ausüben. Indem sie einem gesellschaftlichen Interesse an Kultur entgegenkommen und gleichzeitig einen vorgegebenen Bildungsauftrag erfüllen, können kulturelle NPOs vor diesem Hintergrund als Vermittler und Interessenvertreter auf sozialer wie politischer Ebene gesehen werden. Sie agieren dabei in einem marktähnlichen Umfeld, bei dem sie ihr spezifi-

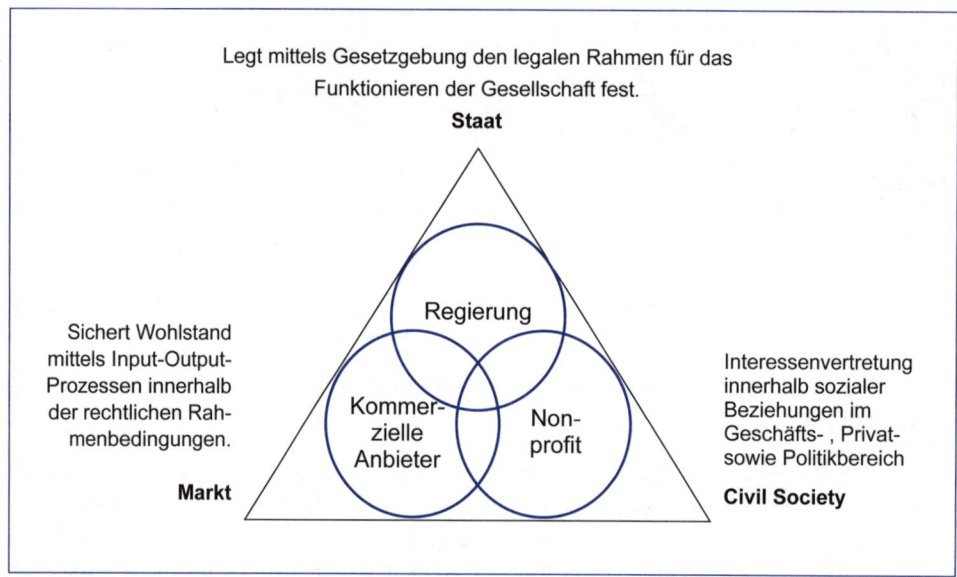

Abb. 1.8: Verortung des Non-Profit-Bereichs innerhalb des gesellschaftlichen Kräfte-Dreiecks

sches Anliegen (Kulturvermittlung, Bildung etc.) als eine Form von Nachfrage begreifen und ihre spezifischen, dieses Anliegen unterstützenden Aktivitäten als eine Form von Angebot nach außen tragen (vgl. Herger 2004, S. 159, Schneider 1998, S. 510).

Entstehung von Non-Profit-Organisationen

Bezüglich dieser gesellschaftlichen Funktionen von NPOs innerhalb eines Marktes lassen sich zwei Theorien zur Entstehung von NPOs herausbilden. Diese können demnach entweder in Folge eines Markt- oder eines Staatsversagens entstehen (vgl. Schencker 1990, S. 14 ff.).

- **Non-Profit-Organisationen als Folge von Staatsversagen**
  NPOs befriedigen einen öffentlichen Mehr-Bedarf an Gütern, zu deren Deckung der Staat als Anbieter nicht in der Lage ist. Dabei können sie an die Bedürfnisse der Nachfrager besser angepasste, individuellere Güter anbieten. So finden sich beispielsweise in der Kulturlandschaft viele private, nicht kommerzielle Anbieter (z. B. Vereine oder Stiftungen), die z. T. sehr spezifische Leistungen bereitstellen, welche staatliche Einrichtungen nicht bieten wie z. B. Kunstvereine für zeitgenössische, regionale Kunst, Spartentheater oder Musikvereine.
- **Non-Profit-Organisationen als Folge von Marktversagen**
  Marktversagen bedeutet, dass der Markt – bestimmt durch Angebot und Nachfrage – nicht in der Lage ist, die Ressourcen optimal zu verwenden, also z. B. nachgefragte Güter zu einem bestimmten Preis abzusetzen. So kommt es, dass kommerzielle Betriebe daraufhin Güter, deren Qualität und Quantität sich einer Messbarkeit durch den Konsumenten entziehen (z. B. Dienstleistungen), zu überteuerten Preisen oder in minderwertiger Qualität anbieten. Entsprechende von NPOs angebotene Güter können dagegen gewinn- und preisunabhängig angeboten werden und besitzen daher hohe Vertrauenseigenschaften. So wird nicht kommerziellen Kulturangeboten ein höheres Vertrauen beispielsweise bezüglich Authentizität, Wertevermittlung und Anspruch entgegengebracht als vergleichbaren kommerziellen Angeboten.

Praxisbeispiel Kapitel 1.1

Das Markt-Dilemma Kultur produzierender Institutionen: die ökonomische Ausrichtung an Theatern in Berlin und Wien

Überlegungen zu einer auch nach wirtschaftlichen Gesichtspunkten ausgerichteten Positionierung erreichen immer mehr traditionelle Träger, Veranstalter und Künstler der Hochkultur. Dabei bestätigt sich, dass eine künstlerische Avantgarde und mit ihr der kleine Kreis von Kennern, Experten und »Hardcore-Fans« wirtschaftlichen Erwägungen bei der Produktion bisher eher weniger aufgeschlossen gegenübersteht. Dagegen greifen Repräsentanten der »Breitenkunst« mit auf Massenpublikum ausgerichteten Inhalten Marktmechanismen auf und stoßen damit bei ihren Anhängern kaum auf Ablehnung. Doch auch der traditionelle Bühnenbetrieb im deutschsprachigen Raum ist in Bezug auf Marktökonomie in Bewegung geraten.

Hochkultur versus Markt

2006 wurden in Berlin durch eine Studie des Senats Besuchertypologien der Bühnen erstellt, die auf Befragungen basierten. Ziel war die Ausweitung des Publikums mit dem Erreichen neuer Besuchergruppen. Auch das Marketing sollte entsprechend ausgerichtet werden. Die Intendanten der sechs großen Berliner Theater wurden im Zuge der Studie vom Kulturausschuss zu einem Gespräch eingeladen: Thomas Ostermaier von der Schaubühne, Frank Castorf von der Volksbühne, Bernd Wilms vom Deutschen Theater, Claus Peymann vom Berliner Ensemble, Volker Hesse vom Maxim Gorki Theater und Matthias Lilienthal vom Hebbel am Ufer (HAU). Die Reaktionen der Intendanten fielen erwartungsgemäß reserviert aus. »Wir haben uns den Bericht durchgelesen und fanden ihn ganz interessant«, sagte damals immerhin Thomas Ostermaier von der Schaubühne. Er zweifle allerdings daran, dass man allein durch Werbung neue Zielgruppen gewinnen könne. In sein künstlerisches Konzept lasse er sich nicht von der Politik hereinreden. Und bei allen Widersprüchen in einzelnen Kulturauffassungen waren sich hier alle Theatermacher einig. Auf die Spitze trieb in der erhitzten öffentlichen Diskussion die streitbare Theaterlegende Claus Peymann den scheinbar unlösbaren Widerspruch, der wie eine schwere Inversionswolke über der Debatte lag: »Marketing ist Quatsch«, konstatierte er in einem seiner inzwischen berühmt gewordenen Rumpel-Statements.

Betriebswirtschaftliches Denken als Markt-Treiber

Vier Jahre später, 2010, führte Jürgen Bauer von der Wiener Volksoper vier Gründe an, die den Prozess der ökonomischen Orientierung von Theatern vorantrieben: Die Umwandlung großer Häuser in betriebswirtschaftlich organisierte Formen (GmbHs), der Primat des Haushalts gegenüber der künstlerischen Produktion, die Ablösung der traditionellen Hochkultur, etwa in Theater und Musikleben, durch andere Kunstformen und schließlich der Rückzug der Medien aus der Kulturberichterstattung und der damit verbundene Ausfall an Präsenz im öffentlichen Diskurs, der durch Marketing aufgefangen werden muss. Hinzufügen könnte man die Auflösung traditioneller Familienstrukturen, in denen sich bisher die Weitergabe kultureller Bildung vor allem vollzog.

Bekannte Klassiker locken Laien an

Entschlossen betreiben führende Kultureinrichtungen gesellschaftlich und betriebswirtschaftlich motivierte Veränderungsprozesse. 2011 wurde das Wiener Burgtheater in Berlin mit dem »Kulturmarken-Award« ausgezeichnet, weil es der Einrichtung gelungen war, ohne Einbußen bei der künstlerischen Substanz durch einen Strategiewechsel bei Marketing und Kommunikation die Positionierung im Marktgeschehen zu verbessern. Doch ganz ohne Bewegung im Spielplan ging es nicht. Mit einer Klassiker-Offensive, also der Herausstellung von großen, auch Laien bekannten Werken des Theaterkanons, steigerte Intendant Matthias Hartmann nicht nur die traditionell hohe Auslastung im Akademietheater (von 85,07 auf 88,9 Prozent), sondern vor allem jene im Haupthaus: Mit einer Auslastung von exakt 90 Prozent hat Matthias Hartmann, dessen »Faust«-Inszenierung permanent ausverkauft war, einen Rekordwert erreicht. Bisher waren Werte zwischen 75 und 80 Prozent

Fortsetzung Praxisbeispiel Kapitel 1.1

Standard. Mehreinnahmen beim Ticketing von 250.000 Euro gegenüber dem vorigen Spieljahr waren eine erfreuliche Konsequenz. Zusätzlich wurden interne Beschäftigungsverhältnisse durchforstet. Das zuständige Ministerium führte eine Evaluierung aller Unternehmensbereiche durch für eine weitere Effizienzsteigerung des gesamten Betriebs.

Ausblick: Mehr Kostenmanagement und Publikumsorientierung

Inzwischen haben im deutschsprachigen Theaterraum überall betriebswirtschaftliche Strukturen mit einem rigiden Kostenmanagement Einzug gehalten. Und der Spielplan passt sich mehr und mehr der Erwartungshaltung eines interessierten Laienpublikums an: Zu den am häufigsten gespielten Theater-Stücken zählen laut Deutschem Bühnenverein »Faust« (Johann Wolfgang von Goethe), »Nathan der Weise« (Gotthold Ephraim Lessing), »Romeo und Julia« und »Ein Sommernachtstraum« (William Shakespeare); aber auch Stücke zeitgenössischer Autoren wie Yasmina Reza (»Der Gott des Gemetzels«, »Drei Mal Leben«) oder »Die Grönholm-Methode« von Jordi Galceran belegen Spitzenplätze bei den Aufführungszahlen. Im Kinder- und Jugendtheater sind es »Der Zauberer von Oz« (Lyman Frank), »Ronja Räubertochter« (Astrid Lindgren) und »Pinocchio« (Carlo Collodi), deren Aufführungen die größten Besucherzahlen erzielen. In der Beliebtheitsskala der Opernkomponisten ganz oben steht Wolfgang Amadeus Mozart (»Die Zauberflöte«), Giacomo Puccini (»La Bohème«), Giuseppe Verdi (»La Traviata«, »Rigoletto«) und Engelbert Humperdinck (»Hänsel und Gretel«). In der Operette bestimmen die Werke von Johann Strauß (»Die Fledermaus«, »Der Zigeunerbaron«, »Eine Nacht in Venedig«), von

Foto: Henry C. Brinker

Franz Léhar (»Das Land des Lächelns«) und von Ralph Benatzky (»Im·weißen Rößl«) den Spielplan. Peter Tschaikowsky (»Der Nussknacker«, »Schwanensee«) und Sergej Prokofjew (»Aschenbrödel«, »Romeo und Julia«) verzeichnen im klassischen Ballett die höchsten Aufführungszahlen.

Auch künftig werden Rationalisierungsdruck und Sparzwang eher zunehmen. Kultursponsoring entlastet die Kulturhaushalte entgegen einem verbreiteten Eindruck kaum. Lediglich ein Prozent der Theaterfinanzierung in Deutschland stammt aus privaten Geldern, mit denen in der Regel vor allem prestigeträchtige Projekte gefördert werden. Eine Entwicklung hin zu einer ökonomischen Ausrichtung verbreitet sich also auch nach und nach im Theaterbereich und sorgt somit auch für einen langfristigen Erhalt der Hochkultur.

Praxisbeispiel Kapitel 1.2

Das Prinzip der Wirtschaftlichkeit öffentlich-rechtlicher Gebührensender: Das MDR Sinfonieorchester und sein Dirigent Fabio Luisi

Der Mitteldeutsche Rundfunk ist Träger eines bedeutenden Rundfunkorchesters und -chores. Berühmte Dirigentennamen wie Karl Schuricht, Hermann Abendroth und Herbert Kegel verbinden sich mit seiner wechselvollen Geschichte. Das MDR Sinfonieorchester in seiner heutigen Gestalt ging nach der Wende aus der Fusion des Leipziger Sinfonie-Orchesters (LSO) und des Rundfunk-Sinfonieorchesters Leipzig (RSO Leipzig) hervor.

Wettbewerb erzwingt effektives Marketing

Neben der Arbeit für bestimmte Sendeformate tritt das MDR Rundfunkorchester auch als qualitätsvoller Kulturanbieter mit eigener Konzertsaison auf. Eine komplizierte Wettbewerbssituation stellt das Orchester der Drei-Länder-Anstalt MDR (Thüringen, Sachsen, Sachsen-Anhalt) vor erhebliche Herausforderungen bei Kommunikation und Marketing. Nicht nur die traditionell auf hohem Niveau etablierte Musiklandschaft der Neuen Länder mit der Sächsischen Staatskapelle Dresden in der weiteren Nachbarschaft, sondern auch der Konzertmarkt am Orchesterstandort Leipzig war bei der Positionierung und programmlichen Ausrichtung zu berücksichtigen. Wie soll ein traditionsreiches, aber im Vergleich zu Wettbewerbern (Gewandhaus, Staatskapelle) imageschwächeres Orchester mit seinen künstlerischen Qualitäten und Ressourcen kommuniziert, vermarktet und nachhaltig positioniert werden und dabei ein optimales Input-Output-Verhältnis berücksichtigen, wie es das Wirtschaftlichkeitsprinzip voraussetzt?

Ein größtmöglicher Output im Sinne der zu verwirklichenden Ziele sollte bei den zu ergreifenden Kommunikationsmaßnahmen im Rahmen eines Relaunches des Gesamtauftritts der MDR-Klangkörper im Vordergrund stehen: Die richtigen Dinge tun für eine erfolgreiche Zukunft. Die öffentlich-rechtliche Anstalt des Mitteldeutschen Rundfunks hatte sich für das Orchester zum Ziel gesetzt, über strategisch ausgerichtete Marketing- und PR-Maßnahmen Wirkungen am Markt zu erreichen. Für Orchester und Chöre sollte zunächst die Aufmerksamkeit und Wahrnehmung, also das Grundinteresse der Bevölkerung, erhöht werden. Während die populäre Abonnementreihe »Zauber der Musik« in der Regel ausverkauft war, kamen zu den anspruchsvolleren Programmen, zum Beispiel den sog. »Rundfunk-Konzerten« am Dienstag im Gewandhaus, oft nur 800-1.000 Besucher, während das Leipziger Gewandhaus für 1.900 Plätze ausgelegt ist. Als Folge der ergriffenen Maßnahmen sollte die Anzahl der Konzertbesucher gesteigert und mittelbar das Interesse an musikkulturellen Inhalten der MDR-Programme erhöht werden. Die MDR-Klangkörper sollten insgesamt ein Image als attraktive, weltoffene, kulturell relevante Kraft in den Neuen Ländern aufbauen.

Personalisierte Kampagne als Erfolgsrezept

Um dies zu erreichen, entschieden die Marketingverantwortlichen der MDR-Klangkörper 2003 nach einer SWOT-Analyse, den Kommunikationsfokus auf den fachkompetenten und in Musikkreisen angesehenen, aber beim Publikum noch weitgehend unbekannten Chefdirigenten Fabio Luisi zu legen. Mit Mega-Postern

Foto: Barbara Luisi

und Plakatkampagnen, online und in Hauspublikationen wurde »Leipzigs bester Italiener« beworben und zum »Star« erhoben: Der Ausdruck eines attraktiven, mediterranen Lebensstils sollte sich mit dem Image des Dirigenten verbinden und so positiv und nachhaltig auf das Orchester abstrahlen. Begleitende Below-the-Line-Maßnahmen stützten die zentralen

Fortsetzung Praxisbeispiel Kapitel 1.2

Kommunikationsmaßnahmen und sorgten für eine zusätzliche Emotionalisierung: Verteilung von Basilikum-Sträußen zur Saisoneröffnung gehörten genauso dazu wie eine Freecard-Kampagne in Restaurants des Sendegebiets, die den »besten Italiener« zum Inhalt hatten.

Verantwortungsbewusster Umgang mit Gebührengeldern als gegebenen Input

Eine Umsetzung aller Kommunikationsmaßnahmen mit einem optimalen Verhältnis von Input zu Output sollte Elemente, Prozesse und Strukturen so einsetzen, dass mit den gegebenen aufgewendeten Gebührengeldern nachvollziehbar verantwortungsbewusst umgegangen wurde. Klassisch wirtschaftliche Maßgaben, über den Output auch einen finanziellen Rücklauf zu erreichen, spielten für den MDR als öffentlich-rechtlicher, gebührenfinanzierter Sender weniger eine Rolle als politisch vorgegebene Ziele. Trotzdem war auch hier zu beachten, dass Rentabilitätsaspekte bei Einschaltquoten oder Besucherzahlen (Rundfunkorchester) im Licht politisch motivierter Kritik bei der Gesamtbetrachtung des öffentlich-rechtlichen Gebührensystems in Deutschland immer wieder an Bedeutung gewinnen. Für die gesamte Kampagne galten so neben dem vornehmlichen Ziel der Reichweitenerhöhung, im Fall des Orchesters die erhöhte Besucherzahl einer Konzertsaison, die übergeordneten ideellen Zielsetzungen wie Bildungsauftrag, kulturelle Grundversorgung oder die Darstellung und Bewahrung des kulturellen Erbes als maßgeblich.

Größtmöglicher Output durch Publikumsausweitung

Entsprechend dieser Zielsetzungen verlief der Relaunch überaus erfolgreich: Die Effektivität der durchgeführten Maßnahmen wurde zunächst bestätigt durch eine Erhöhung der freien Verkäufe von Tickets im Vorverkauf und an der Abendkasse um über 20 %. Vorher weitgehend gemiedene Konzertreihen ohne populäre Programme verzeichneten Abonnenten-Zuwächse um bis zu 25 % schon im ersten Jahr der Kampagne. Chefdirigent Fabio Luisi wurde eine vorher nicht gekannte Medienaufmerksamkeit zuteil, seine freien Engagements als Dirigent nahmen zu. Die Eröffnung des MDR-Musiksommers mit dem MDR Sinfonieorchester wurde zu einem gesellschaftlichen Ereignis. Das Orchester gastierte in der Folge in Wien, Rom und weiteren Musikmetropolen. 2007 wurde Fabio Luisi als Generalmusikdirektor an die Dresdner Semperoper/Sächsische Staatskapelle Dresden berufen und ist seit 2011 an der Metropolitan Opera New York als Principal Conductor tätig. In der Saison 2012/2013 nimmt er zusätzlich die musikalische Leitung des Züricher Opernhauses wahr. Chor und Orchester des MDR haben damit zwar Luisi als Chefdirigenten verloren, profitieren aber bis heute von den strukturellen Reformen und Resultaten im Zuge des Relaunches: Corporate Identity/Corporate Design, Internetauftritt, Eigenpublikationen sowie stabile Ticketverkäufe.

Wirtschaftlichkeit ohne betriebswirtschaftliche Gewinnkomponente

Was die Bewertung der Wirtschaftlichkeit betrifft, wurden in der Privatwirtschaft relevante Gewinnfaktoren bei der Betrachtung des Outputs fast völlig ausgeklammert. Für den MDR, ein öffentlich-rechtlicher Gebührensender ohne Gewinnstreben, der die kulturellen Inhalte in den Mittelpunkt stellt, konnten weder Eigenkapitalrendite noch Kosten pro Zuschauer/Hörer tatsächlich eine relevante Größe sein. Dennoch ließ sich ein verantwortungsvoller Umgang mit den Gebührengeldern insofern verzeichnen, als dass bei einer Schlüssel-Kampagne mit Relaunch-Charakter, wie es beim Orchester der Fall war, ein Marketing-/Kommunikationsgesamtaufwand von ca. 500.000 Euro p.a. in Bezug auf das Gesamtbudget von ca. 8 Mio. Euro grundsätzlich nicht zu hoch erscheint. Zum Vergleich: In der US-Studie »Does Retail Advertising Work?« (2008, aktualisiert 2011) ermittelten die Forscher Randall A. Lewis und David H. Reiley auf Basis von Erhebungen über das Suchportal »Yahoo« einen durchschnittlichen Werbaufwand von etwa 14,2 % des Umsatzes. Insofern ist vor dem Hintergrund der erzielten Kampagnenwirkung von einer effektiven und effizienten Maßnahmengestaltung auszugehen.

2 Der Kulturmarkt und seine Agitatoren als Ausgangspunkt des Kulturmarketings

Jeder Markt, so auch der Kulturmarkt, wird durch das Zusammenspiel, die gegenseitige Beeinflussung, den Austausch sowie die Abhängigkeit verschiedener Agitatoren bestimmt. Dabei sind die Akteure auf dem Kulturmarkt durchaus differenziert gegenüber denen des allgemeinen Marktgeschehens zu betrachten, denn sie prägen auf spezifische Weise die Wettbewerbssituation auf dem Kulturmarkt (Kapitel 2.1). Im Kulturbereich werden zudem das Angebot und die Nachfrage durch typische Besonderheiten charakterisiert, welche insbesondere bei öffentlichen Kulturangeboten eine besondere Marktsituation erzeugen (Kapitel 2.2). Der Kulturmarkt mit seinen Besonderheiten für nicht kommerzielle Kulturbetriebe stellt somit den Rahmen dar, in dem sich Kulturmarketing für diese Organisationen bewegt und durch den es auch wesentlich beeinflusst wird.

2.1 Der Markt und die Marktakteure

Der Markt kann im Allgemeinen als der Ort angesehen werden, an dem Angebot und Nachfrage aufeinander treffen (vgl. Munkwitz 2008, S. 14, Homburg 2012, S. 2), wobei ein Ziel der Marktteilnehmer ist, dabei einen individuellen Nutzen zu erlangen. Sämtliche Märkte, so auch der Kulturmarkt, können nach verschiedenen Unterscheidungs- und Abgrenzungskriterien betrachtet werden (vgl. Homburg 2012, S. 4 ff.):

- nach Richtung der Transaktion (z. B. Absatzmarkt, Beschaffungsmarkt)
- nach Gütern (z. B. Musikmarkt, Kunstmarkt)
- nach regionaler Ausdehnung (z. B. Inlandsmarkt, Europäischer Markt)
- nach Machtverteilung (**Käufermarkt** = Angebot übersteigt Nachfrage oder **Verkäufermarkt** = Nachfrage übersteigt Angebot)

Das Marktgeschehen muss dabei weder an konkrete Orte noch an verbindliche Zeiten gebunden sein, denn es findet z. B. auch im Internet statt. Darüber hinaus beziehen sich Angebot und Nachfrage nicht nur auf materielle Produkte, sondern z. B. auch auf immaterielle Dienst- und Serviceleistungen, die damit als gehandelte Leistungen am Markt vertreten sind. Entsprechend ist auch der Kulturmarkt durch das Zusammentreffen von Angebot und Nachfrage nach kulturellen Gütern (z. B. Bücher, Kunstobjekte, Tonträger) sowie Leistungen (z. B. Nutzung einer Bibliothek, Beiwohnen einer Konzert- oder Theaterveranstaltung) definiert, wobei im Bereich der nicht kommerziellen Kulturangebote der Markt in erster Linie durch kulturelle Dienstleistungen im obigen Sinne gebildet wird. Des Weiteren geht der Marktbegriff bei nicht kommerziellen Kulturleistungen über eine rein monetäre, gewinnstrebende Nutzenorientierung der Marktteilnehmer hinaus. Austauschprozesse verschiedener Kulturanbieter und Nachfrager können vielmehr sowohl monetärer Natur sein als auch immaterielle Werte besitzen wie z. B. Bildungseffekte, aufgewendete Zeit oder politischen Einsatz.

In Deutschland werden zu den Anbietern auf dem übergeordneten Markt der Kultur- und Kreativwirtschaft solche Unternehmen gezählt, welche kulturelle bzw. kreative Güter und Dienstleistungen schaffen, produzieren, verteilen und/oder medial verbreiten (vgl. Bundesministerium für Wirtschaft und Technologie 2009, S. 3). Dabei werden elf Teilmärkte unterschieden. Abbildung 2.1 zeigt eine Einordnung möglicher Non-Profit-Ausrichtungen innerhalb dieser Teilmärkte.

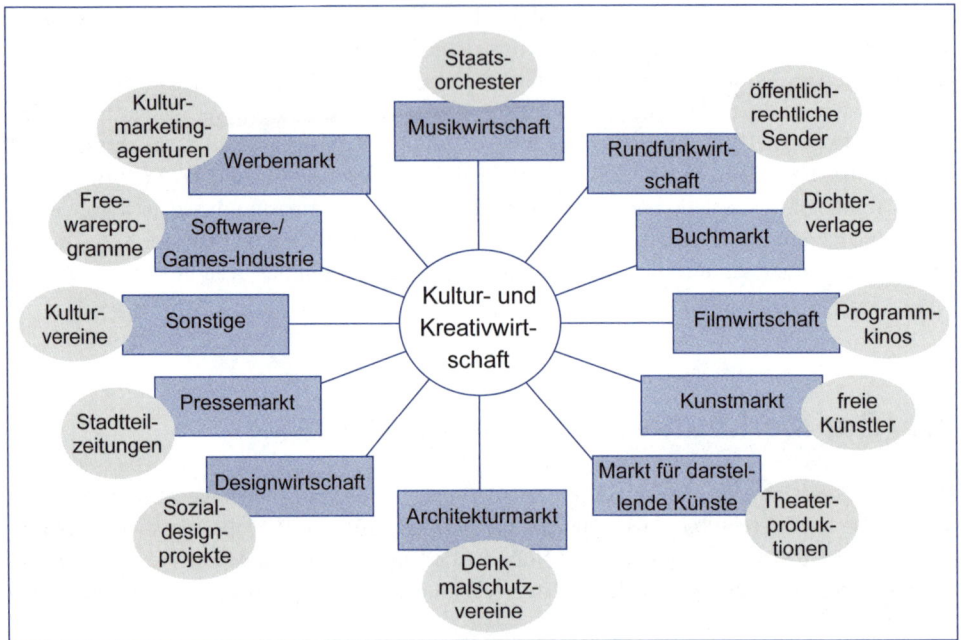

Abb. 2.1: Teilmärkte der Kultur- und Kreativwirtschaft mit Beispielen für Non-Profit-Ausrichtungen

2.1.1 Relevante Akteure des Kulturmarkts

Für das Marketing bilden Märkte zugleich Bezugs- und Zielobjekte (Homburg 2012, S. 2). Bezugspunkte stellen Märkte insofern dar, als sie die grundlegenden Rahmenbedingungen für das Unternehmensmarketing definieren. Diese gilt es für ein Unternehmen so genau wie möglich zu kennen, um der Marktsituation mit entsprechenden Strategien begegnen zu können. Als Zielobjekte können Märkte vor allem deshalb bezeichnet werden, weil Unternehmen mithilfe von Marketing danach streben, Märkte zu gestalten und deren Akteure zu beeinflussen (vgl. ebenda). Auf dem Kulturmarkt bestimmen i. d. R. folgende Akteure das Handeln (vgl. Abb. 2.2) → **siehe auch Praxisbeispiel »Eröffnung Kulturcafé Hamburg: zentrale Bündelung vielfältiger Kulturmarktakteure« (S. 37/38).**

Kulturanbieter in Form von kommerziellen und nicht kommerziellen Organisationen (z. B. Museen, Theater, Opernhäuser, Orchester, Bibliotheken, Kunstvereine, Denkmalpflegevereine, Soziokulturzentren, Verlage, Buchläden, Galerien etc.) sowie Einzelpersonen (z. B. Künstler, Kunst- und Kulturwissenschaftler, Pädagogen) bieten Kulturgüter und -leistungen zu bestimmten Konditionen an.

2.1 Der Markt und die Marktakteure

Interessengruppen wie Unternehmensverbände oder Verbraucherschutz beobachten das Marktgeschehen und seine Bedingungen bzw. sind bestrebt, in dieses regulierend einzugreifen. Auf dem Kulturmarkt können hierzu Künstlerverbände gezählt werden, aber auch die zahlreichen Fördervereine und Organisationen wie Museums-, Theater-, Bibliotheks- und Denkmalschutzverbände. Daneben agieren auf dem Kulturmarkt auch politische, wirtschaftliche, soziale und andere Interessengruppen. Nicht selten treten diese als Geldgeber oder Sponsoren kultureller Einrichtungen auf und verfolgen mit ihrem Engagement häufig das Ziel der positiven Außenwirkung (Image). Zwischen Konsumenten und Interessengruppen definiert sich die Beziehung durch Wahlentscheidungen, z. B. in Form von Unterstützung seitens der Konsumenten auf der einen und Informationsversorgung seitens der Interessengruppen auf der anderen Seite.

Staatliche Einrichtungen liefern den rechtlichen Rahmen und bedingen z. B. Vergünstigungen oder Sanktionen. Auf dem Kulturmarkt haben diese besonders für nicht kommerzielle Organisationen eine Bedeutung. Teilweise sind diese selbst in staatlicher Hand oder werden von staatlicher Seite im Rahmen der Kulturpolitik bezuschusst. Tritt der Staat als Geldgeber auf, wird er insbesondere darauf achten, ob der Bildungsauftrag erfüllt ist. Ebenso liefern staatliche Einrichtungen für viele weitere Trägerschaftsformen wie z. B. Vereine oder Stiftungen die Rahmenbedingungen, legen ferner Urheberrechte fest oder bestimmen Gebühren und Preisbindungen (z. B. Bücher).

Lieferanten bieten z. B. die Rohstoffe zur Herstellung von Kulturangeboten an und beeinflussen so die Produktionsbedingungen. Auf dem Kulturmarkt können dies sowohl Rohstofflieferanten sein (z. B. Lieferung von Materialien für Kunstwerke, Bühnenbilder, Ausstellungsdesign) oder auch Dienstleister, welche im Vorfeld der Erstellung von Kulturleistungen nötig sind (z. B. Kunsttransporte, technische Serviceunternehmen, Handwerker).

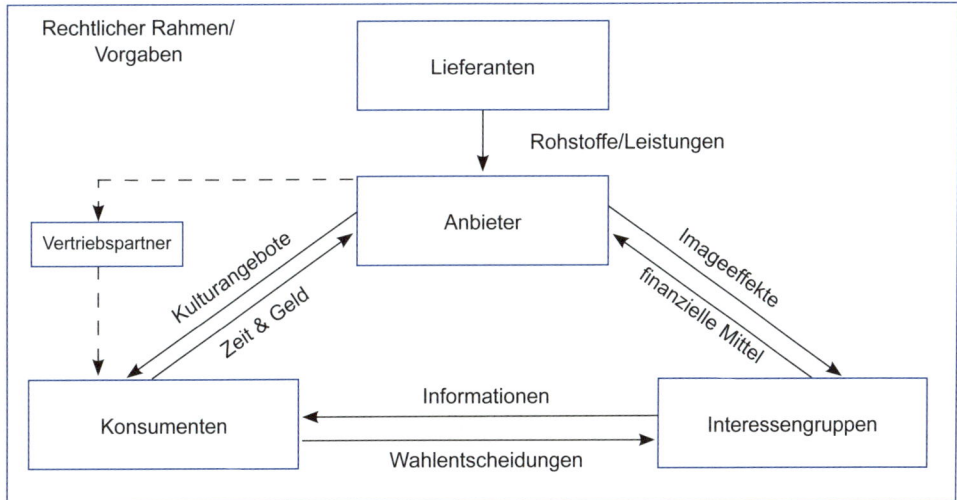

Abb. 2.2: Akteure auf dem Kulturmarkt

Vertriebspartner stellen eine direkte Schnittstelle zwischen Kulturangeboten und Kulturnachfragern dar und beeinflussen damit u. a. Vertriebskonditionen und Produktkommunikation. Auf dem Kulturmarkt finden sich unterschiedliche Formen von Vertriebspartnern, die häufig selbst auf dem Kulturmarkt als Anbieter anzusiedeln sind. Beispielsweise stellen Galerien potenzielle Vertriebspartner für einzelne Künstler dar; Buchhandlungen können Vertriebspartner von Verlagen sein; Theater, Opern- oder Konzerthäuser nutzen wiederum häufig auch externe Ticketbüros als Vertriebspartner.

Kulturnachfrager möchten ihre unterschiedlichen Bedürfnisse z. B. nach Bildung, Unterhaltung oder Prestige durch das Angebot an Kulturgütern und -leistungen auf dem Kulturmarkt befriedigen und wenden dafür Zeit und Geld auf. Das Interesse an kulturellen Produkten kann sich dabei sowohl auf individueller als auch auf kollektiver Ebene niederschlagen. Zu Kulturnachfragern zählen somit Privatpersonen wie auch Organisationen.

Kulturnachfrager als Prosumenten

Kulturnachfrager können jedoch nicht allein als passive Rezipienten von Kulturgütern und -leistungen betrachtet werden. Vielmehr weitet sich das Interesse an kulturellen Produkten darauf aus, Möglichkeiten einer aktiven Teilnahme wahrnehmen zu können. Vor allem die Entwicklung elektronischer Medien und des Internets in Richtung nutzerzentrierter Ansätze wie dem Web 2.0 haben in den letzten Jahren das Bewusstsein, aber auch das Bedürfnis von Konsumenten nach aktiver Beteiligung vorangebracht. Entsprechende Beteiligungsplattformen wie Wikipedia, MySpace, YouTube, Facebook etc. kommen diesen Bedürfnissen entgegen (vgl. IBM Medienstudie 2008, http://www-05.ibm.com/de/media/downloads/medienstudie-2008.pdf, letzter Abruf: 16.07.2012). Auch Kulturbetriebe nutzen solche Plattformen mittlerweile vermehrt im Zusammenhang mit Online-Marketingaktivitäten (vgl. Kapitel 6.6).

Über die Beteiligung in elektronischen Medien hinaus umfassen Prosumer-Ansätze die konkrete Beteiligung des Nachfragers an der Herstellung einer Dienstleistung oder eines Produkts, das der eigenen Verwendung und Bedürfnisdeckung dient (vgl. Hellmann 2010, S. 36). Bei der Produktion kultureller Güter ist dies vor allem dort möglich, wo eine offene Werkform vorliegt, d. h. der Erstellungsprozess des Kulturguts bei der Inanspruchnahme noch nicht abgeschlossen ist wie in der darstellenden Kunst bei einem Theaterstück oder einem Konzert (vgl. Panzer 2010, S. 139 f.). Aber auch Werke der bildenden Kunst wie Installationen oder Konzeptkunst lassen als offene bzw. teiloffene Werkformen eine Publikumsbeteiligung zu.

2.1.2 Wettbewerber auf dem Kulturmarkt

Kulturbetriebe stehen fast immer in Konkurrenz zu anderen Unternehmen. Konkurrenz auf dem Markt entsteht aufgrund der begrenzten Ressourcen, die beispielsweise dem potenziellen Konsumenten zur Verfügung stehen wie Zeit, Geld, Aufmerksamkeit etc. Bei einer Vielzahl von Unternehmen, die innerhalb eines Marktes agieren, steigt der Wettbewerbsdruck. Kommerzielle (Kultur-)Betriebe haben dabei den Vorteil, über Markteintritt und -austritt autonom entscheiden zu können. Bestehen hohe Eintrittsbarrieren, d. h. gibt es z. B. bereits viele Anbieter mit ähnlichen Produkten oder ähnlichen Konzepten und Vermarktungsstrategien oder würde ein Markteintritt oder -austritt durch hohe Kosten erschwert werden, können diese Unternehmen sich gegen einen Markteintritt entscheiden. Bei öffentlichen bzw. nicht kommerziellen Kulturbetrieben werden dagegen Markteintritt und -austritt häufig von außen bestimmt. Zum einen bringen allein die rechtlichen Rahmenbedingungen der Rechtsträgerschaft, wie bei gemeinnützigen Vereinen oder Stiftungen, Bedingungen mit sich, durch die beispielsweise ein Marktaustritt erschwert wird. Initiatoren und Betreiber solcher Kulturbetriebe sind häufig nicht identisch, wie es z. B. bei städtischen Museen der Fall ist, die ursprünglich von der Stadt selbst oder einem Stifter ins Leben gerufen wurden, jedoch durch einen Verein, eine Stiftung oder eine andersartige Organisation betrieben werden (vgl. Gerlach-March 2010, S. 9). Rechtsträgerschaft und damit die Herkunft der Finanzmittel beeinflussen so die Situation von Unternehmen am Markt (vgl. Abb. 2.3). Zum anderen besteht ein kollektiver Bedarf zur Bereitstellung solcher Einrichtungen, der einen Markteintritt mit vorantreiben bzw. einen Marktaustritt verhindern kann.

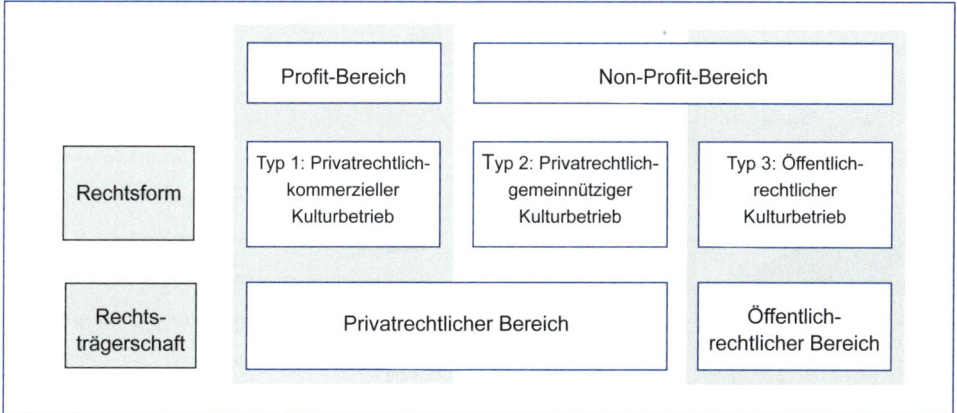

Abb. 2.3: Rechtsformen und Trägerschaften von Kulturbetrieben

Kommerzielle Anbieter haben darüber hinaus die Option, ihr Produkt ggf. zu modifizieren, sodass sich ihre Wettbewerbschancen verbessern. Nicht kommerzielle Kulturanbieter, die das Kulturprodukt an sich als Ausgangspunkt betrachten, haben diese Entscheidungsmöglichkeit oftmals nicht. Als Wettbewerbskräfte auf dem Kulturmarkt können damit für nicht kommerzielle Kulturanbieter genannt werden:

- Bedrohungen durch andere Wettbewerber
- Ausrichtung der Kulturpolitik
- Werthaltungen der Konsumenten
- Werthaltungen von Interessengruppen
- Verhandlungsstärke von Lieferanten.

Bedrohungen durch andere Wettbewerber

Wettbewerber von Kulturbetrieben, die neben diesen um die begrenzte Freizeit der (Kultur-) Konsumenten werben, sind nach unterschiedlichen Bereichen differenzierbar. Entsprechend ist zu beachten, dass sich der Wettbewerb nicht allein auf den Kulturmarkt, sondern auch auf den deutlich größeren Freizeitmarkt bezieht. Somit können Bedrohungen durch folgende Wettbewerber auftreten:

- **innerhalb einer Produktkategorie** (z. B. Museum A und Museum B),
- **zwischen unterschiedlichen Kultursparten** (z. B. Museum und Theater)
- **zwischen Kulturprodukten und anderen Unterhaltungs-/Freizeitprodukten** (z. B. Besuch eines Konzerts und Fußballspiel der Bundesliga und Fernsehabend).

Beispiel

Zunehmende Konkurrenzsituation im Museumsbereich

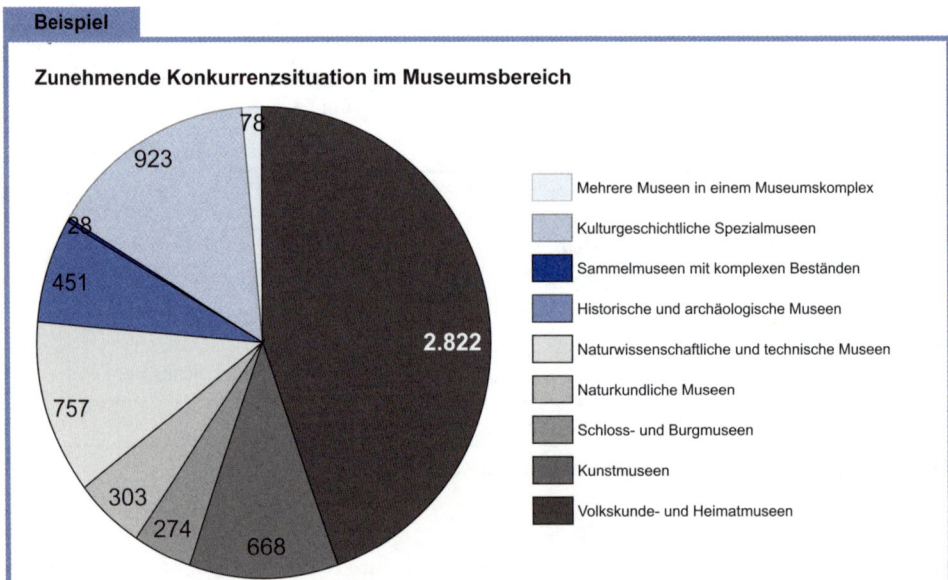

Anzahl der verschiedenen Museumstypen in Deutschland 2011

Die Konkurrenzsituation im Kulturbereich erwächst in den letzten Jahren aus dem allgemein zunehmenden Angebot. Waren es im Jahr 2000 noch etwa 5.827 Museen in Deutschland, ist ihre Zahl seither um fast 1.000 gestiegen (vgl. Institut für Museumskunde 2011, S. 10). Dies unterstreicht u. a. die immer größere Bedeutung von Kultur als regionaler Standortfaktor. So werden Neueröffnungen von Kultureinrichtungen generell begrüßt und oft auch subventioniert, wobei dann wiederum das Finanzierungsdilemma in der Unterhaltung bei den Einrichtungen selbst liegt.

Für die Konkurrenzsituation, in der sich ein Haus befindet, sind jedoch nicht nur die Anzahl, sondern beispielsweise auch die geographische Lage und das Angebot anderer Einrichtungen entscheidend. So ist die größte Gruppe der heimatkundlichen Museen i. d. R. sehr regional verankert, d. h. trotz der großen Anzahl dieses Museumstyps ist hier die größte geographische Streuung zu finden. Viele Dörfer oder Kleinstädte betreiben nur ein solches Museum. Die regionale Konkurrenz innerhalb dieser Sparte ist somit gering. In größeren Städten und Metropolen ist die Konkurrenz jedoch Museumstyp übergreifend sowie innerhalb einer Sparte deutlich höher (vgl. Institut für Museumskunde 2011, S. 17).

Ausrichtung der Kulturpolitik

Kulturpolitik meint in der Praxis meist die (gezielte) Förderung von Kultur. Diese erfolgt häufig finanziell, aber auch ideell (Schirmherrschaften, Kampagnen) und ist vor allem an folgenden Maßgaben ausgerichtet (Höhne 2009:2, S. 171 f.):

- **Liberalität** im Sinne der Akzeptanz der künstlerischen Freiheit
- **Pluralität** als Voraussetzung für künstlerische Vielfalt, die über einen elitären Kreis an Spitzenkünstlern hinausgeht
- **Subsidiarität**, welche weitergehende Fördermaßnahmen von bürgerlicher und mäzenatischer Seite unterstützt sowie
- **Dezentralität** zur Einbeziehung regionaler künstlerischer Aktivitäten über einzelne Zentren hinaus.

Insbesondere die Länder, aber auch Gemeinden und Städte haben entsprechende Grundsätze zur Förderung in ihren Verfassungen verankert. Diese Grundsätze sowie Höhe und Verteilung von Förderungen beeinflussen wiederum das Angebot öffentlicher Kulturanbieter wie anderer nicht kommerzieller Kulturanbieter, die auf eine entsprechende Förderung angewiesen sind. Die Kulturpolitik ist in Deutschland einem besonderen Druck ausgesetzt. Dieser schlägt sich zum einen in den Ansprüchen einer angemessenen finanziellen Kulturförderung nieder, welchen angesichts schrumpfender öffentlicher Mittel, Finanzkrise etc. kaum genügt werden kann. Zum anderen sieht sich die Kulturpolitik mit der Frage nach einem grundlegenden Leitbild konfrontiert, welches aktuelle Entwicklungen von Globalisierung, Nachhaltigkeit, gesellschaftlichem Pluralismus und prosumptiven Entwicklungen im Kulturbereich Rechnung trägt (vgl. Beyme 2012, S. 291 ff., Föhl/Glogner-Pilz 2011, S. 11 ff.).

Werthaltungen der Konsumenten

Auch nicht kommerzielle Kulturbetriebe sind darauf angewiesen, dass ihr Angebot seitens der Konsumenten wahrgenommen wird, da sonst ihre Ziele wie Wissens- oder Bewusstseinsbildung gar nicht erst realisiert werden können. Die Werthaltungen der Konsumenten beeinflussen daher auch in hohem Maße, welche und in welcher Menge bestimmte Kulturgüter und Leistungen zumindest potenziell genutzt werden und wirken sich damit auch auf die Gestaltung der Angebote aus. So bedarf es bei schwierigen gesellschaftlichen Themen, die durch Kulturangebote aufgegriffen werden, wie z. B. Krankheiten, Krieg oder Armut, intensiverer Kommunikations- und Vermittlungskampagnen bzw. auch größere Förderbeteiligung seitens der Interessengruppen wie z. B. der entsprechenden karitativen Vereine, Hilfswerke oder Stiftungen.

Werthaltungen von Interessengruppen

Wie oben dargestellt, können unterschiedliche Interessengruppen durch ihren Einsatz von Informationen und Fördermitteln sowie durch ihren Einfluss eine wichtige Schnittstelle zwischen Kulturanbietern und Konsumenten bzw. der gesellschaftlichen Rezeption von Kulturbetrieben markieren. Inwieweit dieser Einsatz erfolgt, hängt wiederum von der Wahrnehmung der Kulturanbieter seitens entsprechender Interessengruppen ab. Neben den Interessengruppen, die selbst im Kultursektor anzusiedeln sind, zählen hierzu vor allem potenzielle Geldgeber bzw. Förderer wie

Mäzene und Sponsoren. In beiden Fällen werden Finanz- und Sachmittel oder Dienstleistungen durch Einzelpersonen oder privatwirtschaftliche Organisationen bereitgestellt, um Kulturanbieter in der Form zu unterstützen, dass diese ihre unternehmerischen Zielsetzungen verwirklichen können (vgl. Witt 2000, S. 67). Der grundlegende Unterschied zwischen Mäzenatentum und Sponsoring liegt dabei in der wirtschaftlichen Nutzung der Förderung. Während der Mäzen in erster Linie altruistisch handelt, also keine Gegenleistung für seine Spende erwartet, wird beim Sponsoring mit dem Geldgeber eine Gegenleistung verhandelt, meist in Form von Werbung und namentlicher Präsenz. Ziele und Motive des Unternehmens für ein Sponsoring können sowohl endogen als auch exogen sein:

- **Endogene Gründe** sind beispielsweise die erhoffte Imageverbesserung, die Möglichkeit zur Produktdemonstration, die Steigerung der Bekanntheit der Marke oder die Pflege von Kundenkontakten unter Ausnutzung der Möglichkeit zur Ansprache in einer nicht kommerziellen Situation und die damit verbundene positivere Platzierung. Auch ein persönliches Interesse der Unternehmensleitung an Kunst und Kultur oder Maßnahmen der Mitarbeitermotivation (z. B. Freikarten für das Unternehmen als Gegenleistung) können Beweggründe für ein Sponsoring sein. Ein positives Unternehmensimage sollte nicht nur nach außen, sondern auch nach innen getragen werden.
- **Exogene Gründe** hingegen sind weniger unternehmensbedingt, sondern bezeichnen Einflüsse aus Umwelt und Gesellschaft. Derzeit entwickelt sich beispielsweise ein Trend zum Miteinander sowie zu einer Zunahme an Ehrlichkeit, Verantwortung und Verlässlichkeit (Opaschowski 2013, S. 629 ff.). Dies beeinflusst auch allgemein die positive Wahrnehmung von Non-Profit-Organisationen wie Kultureinrichtungen. Ein exogener Grund zur Förderung von Kulturbetrieben ist somit die Demonstration gesellschaftlicher Verantwortung im Sinne einer Corporate Social Responsibility.

Kultursponsoring gewinnt angesichts schrumpfender öffentlicher Etats immer mehr an Bedeutung. So hat sich beispielsweise nach einer Studie der causales GmbH bei den befragten gesponserten Kulturbetrieben das Sponsoringvolumen in den letzten fünf Jahren verdoppelt (vgl. causales 2010, http://www.kulturmarken.de/component/docman/cat_view/90-publikationen?orderby=dmdatecounter&ascdesc=DESC, letzter Abruf 29.05.2013). Oftmals haben aber immer noch die Kulturbetriebe eine ablehnende Haltung, da sie eine Kommerzialisierung der Kultur fürchten. Anzeigen werden im Programmheft deshalb auf die letzten Seiten verbannt und die Nennung des Sponsors verschwindet im Kleingedruckten. Sponsoring wird von Seiten der (öffentlichen) Kultureinrichtungen nicht unbedingt als etwas Erstrebenswertes angesehen, sondern höchstens als Notwendigkeit, um finanzielle Mittel zu generieren. Insofern beeinflussen die Werthaltungen von Anbietern und Interessengruppen in hohem Maße die Gestaltung solcher Beziehungen, die sich innerhalb des Marktes generieren.

2.1 Der Markt und die Marktakteure

> **Beispiel**
>
>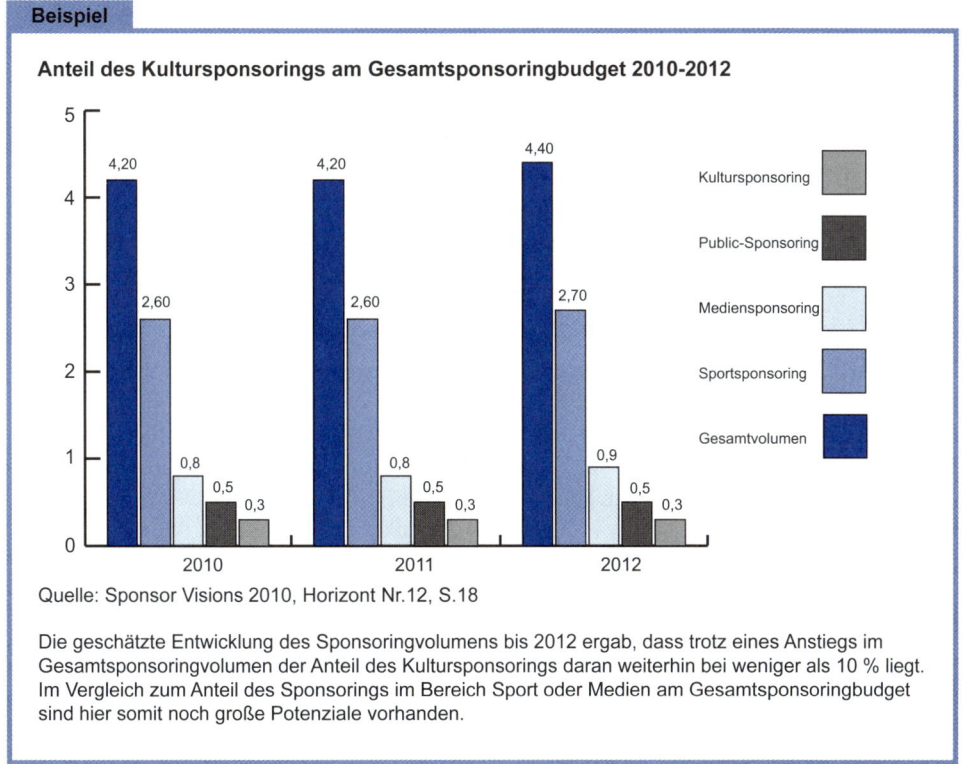
>
> Quelle: Sponsor Visions 2010, Horizont Nr. 12, S. 18
>
> Die geschätzte Entwicklung des Sponsoringvolumens bis 2012 ergab, dass trotz eines Anstiegs im Gesamtsponsoringvolumen der Anteil des Kultursponsorings daran weiterhin bei weniger als 10 % liegt. Im Vergleich zum Anteil des Sponsorings im Bereich Sport oder Medien am Gesamtsponsoringbudget sind hier somit noch große Potenziale vorhanden.

Verhandlungsstärke der Lieferanten

Auch die Lieferanten bestimmen teilweise als Akteure auf dem Kulturmarkt das Bestehen von Kulturbetrieben im Wettbewerb. Lieferanten sind wichtig für den Erfolg einer Kulturorganisation, denn die von ihnen gelieferten Leistungen und Rohmaterialien werden benötigt, um das fertige Angebot herzustellen. Durch sie wird also die Erstellung des Produktes oder einer Leistung meist erst ermöglicht. Die Konditionen, zu denen sie diese Materialien und Leistungen den jeweiligen Abnehmern anbieten, beeinflussen damit auch die Wettbewerbssituation, je nachdem, inwiefern

- sie der **einzige oder einer von wenigen Lieferanten** sind, die diese Rohmaterialien/Leistungen anbieten, z. B. Anbieter von Kunsttransporten,
- es mit Kosten verbunden ist, von einem zu einem anderen Lieferanten zu wechseln (**Wechselkosten**), z. B. der Aufwand beim Wechsel zu einer anderen Archivierungssoftware,
- es **keinen Ersatz (Substitut)** für ihr Produkt gibt, z. B. bei der Verwendung von Restaurierungs-/Konservierungschemikalien.

2.2 Besonderheiten von Angebot und Nachfrage auf dem Kulturmarkt

2.2.1 Kulturleistungen als Dienstleistungen

Dienstleistungen sind für den Absatz produzierte immaterielle Wirtschaftsgüter, wobei beachtet werden muss, dass nicht alle immateriellen Güter auch Dienstleistungen sind (vgl. Meffert/Bruhn 2012, S. 30 f.). Bei einer Vielzahl von Kulturbetrieben – insbesondere non-profit-orientierten – besteht das Angebot nicht darin, materielle Kulturprodukte zu verkaufen, sondern Kulturgüter vielmehr bereitzustellen, diese einem (möglichst breiten) Publikum zugänglich zu machen und zu vermitteln. Ein solches Angebot zeichnet sich durch klassische Eigenschaften von Dienstleistungen aus, so dass diese Kulturbetriebe dem Dienstleistungssektor zugeordnet werden können, obgleich sich viele jener Einrichtungen (noch) nicht selbst als Dienstleister verstehen (vgl. Terlutter 2000, S. 82). Die Eigenschaften von Dienstleistungen, die auch in hohem Maße auf o. g. Kulturangebote zutreffen, sind: Intangibilität, Uno-Actu-Prinzip und Individualität der Produkte, die Integration des Kunden als externer Faktor bei der Produkterstellung und ein durch den Kunden deutlich wahrgenommenes Kaufrisiko.

Intangibilität: Dienstleistungen besitzen einen immateriellen Charakter, was bedeutet, dass diese Leistungen vor ihrer Erstellung nicht sinnlich wahrnehmbar sowie häufig auch geistig nur schwer erfassbar sind. Vielfach müssen sich Kunden bei der Leistungserstellung beteiligen, indem sie sich selbst als »externer Faktor« in den Prozess einbringen. Diese Eigenschaft zeigt sich besonders deutlich bei Kulturbetrieben, welche Kulturprodukte aus dem Bereich der darstellenden Künste bereitstellen wie Theater, Opern und Konzerthäuser oder auch Musicalproduktionen. Kulturleistungen sind auch deshalb immateriell, weil das Dienstleistungsversprechen der Kulturanbieter auf geistigen Gewinn, Zuwachs an sozialer Kompetenz und Lebensqualität sowie auf Erlebniswirkung abzielt. Mit der Intangibilität geht auch die Nichttransportfähigkeit einher. Auch kulturelle Leistungen sind standortgebunden und damit nicht transportierbar, d. h., der Besucher muss Zeit und Mühe aufwenden, um an den Ort der Aufführung oder Ausstellung zu gelangen.

Uno-Actu-Prinzip: Dienstleistungen sind nicht lagerfähig und werden zeitgleich zu ihrer Erstellung in Anspruch genommen. Durch die Gleichzeitigkeit von Produktion und Rezeption sind auch eine Rückgabe oder ein Umtausch der Leistungen ausgeschlossen. Aufgrund der teilweisen Untrennbarkeit von Erstellung und Absatz können sie nicht im Voraus produziert werden. So kann eine Kunstausstellung oder eine Theateraufführung nur unmittelbar rezipiert werden.

Integration des externen Faktors: Der externe Faktor stellt ein Objekt oder einen Menschen dar, an dem die Dienstleistung vollbracht wird. Der Kunde oder von ihm besessene materielle Güter sind in den Erstellungsprozess der Dienstleistung integriert. Da der Dienstleistungsanbieter keinen Einfluss auf die Beschaffenheit des externen Faktors hat, entscheiden diese Komponenten sowie das subjektive Geschick des Dienstleisters im Umgang mit diesen Voraussetzungen in erheblichem Maße über die Qualität der Dienstleistung. So sind die Vermittlungsleistungen eines Kulturbetriebes sehr stark an die persönlichen Eigenschaften eines Besuchers gekoppelt. Dieser muss bei der Bereitstellung kultureller Angebote physisch anwesend sein, um diese wahrzunehmen. Der implizite Sinn vieler Kulturobjekte erschließt sich entsprechend erst in der Rezeption und Interpretation durch den Kulturnutzer. Teilweise trägt dieser im Sinne eines Prosumers (vgl. Kapitel 2.1) durch seine Anwesenheit und Reaktionen (beispielsweise im Theater) erst dazu bei, dass das eigentliche Kulturprodukt seine finale Form erhält (vgl. Panzer 2009, S. 138). Weiterhin beeinflussen die vom Besucher eingesetzten Geldmittel Umfang und Qualität des Serviceangebotes. Die materiellen Besitztümer des Besuchers werden wiederum bei Zusatzleistungen wie dem Bereitstellen von Garderobe oder Parkmöglichkeiten einbezogen. Der Kulturbetrieb kann jedoch nicht einschätzen, in welcher Verfassung oder mit welcher Vorbildung die einzelnen Besucher in die Einrichtung kommen. Durch die Integration des externen Faktors bestimmt sich das Qualitätserleben nicht mehr allein durch das Produktionsergebnis. Somit entzieht sich die Leistung ein Stück weit der autonomen Steuerung durch die Kultureinrichtung.

Individualität: Das Merkmal der Individualität meint die auf Kundenwünsche bezogene Leistungserstellung und unterscheidet Dienstleistungen damit von fertig produzierten Gütern, die nicht mehr verändert werden können. Dabei können die Einbindung kundenspezifischer Informationen (z. B. individuelle Beratungsleistung) ebenso wie die Integration des externen Faktors (z. B. bei Besucherführungen) eine Rolle spielen. So lässt sich der Besuch eines Konzertes z. B. durch die Wahl der Platzkategorie individuell gestalten oder der Besuch einer Bibliothek durch die Nutzung von Online-Datenbanken oder Lesegeräten erweitern. Die aus Besuchersicht gewünschte Individualität kann dabei von Individuum zu Individuum unterschiedlich ausgeprägt sein.

Wahrgenommenes Kaufrisiko: Für den Kunden oder den Besucher gibt es oft nur wenige Möglichkeiten einer objektiven Einschätzung der Qualität des Produktes. Diese Bewertungsunsicherheit hängt insbesondere bei Kulturdienstleistungen vor allem mit deren Immaterialität zusammen (vgl. Bekmeier-Feuerhahn/Trommershausen 2006, S. 222 f.). Aus informationsökonomischer Sicht weisen Dienstleistungen hohe Vertrauenseigenschaften auf. Im Gegensatz zu Sachgütern kann der Käufer die Dienstleistung nicht vor dem Kauf prüfen, was wiederum das wahrgenommene Kaufrisiko aus Kundensicht erhöht. Vor dem Besuch eines Kulturbetriebes kann entsprechend nicht getestet werden, ob einem die Ausstellung, das Konzert, die Inszenierung etc. gefallen und sich der Aufwand monetärer und zeitlicher Ressourcen somit lohnen wird.

Dienstleistungsphasen

Neben diesen charakteristischen Eigenschaften lassen sich Dienstleistungen über die Besonderheiten ihres Erstellungsprozesses definieren, der sich durch drei aufeinanderfolgende Phasen beschreiben lässt (vgl. Abb. 2.4): eine potenzialorientierte Phase, die sich auf Fähigkeiten, Qualitäten und Eigenschaften des Dienstleisters bezieht, eine prozessorientierte Phase, die den Vorgang der Leistungsvollbringung fokussiert sowie eine ergebnisorientierte Phase, die sich auf das Resultat der Tätigkeit bezieht, wodurch der immaterielle Charakter der Dienstleistung deutlich wird (vgl. Hilke 1989, S. 15).

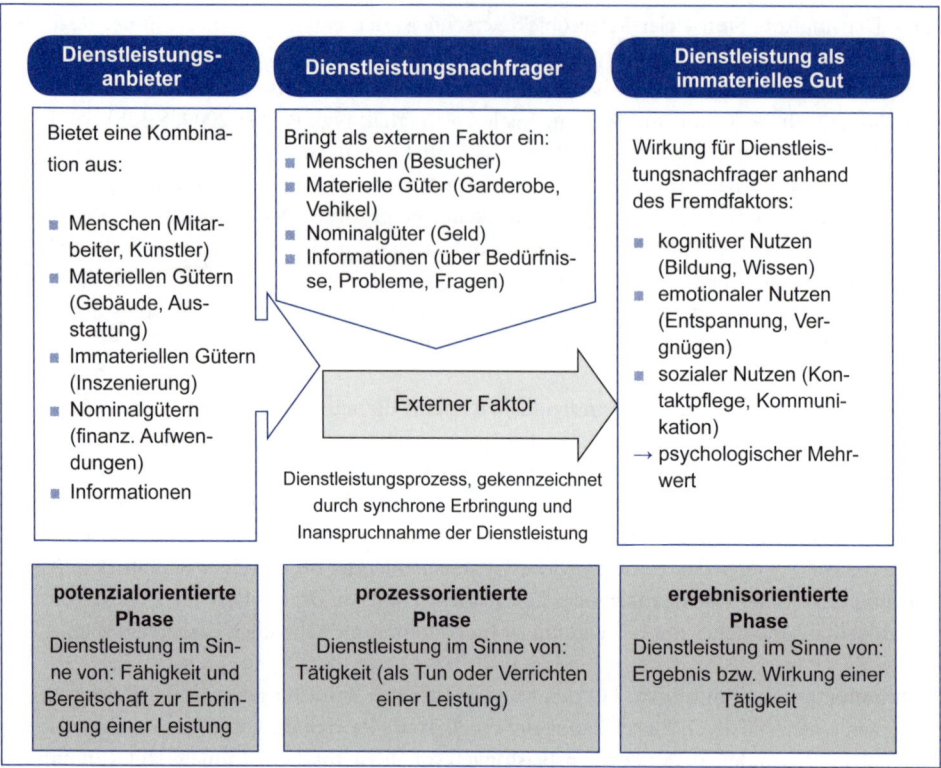

Abb. 2.4: Dienstleistungsphasen in Kulturbetrieben

Die **Potenzialorientierung** stellt die erste Phase dar. Infrastruktur, Planbarkeit sowie Auswahl der Inhalte im Vorfeld spielen hier für den Dienstleister eine wichtige Rolle. Bei einer Kulturleistung umfasst dies alle notwendigen Voraussetzungen für deren Erbringen wie beispielsweise die räumlichen, zeitlichen und inhaltlichen Aspekte, wie Erreichbarkeit, den Umfang an Flexibilität der Besucher oder die Qualität der Veranstaltungsinhalte. Die Fähigkeit und Bereitschaft des Dienstleistungsbetriebes zum Erbringen bestimmter Leistungen liegt der Dienstleistung in der potenzialorientierten Phase zugrunde. So kann sich z. B. ein Museum entscheiden, ob es bereit ist, einen Garderobenservice anzubieten oder lediglich bestimmte Ausstattungselemente wie Kleiderhaken und Schließfächer zur Verfügung zu stellen.

In der zweiten, **prozessorientierten Phase** geht es um die Integration des externen Faktors. Dies beinhaltet die Bedingungen, die Steuerung und die Art der Besucherintegration. Dazu zählt beispielsweise, inwieweit den Wünschen, Bedürfnissen und Ansprüchen des Besuchers Rechnung getragen wird, Verbote und Vorgaben den Besuch reglementieren oder inwieweit der Besucher beispielsweise in ein Ausstellungskonzept einbezogen wird. Darunter fallen Besuchervorschriften wie etwa bei einer Ausstellung das Verbot, einzelne Exponate zu berühren. Auch die Formen der Beteiligung des Publikums an einer Ausstellung sind hier relevant: Diese kann in einer aktiven bzw. passiven, rationalen bzw. emotionalen und anspruchsvollen bzw. anspruchslosen Beteiligung zum Ausdruck kommen.

Am Ende steht die **ergebnisorientierte Phase**, bei der ein immaterieller Nutzen für den Besucher im Sinne kognitiver, emotionaler und sozialer Aspekte zum Tragen kommt. Dies beinhaltet die Wirkungen und den Nutzen einer Kulturleistung beim Nachfrager im Sinne eines psychologischen Mehrwerts, welcher jedoch schwer messbar ist.

2.2.2 Besonderheiten öffentlicher kultureller Güter in Angebot und Nachfrage

Öffentliche Kulturgüter, wie sie u. a. von öffentlichen Kulturbetrieben angeboten werden, können als kollektive, also gemeinschaftliche Güter verstanden werden. Sie besitzen immaterielle Orientierungswerte, wodurch sie keine Eigentumsrechte haben können und sollen. Diese öffentlichen Güter sind häufig auch mit einem hohen politischen Interesse verbunden und werden entsprechend gefördert.

Öffentliche Kulturgüter als meritorische Güter

Im ökonomischen Kontext werden solche öffentlich geförderten Marktangebote als **meritorische Güter** bezeichnet. Es handelt sich hierbei um öffentliche Güter, für deren Bereitstellung jedoch von staatlicher Seite gesorgt wird. Dies wird damit gerechtfertigt, dass diese Güter Gemeinschaftsbedürfnisse zum Ausdruck bringen, welche jedoch nicht in der nötigen Art und dem nötigen Umfang seitens der Bürger/Konsumenten nachgefragt werden, um diese Gemeinschaftsbedürfnisse zu erfüllen (vgl. Priddat 2009, S. 16, Musgrave 1959, S. 13 f.). D. h., sie werden von der Gesellschaft insgesamt zwar gewünscht, jedoch nicht von den einzelnen Konsumenten entsprechend nachgefragt, da diese den individuellen Nutzen dieser Güter (z. B. in Form von Bildung) oft nicht erkennen. So wird z. B. die Existenz von Bibliotheken, Theatern, Museen oder auch Denkmälern in einer Region als Mittel zur Befriedigung von Gemeinschaftsinteressen beurteilt und darüber hinaus als Grundlage angesehen, auf der sich gemeinschaftliche Interessen bilden können. Entsprechend resultiert aus der hohen gesellschaftlichen Relevanz auch ein starkes staatliches Interesse für die Kulturgüter hinsichtlich Trägerschaft, Kulturfinanzierung sowie Kulturpolitik.

Kollektive Werte öffentlicher Kulturgüter

Im Sinne solcher kollektiven Bedürfnisse weisen öffentliche Kulturleistungen und -güter zudem einen Options-, Vermächtnis-, Prestige- und Bildungswert auf:
Der **Optionswert** ergibt sich aus einem individuellen Interesse an einem sicheren Angebot von Kulturgütern, welches jeder einzelne in Anspruch nehmen könnte, auch wenn er dies nicht unmittelbar nachfragt. Dieser **Optionswert** entzieht sich dem Markt, weil er nicht unmittelbar zur Nachfrage führt und mit den meritorischen Eigenschaften kultureller Güter einhergeht. Er drückt lediglich die Bereitschaft für die Unterstützung zur Erhaltung eines kulturellen Angebotes aus, nicht jedoch, ob dieses tatsächlich genutzt wird.
Der **Vermächtniswert** kultureller Güter bezieht sich auf ihre Bedeutung für nachfolgende Generationen. Diese können ihre Präferenzen auf gegenwärtigen Märkten nicht geltend machen, sie können jedoch Interesse an Kulturangeboten aus dieser Zeit haben, so wie sich auch die heutige Gesellschaft für kulturelle Aspekte und Traditionen der Vergangenheit interessiert.

Kulturelle Angebote können zudem einen **Prestigewert** besitzen, welcher sowohl eine kollektive als auch eine individuelle Dimension besitzt. Im kollektiven Sinne können sich die Kulturangebote z. B. einer Stadt oder Region auf deren Identitäts- und Imagebildung auswirken. So können herausragende Kultureinrichtungen wie z. B. die Mailänder Scala zu einem Nationalstolz führen und die kulturelle Identität prägen. Auf individueller Ebene sorgt der Prestigewert z. B. dafür, dass jemand in die Oper geht, um von anderen Besuchern gesehen zu werden oder Kollegen davon zu berichten und sich selbst damit als gebildet und kulturinteressiert darzustellen (Distinktionsleistung).

Einen **Bildungswert** besitzen kulturelle Güter insofern, als kulturelle Aktivitäten die Integration der Mitglieder einer Gesellschaft unterstützen und die Kreativität und die Bildung ästhetischer Maßstäbe fördern. Darüber hinaus stellt Höhne (2009:2, S. 66) heraus, dass durch die Prägung von Geschmack auch eine Ausbildung von »*höheren Präferenzen für nicht materialistische Konsummuster und damit mehr Lebensqualität*« erzeugt werden könne.

Nicht kommerzielle Kulturangebote und klassische Marktgesetze

Diese Werte, die sich aus der Eigenschaft kultureller Angebote als öffentliche Güter konstituieren, entheben diese jedoch einigen klassischen Marktgesetzen, denen kommerzielle (Kultur-)Betriebe, die sich am Markt, insbesondere am **Absatzmarkt** ausrichten, in der Regel unterworfen sind, wie Abbildung 2.5 verdeutlicht (vgl. Munkwitz 2008, S. 20 f.). Anbieter öffentlicher Kulturgüter betrachten, wie in Kapitel 1 beschrieben, das Kulturprodukt als Ausgangspunkt ihres Handelns und verfolgen damit Ziele im Sinne von NPOs, wie z. B. die Vermittlung von Wissen und Bildung.

Anbieter kommerzieller Güter (Marktorientierung)	Anbieter öffentlicher Güter (Produktorientierung)
Produkt wird nach den Bedürfnissen des Nachfragers konzipiert.	Für bestehendes Produkt werden Nachfrager gesucht.
Primäre Orientierung am Absatzmarkt	Primäre Orientierung an übergeordneten Non-profit-Zielsetzungen, z. B. Bildungsauftrag
Hohe Wettbewerbsorientierung	Geringe Wettbewerbsorientierung, bzw. Verlagerung auf Geldgeber
Preise basieren auf Kosten der Leistungserstellung: Nutzeneffekte werden möglichst in die Preisbildung einbezogen.	Kostendeckende Preise können nicht realisiert werden: Nutzeneffekte sind extern und damit jenseits der Preiskalkulation.
Ausschlussprinzip: Nicht jeder kann sich jede Leistung leisten (Eigentumsrecht).	Versagen des Ausschlussprinzips: Jeder soll das Angebot wahrnehmen können.
Rivalität im Konsum: Ein Produkt steht innerhalb eines Zeitraums einem Konsumenten zur Verfügung.	Eingeschränkte Konsumrivalität: Das Kulturgut steht innerhalb eines Zeitraums möglichst vielen Konsumenten zur Verfügung.
Markt als Regulationsmechanismus zur Nutzensteuerung	Versagen des Marktes als Regulationsmechanismus

Abb. 2.5: Wirkung von Marktprinzipien bei kommerziellen und öffentlichen Gütern

Einen Bildungsauftrag zu realisieren, heißt jedoch nicht, den Absatzmarkt gänzlich unbeachtet zu lassen: Für beide Ausrichtungen gilt die Voraussetzung, dass der Nachfrager mithilfe der angebotenen Produkte und Dienstleistungen seine Bedürfnisse bestmöglich befriedigen will. Jedem Anbieter kommt damit die Aufgabe zu, Kulturangebote in Form von Produkten oder Dienstleistungen zu entwickeln und zur Verfügung zu stellen und dafür zu sorgen, dass diese wahrgenommen und in Anspruch genommen werden, damit es zu Austauschprozessen, also letztlich zum Kulturkonsum kommt. Dennoch wirkt sich die geringe Orientierung am Absatzmarkt auch auf die Mechanismen der Preisbildung und der Kommunikation gegenüber den Nachfragern aus.

Eine Orientierung am Absatzmarkt geht nämlich gleichzeitig mit einer **Wettbewerbsorientierung** einher. Die Analyse des Marktes und die eigene Positionierung stehen hierbei im Vordergrund. Ziel dabei ist eine Deckung der Kosten bzw. die Erzielung von Gewinn durch die entstehenden Einnahmen. Die Wettbewerbsorientierung bei Kulturbetrieben ohne Gewinnausrichtung fällt dagegen wesentlich geringer aus, vor allem dort, wo ein (Groß-)Teil der Kosten über die Zuschüsse des Trägers gedeckt wird wie im Falle von staatlichen Kulturbetrieben (vgl. Bekmeier-Feuerhahn/Sikkenga 2008, S. 344 f.). Für die Deckung der Kosten steht dort somit nicht die Kaufkraft der Konsumenten im Vordergrund. Werden die Zuschüsse von Seiten des Trägers jedoch reduziert, müssen anderweitige Geldgeber (z. B. Sponsorenunternehmen, Mäzene oder auch Crowdfunding) einbezogen werden, wodurch sich eine auf diese Interessengruppen verlagerte Wettbewerbsorientierung ergibt.

Preisbildung und Marktversagen

Die oben genannten kollektiven Werteigenschaften kultureller Güter wirken sich insbesondere auf die Preisbildung nicht kommerzieller Kulturanbieter aus. In der Regel bestimmt das Aufeinandertreffen von Angebot und Nachfrage auf Märkten die Preisbildung. Die Preise basieren somit u. a. auf den Kosten der Leistungserstellung, der Höhe und Qualität der Nachfrage und dem Wettbewerb. Dieses Prinzip wird jedoch bei öffentlichen Kulturgütern bereits durch ihre meritorischen Eigenschaften häufig ausgehebelt. Die Preise (v. a. Eintrittspreise) werden dort unabhängig von Produktionskosten, Nachfrage und dem übergreifenden Wettbewerb kalkuliert. Bei öffentlichen Kulturangeboten werden von Seiten des Staates **direkte** und **indirekte** Maßnahmen der Preisbeeinflussung eingesetzt. Eine direkte Maßnahme ist beispielsweise das Festlegen von Höchstpreisen oder das Gewähren von Ermäßigungen. Öffentliche Kulturangebote sind nicht selten ganz kostenfrei. Subventionen hingegen sind Maßnahmen der indirekten Preisbeeinflussung. Mithilfe dieser Unterstützung können entsprechend günstige Preise für Kulturangebote festgesetzt werden.

Nutzenwirkungen von Kulturangeboten, z. B. positive gesellschaftliche Wirkungen wie Bildungsstand einer Volkswirtschaft, Kreativität oder Erzeugung ästhetischer Maßstäbe, stellen außerdem lediglich **externe Effekte** dar. Diese werden, obgleich sie Auswirkungen der ökonomischen Aktivitäten der Kulturanbieter auf Kulturkonsumenten darstellen, nicht von den Kulturanbietern in ihrer Kosten- und Preiskalkulation berücksichtigt. Auf dem kommerziellen Markt wird dagegen versucht, die Nutzenwirkungen von Angeboten stets monetär auszudrücken und in die Preisbildung einzubeziehen.

Diese Form der Preisbildung führt weiterhin zu einem **Versagen des Ausschlussprinzips** und zu einer **eingeschränkten Rivalität im Konsum**, welche auf den kommerziellen Markt regulierend einwirken. Das **Ausschlussprinzip** sichert auf dem kommerziellen Markt die Erhebung von Preisen und Gebühren zum Durchsetzen von Eigentumsrechten. Bei öffentlichen Kulturgütern (z. B. öffentliche Bibliotheken) sollen potenzielle Konsumenten jedoch gerade nicht von der Nutzung derselben ausgeschlossen werden, denn das Prinzip des Kulturkonsums ist dort so ausgelegt, dass jeder die Möglichkeit haben sollte, das Angebot im Sinne eines Bildungswertes wahrzunehmen. Die Dimension eines möglichen Ausschlusses vom Kulturkonsum beschränkt sich somit auf eine zeitliche Komponente (z. B. Öffnungszeiten) und finanziell sehr eingeschränkte Besuchergruppen.

Durch diesen allgemeinen Nutzenanspruch, der auf dem Selbstzweck der Bildung und Wertevermittlung basiert, besitzen Kulturgüter zudem eine **eingeschränkte Rivalität im Konsum.** Rivalität bedeutet hier, dass ein Produkt nur einem Konsumenten zur Verfügung stehen und auch nur diesem einen Nutzen bieten kann. Dieser Nutzen beeinflusst, wie oben beschrieben, die Preise auf dem kommerziellen Markt. Ein Kulturgut kann und soll dagegen von vielen Konsumenten gleichzeitig in Anspruch genommen werden (z. B. eine Ausstellung), ohne dass die Nutzung durch eine Person den Konsumnutzen einer anderen Person einschränkt (z. B. Sicherheit, saubere Umwelt, kulturelle Werte und Normen). Eingeschränkt, aber nicht aufgehoben ist die Rivalität deshalb, weil es je nach Kulturleistung durchaus zu einer Rivalität im Sinne überfüllter Ausstellungen oder ausverkaufter Theatervorstellungen kommen kann.

Würden die oben beschriebenen Prinzipien auch für den Kulturmarkt gelten, müssten sich die Preise für Kulturprodukte tatsächlich an deren Kosten orientieren und wären in der Folge so hoch, dass es wahrscheinlich keine Nachfrage mehr nach diesen Leistungen geben würde. Insofern führen die Eigenschaften öffentlicher Kulturgüter aus ökonomischer Sicht zu einem **Versagen des Marktes als Regulationsmechanismus**, denn sie widersprechen aus betriebswirtschaftlicher Perspektive den Kriterien einer wettbewerbsorientierten, marktwirtschaftlichen Ordnung, nach der die Tauschvorgänge eine gegenseitige Nutzenstiftung beinhalten, welche sich in einem monetären Gegenwert messen lässt. Der Markt, der dieses Nutzengleichgewicht regulieren soll, wird durch die nicht kommerzielle Ausrichtung öffentlicher Kulturangebote ausgehebelt.

Verzerrte Präferenzen und Marktversagen

Das Regulationsprinzip des Marktes wird bei öffentlichen Kulturgütern nicht nur durch die Beschaffenheit des Angebots und die Konditionen seiner Erstellung außer Kraft gesetzt. Auch die Nachfrage seitens der Konsumenten führt dazu, dieses außer Kraft zu setzen, nämlich durch die sog. verzerrten Präferenzen der einzelnen potenziellen Nachfrager. Diese sorgen dafür, dass der individuelle Nutzen, der von kulturellen Gütern ausgeht, oft nicht rezipiert wird.

Innerhalb des Konstrukts des vollkommenen Marktes richtet der Konsument als sog. »Homo oeconomicus« seine Präferenzen stets an einer individuellen Nutzenmaximierung aus. Um diese zu erreichen, richtet er seine Entscheidungen an den rational vollständig erfassten Informationen über seine Wahlmöglichkeiten aus. Das bedeutet, dass es unter der Bedingung vollkommener Märkte keine **verzerrten Präferenzen** im Sinne von nicht rationalem Konsumverhalten geben könnte, da jedes Individuum alle relevanten Informationen für seine Konsumentscheidung besitzen würde. Dieses Konstrukt scheitert in der Praxis erstens daran, dass die Adressaten eben nicht über vollständige Informationen über die Art, den Inhalt und die weiteren Merkmale von Angeboten verfügen. Zweitens besitzt kaum ein Mensch die Fähigkeit, alle vorliegenden Informationen zu einer rationalen Nutzeneinschätzung zu verarbeiten. Drittens wirken emotionale und soziale Restriktionen steuernd auf den Entscheidungsprozess ein. Diese beeinflussen letztlich die subjektiven individuellen Auswahlprozesse und führen so zu **verzerrten Präferenzen.**

Im öffentlichen Kulturbereich sind diese verzerrten Präferenzen besonders verbreitet, denn aufgrund der begrenzten Mittel nicht kommerzieller Kulturbetriebe können oftmals nicht genügend Informationen an die Konsumenten (z. B. in Form individuell angemessener Werbekampagnen) weitergegeben werden, um psychologischen Barrieren gegenüber dem Kulturkonsum entgegenzuwirken. Besonders bei Adressaten ohne weiterführende Schulbildung scheinen diese Barrieren besonders hoch zu sein (vgl. Opaschowski 2006, S. 330). Häufig bestehen dort Schwellenängste und Abneigungen gegen tradierte Verhaltensregeln in Kultureinrichtungen der Hochkultur wie Oper, Theater, Kunstmuseum. Auch verschiedene Lebensstile können die Präferenzen für bestimmte Kulturangebote beeinflussen (vgl. Kapitel 5).

Staatlicher Eingriff in die Konsumentensouveränität

Vor diesem Hintergrund greift der Staat im kulturellen Sektor in die sogenannte Konsumentensouveränität ein, um ein optimales Austauschniveau annähernd zu erreichen. Konsumentensouveränität bedeutet, dass in unserem Wirtschaftssystem Nutzer und Käufer die freie Wahl haben, welche Güter sie konsumieren wollen und wie groß die Menge dieser Güter ist. Die eben beschriebene unzureichende Nachfrage soll durch staatliche Regulierungsmaßnahmen korrigiert werden.

Eine solche Maßnahme ist die Bereitstellung von Informationen von staatlicher Seite, z. B. in Form von Aufklärungsaktionen. Über die gezielte Informationsverbreitung sollen potenzielle Konsumenten hinsichtlich Aufmerksamkeit und Wahrnehmung beeinflusst werden. Beispielsweise unterstützen Kommunen die Informationsverbreitung dadurch, dass sie den Kulturbetrieben kostenfrei oder zu günstigen Konditionen Anzeigenportale oder Werbeflächen zur Verfügung stellen.

Weitere Maßnahmen sind staatliche Verordnungen zur Auseinandersetzung mit Kulturgütern, wie sie beispielsweise in Schulen über die Lehrpläne realisiert werden. Wenn dort bestimmte literarische oder dramatische Werke vorgeschrieben sind, wird der Theaterbesuch oder die Lektüre zur Pflicht. Auch verpflichtend zu behandelnde soziale, geschichtliche und politische Themen (z. B. die nationalsozialistische Geschichte) stellen eine Beschäftigung mit Kultur dar. Eine verordnete Nachfrage kann in der Folge auch eine natürliche, spontane Nachfrage erzeugen. Durch die Schule werden viele Kinder und Jugendliche überhaupt erstmals an Werke der (Hoch-)Kultur herangeführt.

Bedeutung des Marktversagens

Trotz staatlicher Eingriffe gelten für Kulturorganisationen, sofern diese nicht vollständig über staatliche Geldmittel finanziert werden, die Wirtschaftlichkeitsprinzipien auf der Grundlage der Güterknappheit, nach denen ein optimales Verhältnis zwischen Input und Output hergestellt werden muss (vgl. Kapitel 1.2). Durch die o. g. Grundsätze bei der Preisbildung für öffentliche Kulturgüter kann eine Kostendeckung über den Preis aber nicht erreicht werden. Dieses Dilemma, dass die entstehenden Kosten nicht mit den Einnahmen (Eintrittsgelder, Verkaufserlöse, Vermietungen) gedeckt werden können, wird als sog. »**Income Gap**« von Kulturorganisationen bezeichnet (vgl. Pavlakovich-Kochi/Charney 2001, S. 1 ff.). Langfristig betrachtet, lässt sich dieses Dilemma als die sogenannte »**Baumols Disease**« beschreiben. Diese Theorie zeigt auf, dass den stetig wachsenden Kosten für Kulturgüter keine entsprechenden Einnahmen gegenüberstehen. Ursache für diese Problematik ist die steigende Produktivität in der gesamten übrigen Volkswirtschaft durch den Einsatz neuer Technologien. Besonders die darstellenden Künste bleiben in der Produktivität dahinter zurück, verzeichnen aber stetig steigende Personalkosten, da sich die Löhne an der übrigen Wirtschaft orientieren. So muss ein Theater beispielsweise bestimmte Stücke stets mit einer gewissen Anzahl an Schauspielern besetzen. Diese müssen nach den steigenden Lohnstandards bezahlt werden, auch wenn die zur Verfügung stehenden Mittel aus Eigeneinnahmen hierzu nicht mitwachsen. Würde man versuchen die Lohnsteigerungen über die Eintrittspreise auszugleichen, welche ja nur einen Teil der Kosten decken, müsste der Eintritt überproportional erhöht werden, was jedoch der Eigenschaft dieser Kulturleistung als öffentliches Gut entgegenstünde. Dies macht nach Baumol die öffentlichen Subventionen notwendig, geht jedoch gleichzeitig häufig auch mit einer **finanziellen Abhängigkeit** nicht kommerzieller Kulturbetriebe von staatlichen Fördermaßnahmen einher. Volkswirtschaftliche Budgetsanierungen stellen beispielsweise ein hohes Finanzrisiko für Kulturbetriebe dar und Budgetkürzungen führen so zu einem erhöhten Druck, Wirtschaftlichkeitsziele vermehrt zu berücksichtigen. Die Zersplitterung in unterschiedliche Ressorts auf Gemeinde-, Länder- und Bundesebene kann das kulturbetriebliche Umfeld mit zusätzlicher Instabilität versehen. Selbst bei Modellen, die eine Mischfinanzierung vorsehen, besteht das Risiko, bei dem eventuellen Wegfall von einem der Geldgeber die nötige Finanzierung nicht gewährleisten zu können. Diese Bedingungen erfordern somit eine gute strategische Ausrichtung und Kommunikation seitens der Kulturbetriebe, um sich langfristig finanziell abzusichern.

Praxisbeispiel Kapitel 2.1

Eröffnung Kulturcafé Hamburg: zentrale Bündelung vielfältiger Kulturmarktakteure

Das Elbphilharmonie-Kulturcafé im Zentrum Hamburgs ist seit seiner Planung 2007 und Fertigstellung 2009 ein Marktplatz des performativen Kultursektors der Hansestadt. Exemplarisch verdeutlicht die Einrichtung wie unter einem Brennglas, wer die »Akteure des Kulturmarkts« sind.

Mit dem Elbphilharmonie-Kulturcafé-Projekt wollte die Freie und Hansestadt von Anfang an den Hamburger Kulturmarkt insgesamt stützen. Seine Agitatoren sollten zum Ausgangs- und Zielpunkt einer zentralen und übergreifenden Kulturmarketing-Einrichtung werden. Kulturnachfrager, Kulturanbieter, Interessengruppen, staatliche Einrichtungen, Lieferanten und Vertriebspartner: Sie alle finden sich unter dem Dach des Elbphilharmonie-Kulturcafés wieder.

Im Mittelpunkt stehen dabei die »Kulturnachfrager« als Kunden und Konsumenten, die von »Kulturanbietern« wie Konzertveranstaltern, Opernhäusern, Theatern oder Festspielorganisationen Kulturgüter und Kulturleistungen zu bestimmten Bedingungen erwerben.

Vielseitiges Kulturmarketing unter einem Dach

Der Hamburger Designer Peter Schmidt entwarf im Erdgeschoss, das hälftig von Starbucks bewirtschaftet wird, für die »Kulturnachfrager« einen Publikumsbereich mit Tresen und Beratungsplätzen sowie der notwendigen, computergestützten Verkaufsinfrastruktur, über die die Angebote der »Kulturanbieter« von geschultem Verkaufspersonal präsentiert und distribuiert werden. Entsprechend der performativen Ausrichtung des Elbphilharmonie-Kulturcafés wird die gesamte Bandbreite von Bühnenveranstaltungen abgedeckt. Die großen Sprechtheater wie das Thalia oder das Schauspielhaus sind genauso vertreten wie das privatwirtschaftliche Ernst-Deutsch-Theater oder die Kammerspiele. Kampnagel und die Fabrik repräsentieren eine neue, spartenübergreifende Veranstaltungskultur von Tanz bis Jazz, während Philharmoniker und Symphoniker sowie das Ensemble Resonanz stellvertretend für die konzertante Orchesterkultur der Hansestadt stehen. Immer mehr rücken Festivals in den Fokus des Kulturmarketings: So werden auch die Tickets der »Ostertöne« oder des Elbjazz-Festivals angeboten. Im 1. Stock findet sich eine kleine Bühne mit Piano, Soundinstallation und Lichttechnik – Leistungen, Gewerke und Objekte also, die von sogenannten »Lieferanten« bereitgestellt werden, die auch in Theatern und Konzerthäusern zum Zuge kommen. Das Klavier wurde von Yamaha bezogen, dem größten Musikinstrumentenhersteller der Welt. Bei Licht und Sound wurden lokale Anbieter berücksichtigt. Eine kleine, einstufige Bühne als Vertriebs-Tool: »Kulturanbieter« selbst können so über öffentliche Publikumsveranstaltungen in den direkten Dialog mit den »Kulturnachfragern« eintreten, eine bewusst geförderte Option.

Foto: Henry C. Brinker

Konzerteinführungen, moderierte Podiumsrunden und Lesungen bieten niederschwellige Kennlern-Angebote für kulturelle Inhalte. Kleine Gigs lösen traditionelle Aufführungsrituale auf, sodass immer wieder auch renommierte Künstler wie der türkische Pianist Fazil Say die Nähe des Publikums auf der improvisierten Bühne suchen. Da in Hamburg bei der Vielzahl unterschiedlicher Kulturanbieter auch unterschiedliche Ticketing-Systeme (z. B. Jet Ticket, Ticketmaster, Eventim) als »Vertriebspartner« zum Einsatz kommen, mussten sechs verschiedene Drucker integriert werden, um am Desktop die entsprechenden Tickets ausgeben zu können. Die Finanzierung des Kulturcafés

Fortsetzung Praxisbeispiel Kapitel 2.1

erfolgt sowohl über staatliche Einrichtungen als auch über Interessengruppen. Ein städtischer Zuschuss und das Starbucks-Sponsoring durch eine jährliche Donation stehen hier beispielhaft für öffentliches und privatwirtschaftliches Engagement. Geplant war das Elbphilharmonie-Kulturcafé von Beginn an als Public-Private-Partnership (vgl. Kapitel 6.1) und spiegelt so den betriebswirtschaftlich-konzeptionellen Hintergrund des Elbphilharmonie-Projekts insgesamt.

Nachhaltige Beziehung der Marktakteure

In der Gesamtbetrachtung hat die Freie und Hansestadt Hamburg mit dem Elbphilharmonie-Kulturcafé eine Plattform geschaffen, die es städtischen und von der Stadt geförderten Kultureinrichtungen ermöglicht, mit dem Image-Flaggschiff »Elbphilharmonie« eine diskursiv-erlebnisorientierte Kulturanbieter-Kulturnachfrager-Beziehung zu kultivieren. Und nach dem New Yorker Vorbild der Starbucks-Partnerschaft mit dem Buchhändler Barnes & Nobles verfügt der lifestyleorientierte Systemgastronom Starbucks mit dem Kulturcafé über eine Location, die in perfekter Synthese einen wichtigen Imagetransfer leistet und ein kulturaffines Genussumfeld bietet, das alte Kaffeehaus-Traditionen aufgreift, die bis ins 19. Jahrhundert zurückreichen.

3 Das moderne Marketing und seine Relevanz für den Kulturbereich

Marketing, wie wir es heute kennen und wie es auch in diesem Buch behandelt wird, ist eine verhältnismäßig junge Disziplin bei der strategischen Betrachtung des Marktgeschehens. Es ist somit nicht nur eine moderne Erscheinung, sondern hat sich vielmehr parallel zu gesellschaftlichen und wirtschaftlichen Wandlungsvorgängen entwickelt. Entsprechend lässt sich auch das Kulturmarketing innerhalb der Veränderungen der Kulturlandschaft und insbesondere der Kulturfinanzierung der letzten dreißig Jahre verorten. Diese Entwicklung lässt sich u. a. auch dadurch erklären, dass sich die Problematik geringer werdender staatlicher Zuschüsse für Kultureinrichtungen, von denen zumeist verstärkte Anstrengungen für das Kulturmarketing ausgingen, in Deutschland erst relativ spät ergab. Im Gegensatz hierzu begann z. B. in Großbritannien bereits in den 1980er-Jahren aufgrund fehlender staatlicher Zuwendungen eine Umwandlung nationaler Museen in Treuhandgesellschaften, was entsprechende Überlegungen aufkommen ließ. Insofern sollen zunächst grundlegende Ansätze vorgestellt werden, die das Verständnis und die Funktion des Marketings verdeutlichen (Kapitel 3.1), im Anschluss sollen die für den Kulturbereich grundsätzlich relevanten Formen des Marketings und ihre Übertragbarkeit angesprochen werden (Kapitel 3.2), die schließlich maßgeblich für eine ganzheitliche Marketing-Konzeption sind (Kapitel 3.3). Abschließend werden die an die Vermarktung kultureller Angebote geknüpften Diskussionen und Kontroversen sowie ein Betrachtungsansatz, der die augenscheinlichen Unterschiede von Wirtschaft und Kultur in seinem Kulturmarketingverständnis integriert, vorgestellt (Kapitel 3.4).

3.1 Definition und Funktion von Marketing und Kulturmarketing

Definition Marketing

Aus der Perspektive des Marktgeschehens betrachtet, lässt sich Marketing als ein Instrument verstehen, welches der konsequenten Orientierung des unternehmerischen Handelns am Markt dient (Kotler et al. 2007, S. 11 ff., Nieschlag/Dichtl/Hörschgen 2002, S. 14). D. h. es plant, steuert und kontrolliert, ausgerichtet an den dort stattfindenden Austauschprozessen und Nutzenkategorien, die Konzeption der Erstellung, Kommunikation und den Vertrieb von Angeboten (vgl. Meffert et al. 2012, S. 3 f., American Association of Marketing 2007), wobei es gilt, die Bedürfnisse sämtlicher Marktakteure innerhalb dieser Prozesse gleichermaßen zu befriedigen (vgl. Kotler/Bliemel 2006, S. 12). Auf dem kommerziellen Markt bedeutet dies auch die Erzeugung von am Bedarf der Konsumenten orientierten Produkten.

Aus Unternehmenssicht stellt das Marketing nicht nur ein Konzept für eine am Markt orientierte Unternehmensführung dar, sondern dient auch der Umsetzung von Unternehmenszielen auf Grundlage einer langfristigen Befriedigung von Kundenbedürfnissen (Meffert et al. 2012, S. 3, Homburg 2012, S. 10), aber auch der Bedürfnisse der Mitarbeiter. Insofern kann Marketing als ein ganzheitliches Konzept der Unternehmensführung mit dem Ziel einer optimalen Gestaltung sämtlicher externer wie interner Beziehungen zum Einsatz kommen (Homburg 2012, S. 10). Dieses Verständnis der Bedeutung des Marketings weist bereits auf die vielfältigen Anspruchsgruppen eines Unternehmens hin, welche mit Hilfe von Marketingkonzepten berücksichtigt werden können. In der wissenschaftlichen Literatur werden alle Personen und Institutionen, die in einer Austauschbeziehung mit einem Unternehmen oder einer Einrichtung stehen, als Anspruchsgruppen oder **Stakeholder** bezeichnet.

Definition Kulturmarketing

Die Entstehung des Kulturmarketings lässt sich in der fortschreitenden Spezialisierung des Marketings während der 1970er-Jahre und einer darauffolgenden Übertragung von Marketingprinzipien auf andere Wirtschaftssektoren und schließlich auch auf den Non-Profit-Bereich verorten. Kulturmarketing für nicht kommerzielle Kulturbetriebe, welche von einem vorhandenen Kulturprodukt ausgehen, lässt sich vor allem als kommunikativer Prozess verstehen, bei dem ein Schwerpunkt auf dem Kontakt zwischen dem Kulturangebot und dem Konsumenten liegt. Kulturmarketing versucht somit nicht vorrangig die Bedürfnisse des Konsumenten zu befriedigen, sondern den potenziellen Besucher dazu einzuladen, ein Kulturgut kennen- und schätzenzulernen. Das primäre Ziel des Kulturmarketings besteht dabei darin, eine Anzahl von Menschen in Kontakt zum Kulturprodukt zu bringen und auf diesem Wege zum bestmöglichen finanziellen Ergebnis zu gelangen. Darüber hinaus besteht auch hierbei ein stetiger Austausch mit allen internen und externen Anspruchsgruppen der Einrichtung. Zu diesen zählen neben den Akteuren auf dem Kulturmarkt, wie Geldgeber, Künstler und Vertreter der Politik, welche ein Interesse gegenüber einem Kulturbetrieb besitzen, auch die Mitarbeiter, die gleichzeitig an der Erstellung und Bereitstellung des Kulturangebots beteiligt sind.

In öffentlichen Kulturbetrieben besteht zudem, neben einer Orientierung am Kulturprodukt, die stringente Ausrichtung am Bildungsauftrag, welche den Markt- und Kundenbedürfnissen übergeordnet ist. Insofern besteht die Bedeutung des Marketings für diese Unternehmen darin, eine möglichst hohe Akzeptanz für ihre bestehenden Angebote zu gewinnen (vgl. Günter/Hausmann 2012, S. 10). Dadurch können die verschiedenen wirtschaftlichen Ziele sowie Non-Profit Ziele erreicht werden (vgl. Kapitel 1.2). Die Aufgabe besteht hier somit in der Anwendung betriebswirtschaftlicher Konzepte, ohne dabei die Ansprüche, die durch den Vermittlungs- und Bildungsauftrag vorgegeben sind, zu vernachlässigen.

Doppelfunktion des modernen Marketings

Die Entwicklung zum modernen konzeptionellen Marketing wird von Wandlungsprozessen innerhalb des Marktes bestimmt, wie dem Wandel vom Verkäufer- zum Käufermarkt, dynamische Wandlungsprozesse des Kundenverhaltens, schwaches Marktwachstum oder Fragmentierung der Märkte. Die zentrale Rolle des modernen Marketings hat so vielfach eine Doppelfunktion als **Leistungsfunktion** und **Führungskonzept** übernommen (Becker 2013, S. 2). Die Orientierung an Markt- und Kundenbedürfnissen ist bei kommerziellen Unternehmen die zentrale Voraussetzung für Unternehmenserfolg bzw. -existenz und Grundlage aller neuen Managementkonzepte. Bei nicht kommerziellen Betrieben auf dem Kulturmarkt gilt dies für die Fähigkeit der Vermittlung der unternehmensrelevanten Inhalte an sämtliche Anspruchsgruppen, wobei auch hier die

Berücksichtigung von Marktvorgängen eine große Rolle bei der Ausbildung dieser Fähigkeiten spielt.

Die Doppelfunktion des Marketings zeigt sich bei diesen Kulturbetrieben darin, dass das Marketing einerseits die klassische Funktion der operativen Vermarktung am Ende der Leistungskette inne hat, also die Kommunikation und Verteilung von kulturellen Angeboten innerhalb der auf dem Kulturmarkt herrschenden Rahmenbedingungen. Das operative Marketing wird andererseits durch das Führungskonzept ergänzt, welches auf die besonderen Wettbewerbsbedingungen auf dem Kultur- und Freizeitmarkt reagiert. Durch die Entwicklung neuer Managementkonzepte auf dieser Grundlage kann so rückwirkend beispielsweise die zur Erstellung neuer Angebote und zum Bestehen des Kulturbetriebs nötige Finanzierung sichergestellt werden.

So wird der gesamte Führungsprozess von den Rahmenbedingungen des Marktes und den Anforderungen seitens der Anspruchsgruppen her betrachtet. Diese Anforderungen werden schließlich in sämtliche Unternehmensfunktionen mit einbezogen. Wie in Abbildung 3.1 dargestellt, verläuft dieser Ansatz also entgegengesetzt der Leistungskette (vgl. Becker 2013, S. 3).

Abb. 3.1: Marketing als Leistungsfunktion und Führungskonzept

Beschaffungsmarketing in Kulturbetrieben

Die Doppelfunktion des modernen Marketings spannt sich somit zwischen einer auf den Absatzmarkt gerichteten und einer auf den Beschaffungsmarkt gerichteten Perspektive auf, welche jeweils von eigenen Rahmenbedingungen, Anspruchsgruppen und entsprechenden Marketingansätzen bestimmt werden. Die auf den Absatzmarkt gerichtete Perspektive verfolgt dabei hauptsächlich einen **B2C**-Ansatz, d. h. im klassischen Marketing einen Business-to-Consumer-Ansatz. Dieser wird auf operativer Ebene vor allem durch die klassischen Instrumente des Marketingmix umgesetzt, wie sie in Kapitel 6 behandelt werden. Die auf den Beschaffungsmarkt gerichtete Perspektive lässt sich dagegen als ein **B2B**-Ansatz, d. h. ein Business-to-Business-Ansatz, beschreiben. Dieser ist allerdings für den Kulturmarkt durch sehr spezifische Bedingungen und vor allem eine Heterogenität an Beziehungen geprägt, sodass typische Instrumente aus dem B2B-Marketing hier nur zu einem Teil umsetzbar sind. Eine besondere Bedeutung von persönlichen Interaktionen zwischen Anbieter- und Nachfragerorganisationen sowie die Langfristigkeit von Geschäftsbeziehungen (vgl. Homburg 2009, S. 1027) trifft jedoch auch zu einem großen Teil auf den Kulturmarkt im B2B-Bereich zu. Auch hier ist damit die Pflege von persönlichen Kontakten und ein systematisches Beziehungsmanagement von großer Bedeutung.

Dementsprechend befasst sich Beschaffungsmarketing speziell mit dem Management von Lieferantenbeziehungen und der strategischen Koordination von Beschaffungsmaßnahmen, wobei hier die Senkung von Beschaffungskosten eine große Rolle spielt (vgl. Grün et al. 2010, S. 94 ff.). Marketingstrategien und -kommunikation werden dabei gezielt auf diese Beziehung ausgerichtet. Betrachtet man Lieferanten als zur Erstellung von Kulturleistungen erforderliche Partner(-Unternehmen), ergeben sich für jeden Kulturbetrieb unterschiedliche und auch teils in sich heterogene Gruppen und Beziehungsarten. Diese werden auch dadurch beeinflusst, in welcher Form die jeweiligen Lieferanten an der Leistungserstellung beteiligt sind. Abbildung 3.2 vermittelt einen Überblick über entsprechende Lieferanten-Konstellationen einiger ausgewählter Kulturbetriebe.

Deutlich wird bei dieser Betrachtung die Spannweite zwischen direkt an der Angebotserstellung beteiligten »Lieferanten«, bei denen es sich meistens um Einzelpersonen im Sinne von Kulturschaffenden handelt, sowie indirekt an der Angebotserstellung beteiligten »Lieferanten«, die sich als Unternehmen im eigentlichen Sinne kennzeichnen lassen. Aufgrund von verwaltungsrechtlichen Vorgaben (z. B. Vergaberechte, Ausschreibungsvorgaben), wie es zumeist bei öffentlichen Kulturbetrieben der Fall ist, werden aber auch hier Methoden eines klassischen B2B-Marketings entsprechend modifiziert (vgl. Blome 2007). Nicht zuletzt bilden für öffentliche Kulturbetriebe diejenigen Einzelpersonen sowie Unternehmen, die die Finanzierung von Kulturleistungen ermöglichen, eine wichtige Anspruchsgruppe auf dem Beschaffungsmarkt (vgl. Günter/Hausmann 2012, S. 107 ff.).

3.1 Definition und Funktion von Marketing und Kulturmarketing

	Kunstmuseum		Theater	Orchester	Bibliothek
	Direkt an Leistungserstellung beteiligt				
Lieferant	Künstler	Leihgeber	Schauspieler	Musiker	Verlage
Art der Beziehung	Meist individuelle, persönliche, informelle Individualkontakte	Meist betriebliche persönliche (teilweise auch informelle) Individualkontakte	Persönliche sowie offiziell akquirierte Individualkontakte	Persönliche sowie offiziell akquirierte Individualkontakte	Offiziell akquirierte Unternehmenskontakte
Ausrichtung des Beschaffungsmarketings	Pflege individueller, personengerichteter Beziehungen	Pflege individueller, personengerichteter Beziehungen / Einsatz gezielter direkter, persönlicher Ansprache	Pflege individueller, personengerichteter Beziehungen & offizielle personalpolitische Ausschreibungen	Pflege individueller, personengerichteter Beziehungen & offizielle personalpolitische Ausschreibungen	B2B-Marketing unter Berücksichtigung offizieller Vorgaben
	Indirekt an Leistungserstellung beteiligt				
Lieferant	Handwerksbetriebe (Ausstellungsdesign)	Restauratoren	Bühnentechniker	Hersteller von Instrumenten	EDV-Techniker
Art der Beziehung	Offiziell akquirierte Unternehmenskontakte	Meist offiziell akquirierte Individualkontakte	Offiziell akquirierte Individual- sowie Unternehmenskontakte	Offiziell akquirierte Unternehmenskontakte	Offiziell akquirierte Individual- sowie Unternehmenskontakte
Ausrichtung des Beschaffungsmarketings	B2B-Marketing unter Berücksichtigung offizieller Vorgaben	Offizielle (personalpolitische) Ausschreibungen	B2B-Marketing unter Berücksichtigung offizieller Vorgaben & offizieller personalpolitischer Ausschreibungen	B2B-Marketing unter Berücksichtigung offizieller Vorgaben	B2B-Marketing unter Berücksichtigung offizieller Vorgaben & offizieller personalpolitischer Ausschreibungen
	An Finanzierung zur Leistungserstellung beteiligt				
Lieferant	Sponsoren, Spender, Kooperationspartner				
Art der Beziehung	Betriebliche und persönliche Unternehmens- und Individualkontakte				
Ausrichtung des Beschaffungsmarketings	Pflege individueller, personengerichteter Beziehungen / Einsatz gezielter direkter, persönlicher Ansprache, Ausrichtung von Finanzierungspolitik, Kooperationsstrategien				

Abb. 3.2: Formen des Beschaffungsmarketings im Kulturbereich

Modernes Marketing als Beziehungsmarketing

Entsprechend der Orientierung des Marketings an den Interessen und Bedürfnissen der vielfältigen Anspruchsgruppen lässt sich eine Hauptfunktion des modernen Marketings auch als Management von Beziehungen beschreiben. Nicht nur wird heute mehr auf die aktuelle Bedürfnislage reagiert, es werden auch Techniken der Analyse der Beziehungen zwischen Unternehmen und Anspruchsgruppen einbezogen sowie Methoden zur Erzielung von Wettbewerbsvorteilen erschlossen. Management von Beziehungen bedeutet in erster Linie Kommunikation, welche jeweils anspruchsgruppen- sowie zielgruppenspezifisch sein muss, um die Unternehmensziele zu erreichen (siehe Abb. 3.3).

Zielgruppen können innerhalb von Anspruchsgruppen aber auch übergreifend gebildet werden. Während sich Anspruchsgruppen nach den jeweiligen Interessen richten, die aus dem Verhältnis zu einem Unternehmen resultieren, können Zielgruppen nach bestimmten interindividuellen Merkmalen bestimmt werden. Eine Orientierung an verschiedenen Zielgruppen ist bedeutend und sinnvoll, um z. B. unterschiedliche Konsumenten individueller ansprechen zu können. Beziehungs- oder Relationship-Marketing umfasst damit:

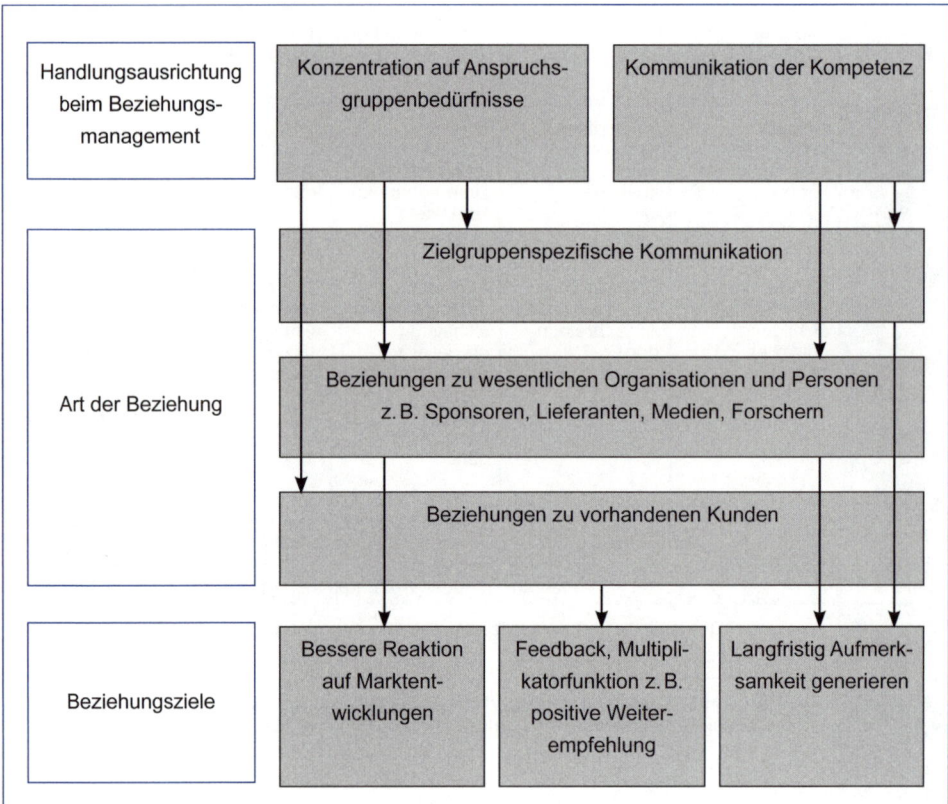

Abb. 3.3: Prinzipien des Beziehungsmarketings

»*Maßnahmen der Analyse, Planung, Durchführung und Kontrolle, die der Initiierung, Stabilisierung, Intensivierung und Wiederaufnahme sowie gegebenenfalls der Beendigung von Geschäftsbeziehungen zu den Anspruchsgruppen – insbesondere zu den Kunden – des Unternehmens mit dem Ziel des gegenseitigen Nutzens dienen.*« (Bruhn 2013:2, S. 12)

Aus dieser Definition lassen sich die folgenden Merkmale ableiten (vgl. ebenda S. 11):

- Anspruchsgruppenorientierung
- Managementorientierung
- Zeitraumorientierung
- Nutzenorientierung.

Hinsichtlich der **Anspruchsgruppenorientierung** kann unterschieden werden zwischen einem Beziehungsmarketing im engeren Sinne, welches ausschließlich Kundenbeziehungen betrifft, und einem Beziehungsmarketing im weiteren Sinne, das die Beziehungen zu allen internen wie externen Anspruchsgruppen des Unternehmens einbezieht. Nach ihren jeweiligen Bedürfnissen richten sich folglich verschiedene Kommunikationskonzepte. Entsprechend beinhaltet Relationship-Marketing ebenso eine **Managementorientierung**, welche Maßnahmen zur Analyse, Planung, Durchführung und Kontrolle umfasst. Die **Zeitraumorientierung** spiegelt den dynamischen Charakter von Kundenbeziehungen wider, während die **Nutzenorientierung** sich auf die gegenseitige Bedürfnisbefriedigung bezieht. Dabei ist Relationship-Marketing als ein übergeordnetes (Führungs-)Konzept zu betrachten und kann auch als ein Grundkonzept des Dienstleistungsmarketings verstanden werden (vgl. Meffert/Bruhn 2012, S. 44 ff.).

Das Relationship-Marketing spielt besonders in Märkten mit differenzierbaren Leistungen eine große Rolle (Bruhn 2013:2, S. 17 f.), wozu auch der Kulturmarkt gezählt werden kann. Kulturleistungen sind sehr differenziert und häufig zielgruppenspezifisch ausgerichtet, was sich z. B. in Strategien des Audience Development niederschlägt (vgl. Kapitel 5.4). Hinzu kommt die Komplexität der Leistungen und bei Kulturinstitutionen auch die Abhängigkeit vom Besucher als externem Faktor. Diese Eigenschaften von Kulturbetrieben machen den Vorteil eines Relationship-Marketings deutlich. In der Praxis erfolgt die Gestaltung der externen Kundenbeziehungen häufig auch durch Freundeskreise, Fördervereine sowie verschiedene Kommunikationsinstrumente wie z. B. Social-Media-Plattformen.

Neben den Kulturkonsumenten zählen politische Einrichtungen sowie Stiftungen, Sponsoren und andere finanzielle wie ideelle Unterstützer zu den relevanten Beziehungsgruppen von Kultureinrichtungen. Die internen Anspruchsgruppen (Mitarbeiter, Ehrenamtliche) werden bei einem ganzheitlichen Relationship-Marketing ebenfalls einbezogen. Durch den Dienstleistungscharakter von Kulturangeboten sind die dienstleistungsspezifischen Merkmale auch im Kulturmarketing verankert.

3.2 Spezielle Marketingbereiche mit Relevanz für Kulturbetriebe

3.2.1 Dienstleistungsmarketing

Erweiterte Marketinginstrumente für Dienstleistungen – die 7 P

Im klassischen Marketingmix für kommerzielle Unternehmen stehen die sog. 4 P (Produkt, Preis, Promotion und Platzierung) als Grundlage für die entsprechenden Marketinginstrumente (siehe Kapitel 6) im Vordergrund. Im Dienstleistungsmarketing werden diese um drei weitere Faktoren (Personal, Physische Ausstattung und Prozesse) ergänzt, um die Besonderheiten der Dienstleistungserstellung deutlicher zu erfassen (vgl. Abb. 3.4). Das Marketing bekommt dadurch insgesamt eine weitere Begriffsspanne. Für das Dienstleistungsmarketing ergeben sich daraus folgende Bereiche der Marketinginstrumente:

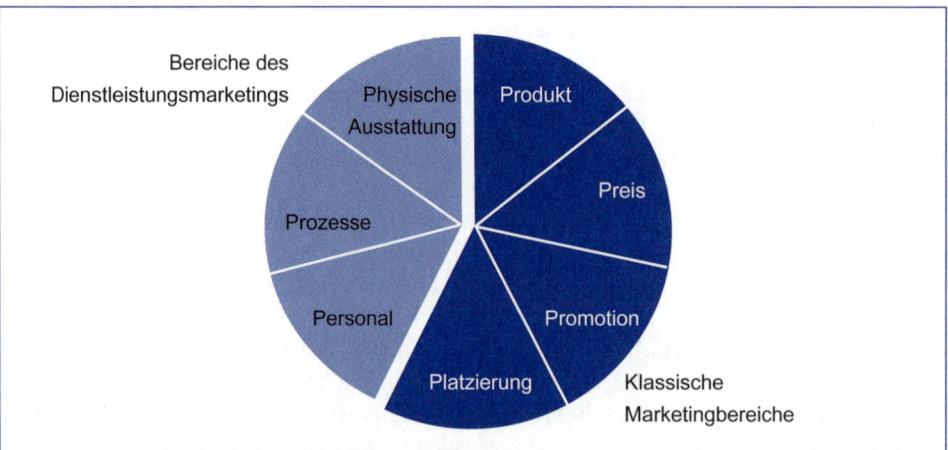

Abb. 3.4: Marketinginstrumente in Kulturbetrieben

Produkt- und Servicepolitik (Produkt) bezieht sich auf die Ausgestaltung sämtlicher Produkte und Dienstleistungen als Basis des unternehmerischen Handelns. Für Kulturangebote, wie sie bereits beschrieben wurden, bezieht sich dieser Bereich in erster Linie auf die Gestaltung von Serviceleistungen rund um das Kulturprodukt sowie ggf. in eingeschränkter Form die Programmgestaltung (Theater, Konzerte, Ausstellungen etc.).

Preispolitik (Preis) legt fest, zu welchen Preisen die Dienstleistungen angeboten werden und umfasst darüber hinaus alle vertraglichen Vereinbarungen zu Preisen, Rabatten und Zahlungsbedingungen. Bei öffentlichen Kulturbetrieben wird dieser Bereich durch den Rahmen staatlicher Auflagen teilweise eingeschränkt.

Kommunikationspolitik (Promotion) verfolgt das Ziel einer einheitlichen Unternehmenskommunikation insbesondere auf der Basis der Corporate Identity (siehe Kapitel 5). Eingeschlossene Maßnahmen sind dabei beispielsweise Werbung, Öffentlichkeitsarbeit, Markenpolitik, Veranstaltungen etc.

Distributionspolitik (Platzierung) konzipiert die Platzierung und Verteilung (Wo werden die Dienstleistungen angeboten? Wo und wie kann man diese buchen?) der Dienstleistungsangebote im Markt und den (schrittweisen) Weg zum Konsumenten. Für Kulturangebote beschränkt sich dieser Bereich hauptsächlich auf den Aspekt der Buchungskanäle. Filialbildung und ähnliche Platzierungssysteme kommen bei nicht kommerziellen Kulturbetrieben aufgrund der Individualität der jeweiligen Angebote nur sehr selten vor.

Personalpolitik (Personal) befasst sich schließlich mit den Kapazitäts- und Qualifizierungsbedürfnissen des Personals (Quantität, Qualität, Schulungsbedürfnisse usw.). Auch die Gestaltung des Arbeitsplatzes, das Arbeitsklima sowie die Motivation der Mitarbeiter (z. B. durch Aufgabengestaltung, Vergünstigungen etc.) zählen zu diesem Bereich. Für nicht kommerzielle Kulturbetriebe stellt die Personalpolitik besonders aufgrund der speziellen Mitarbeiterstrukturen (wenige Festangestellte, Ehrenamtliche, Hilfskräfte usw.) eine wichtige Herausforderung dar.

> **Beispiel**
>
> **Nicht kommerzielle Kultur braucht Beteiligung**
>
> Kultureinrichtungen als Non Profit-Organisationen (NPO's) leben von einer erfolgreichen Mitarbeiterorientierung, die immer dann einen besonders hohen Besucherbindungserfolg verzeichnet, wenn auch das Publikum einen persönlichen Kontakt zum Personal aufbauen kann. Das so mobilisierte Maß an Empathie und Identifikation der häufig ehrenamtlichen Mitarbeiter entscheidet mit über Erfolg oder Misserfolg der nicht kommerziellen Kulturprojekte.
>
> Die weitaus meisten Museen in Niedersachsen befinden sich in der Trägerschaft von Kommunen, Landkreisen oder Vereinen. Viele von ihnen werden ehrenamtlich geleitet und sind damit arbeitsorganisatorisch durch dauerhafte Mitgliedschaft gebunden. Das freiwillige Engagement ist dabei in Umfang und Intensität unabhängig von Rang und Bedeutung des Museums in der vergleichenden Wahrnehmung aller Einrichtungen. In Niedersachsen beispielsweise existieren 31 Museen von nationaler oder internationaler Bedeutung. Weitere 120 Museen beanspruchen eine herausragende Rolle im kulturellen Leben ihrer Region. Mehr als 500 kleine Museen, Heimatstuben und andere Einrichtungen der lebendigen Denkmalpflege sind über das Flächenland Niedersachsen verteilt (Angaben Niedersächsisches Ministerium für Wissenschaft und Kultur 2012). Kein Museum in diesem Bundesland könnte ohne freiwillige Unterstützung existieren.

Prozesspolitik (Prozesse) umfasst beim Dienstleistungsprozess sämtliche relevante Planungen von Abläufen und Zuständen, die an der Leistungsgestaltung beteiligt sind. Dazu zählen interne Prozesse wie die Schaffung einer optimalen Arbeitsorganisation mit einer entsprechenden Aufgabenverteilung, um Arbeitsabläufe effizienter zu gestalten, aber auch solche Prozesse, mit denen der Kunde bzw. Besucher direkt in Berührung kommt wie Buchungsvorgänge, Wartesituationen etc.

Ausstattungspolitik (Physische Ausstattung) bezieht sich auf das gestaltete Umfeld der Einrichtung als Faktor der Wahrnehmung des Besuchers. Dazu zählen Architektur, Innengestaltung,

Einrichtungen (z. B. Art des Gebäudes, Wegeführungen, Beschilderung, Eingangsbereich, Ruhezonen usw.).

Das Dienstleistungsdreieck

Kunden- und Serviceorientierung sind im Dienstleistungsbereich von großer Bedeutung, da dort die Basisleistungen von Unternehmen generell sehr leicht kopiert werden können und so eine Differenzierung gegenüber Wettbewerbern nicht allein über diese Leistungen erreicht werden kann. Trotz der großen Individualität der Kulturgüter, welche von Kulturbetrieben zugänglich gemacht werden, unterscheiden sich die dazu gestaltbaren Serviceleistungen, z. B. in Bereichen, wie Distribution, Ausstattungsmerkmalen oder Prozesse, zwischen einzelnen Kultureinrichtungen oft wenig. Gleiches betrifft auch die Bereiche der Leistung, wo der Besucher in Kontakt mit dem Personal kommt. Eine Orientierung an den Bedürfnissen der Kunden, aber auch denen der Mitarbeiter kann demgegenüber somit entscheidende Wettbewerbsvorteile schaffen. Die Beziehungen, die sich aus dieser Orientierung ergeben, lassen sich in Form des Dienstleistungsdreiecks ausdrücken (vgl. Abb. 3.5), welches die Berücksichtigung von externen, internen sowie interaktiven Bezügen des serviceorientierten Dienstleistungsmarketings visualisiert (vgl. Grönroos 2000, S. 55, Bruhn 2007).

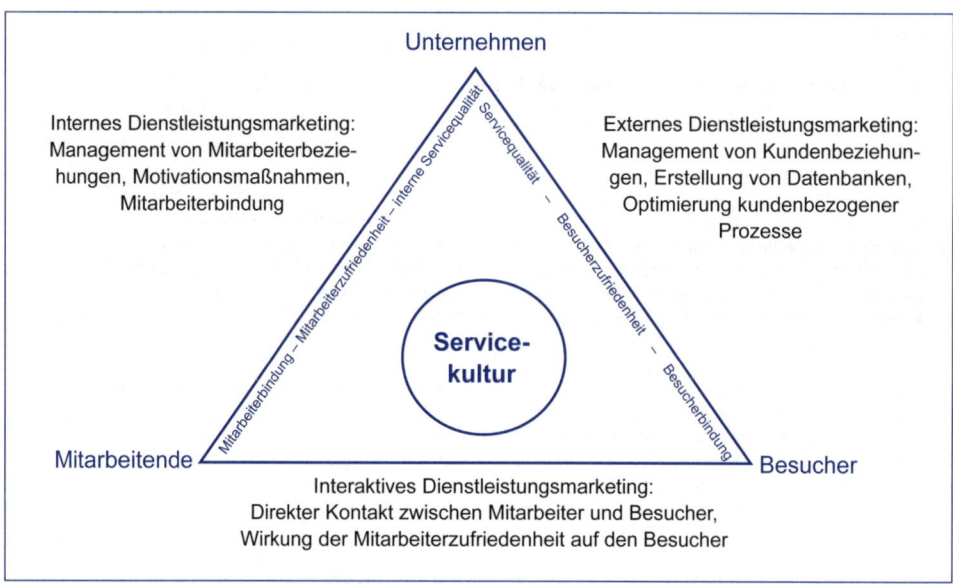

Abb. 3.5: Das Dienstleistungsdreieck

Internes Dienstleistungsmarketing: Bei diesem liegt der Fokus auf dem Management von Mitarbeiterbeziehungen. Durch Mitarbeitermotivation werden interne Denkhaltungen kultiviert, welche die Zufriedenheit steigern und so auch die Verweildauer der Mitarbeiter erhöhen sollen. Das interne Marketing setzt am engen Zusammenhang zwischen Mitarbeiter- und Kundenzufriedenheit an. Ein zufriedener Mitarbeiter zeigt eine größere Bereitschaft auf Kunden zuzugehen, ist freundlicher, zeigt Spaß an der Arbeit. Das ist für den Kunden direkt wahrnehmbar. Das Ziel muss es daher sein, die Mitarbeiter zu einem servicebewussten Verhalten zu motivieren. Die Mitarbeiterbindung hängt somit ebenfalls mit der Kundenbindung zusammen (vgl. Grönroos 1990, S. 221 ff.).

Externes Dienstleistungsmarketing: Dieses beschäftigt sich mit der Dokumentation und Verwaltung von Kundenbeziehungen im Sinne des Relationship-Marketings. Dies hilft letztlich auch, den ganzheitlichen Ansatz der Unternehmensführung zu verwirklichen. Das externe Dienstleistungsmarketing integriert und optimiert alle kundenbezogenen Prozesse in Marketing, Vertrieb, Kundendienst sowie in der Forschung und Entwicklung des Unternehmens. Dies geschieht meist auf der Grundlage einer kundenbezogenen Datenbank. So kann den Wünschen bestehender Kunden am besten entsprochen werden.

Interaktives Dienstleistungsmarketing: Hierbei wird die unmittelbare Kundenorientierung in den Mittelpunkt gestellt. Der direkte Kontakt zwischen Mitarbeitern und Kunden wird dabei beobachtet, wobei der Einfluss der Zufriedenheit von Mitarbeitern auf Kunden sehr deutlich wird (vgl. Grönroos 2000, S. 56; Grönroos 1990, S. 260 f.). Langfristig zufriedene Mitarbeiter und Kunden werden so zu nachhaltigen Multiplikatoren zur Erfolgssicherung bzw. Zielverwirklichung. Letztendlich bietet die langfristige Kundenbindung u. a. einen erheblichen Kostenvorteil gegenüber der Akquise von Neukunden.

3.2.2 Non-Profit-Marketing

Durch den Dienstleistungscharakter kultureller Non-Profit-Leistungen besteht auch eine große Relevanz des Dienstleistungsmarketings für nicht kommerzielle Kulturbetriebe. Dennoch ist hier eine spezifische Anpassung notwendig, um die Besonderheiten von NPOs zu berücksichtigen. Diese stellen entsprechend den Ausgangspunkt für das Non-Profit-Marketing dar (vgl. Bruhn 2012, S. 28 ff.):

- Die Inhalte der meist **qualitativen Zielsetzungen**
- Die **Definition der (Dienst-)Leistung** und der zu vermittelnden Werte
- Die **Berücksichtigung unterschiedlicher Anspruchsgruppen** innerhalb des komplexen Beziehungsgeflechts der NPOs
- Die **Finanzierung** der Marketingausgaben trotz häufig beschränkter Geldmittel
- Die Berücksichtigung besonderer **Mitarbeiter- und Organisationsstrukturen**
- Die **Konsequenzen der Nachfrageorientierung** (Nachfrage nicht nur im Sinne der Wahrnehmung einer Leistung der NPO, sondern auch im Sinne von Verhaltensänderungen wie z. B. Blutspenden, AIDS-Prävention etc.).

Die Ausweitung des Marketinggedankens auf die Beziehungen zu allen relevanten Anspruchsgruppen, das Relationship-Marketing, hat besonders für NPOs große Bedeutung. So besteht auch eine wesentliche Aufgabe des Non-Profit-Marketings in der Steuerung von Beziehungen zu sämtlichen Anspruchsgruppen durch einen integrativen Managementprozess (vgl. Bruhn 2012, S. 55). Durch den Ansatz des Relationship-Marketings können so Kooperationen, Partnerschaften und Netzwerke zwischen der Organisation und den Anspruchsgruppen konzeptionell berücksichtigt werden. Bevor jedoch die Absatzpolitik von Non-Profit-Leistungen nach diesen Vorgaben konzipiert werden kann, muss eine NPO, wie in Abbildung 3.6 dargestellt, zunächst eine Ressourcenpolitik verfolgen, da diese die Leistungsgestaltung erst ermöglicht. Die Maßnahmen der Absatzpolitik werden anschließend durch die Kommunikationspolitik begleitet (vgl. Bruhn 2012, S. 263 f.).

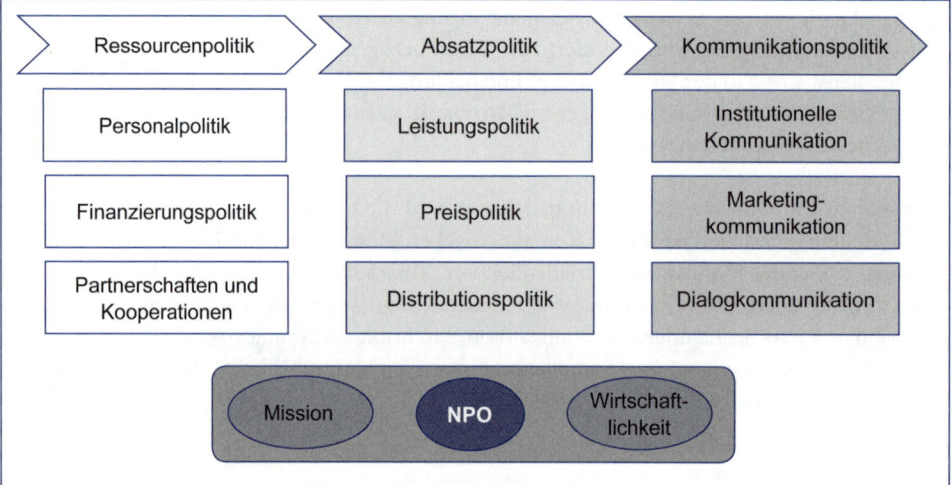

Abb. 3.6: Komponenten des Marketingprozesses für NPOs

Dieser prozessorientierte Ansatz aus dem Non-Profit-Marketing ist auch für nicht kommerzielle Kulturbetriebe von Bedeutung. Die Ressourcenpolitik ist hier eine elementare Voraussetzung, um überhaupt Kulturleistungen erstellen zu können. Die Finanzierungspolitik nimmt dabei eine besondere Stellung ein. Das Einwerben von Sponsorengeldern und öffentlichen Fördermitteln kann als Marketingaktivität betrachtet werden. Gleiches gilt für die Gewinnung (ehrenamtlicher) Mitarbeiter im Rahmen der Personalpolitik. Partnerschaften und Kooperationen können je nach Zielsetzung zwischen verschiedenen Kulturbetrieben, zwischen dem Kulturbetrieb und Wirtschaftsunternehmen oder auch mit (politischen) Interessenverbänden und anderen Anspruchsgruppen angestrebt werden.

Dies alles sind Voraussetzungen für den Absatz der Kulturleistungen und der damit verbundenen Leistungspolitik (Vermittlung der Kulturleistung). Dazu zählen ebenso die Festlegung von Preisen und Gebühren wie die Erschließung der Vertriebswege (beispielsweise von Eintrittskarten: direkt oder online). Alle diese Maßnahmen werden wiederum durch die Kommunikationspolitik begleitet. Dabei gilt es, die internen und externen Anspruchsgruppen des Kulturbetriebes gezielt anzusprechen.

Die Abbildung 3.7 zeigt in diesem Zusammenhang noch einmal im Überblick die Schwerpunkte, Besonderheiten und Zielsetzungen der vorgestellten Marketingansätze mit Relevanz für das Kulturmarketing und verdeutlicht den Grad der Spezialisierung vom übergreifenden Relationship-Marketing zum Dienstleistungsmarketing und schließlich zum Non-Profit-Marketing. Grundsätzlich lassen sich Aspekte aus allen drei Marketingbereichen in ein einheitliches Konzept integrieren → **siehe auch Praxisbeispiel »Die Berliner Seefestspiele: Eine erfolgreiche Kombination verschiedener Marketingansätze« (S. 58/59)**.

	Relationship-Marketing	**Dienstleistungsmarketing**	**Non-Profit-Marketing**
Zielausrichtung	Pflege, Steuerung und Verwaltung der Anspruchsgruppenbeziehungen zur beiderseitigen Nutzenoptimierung	Profilierung und Absatz von Dienstleistungsangeboten des Unternehmens gegenüber externen wie internen Anspruchsgruppen	Bereitstellen eines Angebots von wertgerichteten, sozialen Dienstleistungen an Nachfragerkreis sowie die Generierung von erforderlichen Ressourcen
Besonderheit	Orientierung an Interessen und Bedürfnissen der unterschiedlichen Anspruchsgruppen	Ausweitung der Marketinginstrumente auf Personal, Prozesse und Ausstattung sowie interne und interaktive Ausrichtung	Ressourcenpolitik als Ausgangspunkt, auf den Absatz- und Kommunikationspolitik aufbauen können
Kundenorientierung	Differenzierung der Anspruchsgruppen und deren Bedürfnisse sowie entsprechende strategische Ausrichtung	Serviceorientierung zur besseren Ansprache des Kunden (externes DL-Marketing)	Aufbau von langfristigen Partnerschaften mit verschiedenen Anspruchsgruppen
Mitarbeiterorientierung	Mitarbeiter bilden eine eigene Anspruchsgruppe	Einbeziehung der Mitarbeiter (internes DL-Marketing) mit positiver Auswirkung auf den Kunden (interaktives DL-Marketing)	Berücksichtigung von besonderen Beschäftigungsformen (z. B. Ehrenamt)

Abb. 3.7: Überblick über relevante Marketingbereiche für Kulturbetriebe

3.3 Marketing als strategisches Konzept

Die Anforderungen an das moderne Marketing als Führungsgrundlage sowie als ganzheitlicher unternehmerischer Ansatz erfordert umfangreiche Marketingkonzeptionen, welche aus Unternehmenssicht helfen sollen, ein übergreifendes Denkschema zu entwickeln, mit dessen Hilfe abgestimmte Analysen, Planungen und Kontrollen durchgeführt werden können. Es ist jedoch kein starres Handlungsschema, sondern vielmehr ein Entscheidungsleitfaden.

»*Eine Marketing-Konzeption kann aufgefasst werden als ein schlüssiger, ganzheitlicher Handlungsplan (»Fahrplan«), der sich an angestrebten Zielen (»Wunschorten«) orientiert, für ihre Realisierung geeignete Strategien (»Route«) wählt und auf ihrer Grundlage die adäquaten Marketinginstrumente (»Beförderungsmittel«) festlegt.*« (Becker 2013, S. 5)

Ziele der strategischen Marketingkonzeption

Für Kulturbetriebe stellt eine Marketingkonzeption eine Möglichkeit dar, ihre Situation und Austauschprozesse entsprechend einem zielgerichteten und planmäßigen Denken und Handeln anzupassen, Beziehungen zu verschiedenen Anspruchsgruppen gezielt zu gestalten und damit Wettbewerbsvorteile zu managen (vgl. Günter/Hausmann 2012, S. 9). Dies beinhaltet verschiedene Unteraspekte wie:

- Verringerung des Risikos von Fehlentscheidungen
- Frühzeitige Identifikation von Chancen und Bedrohungen
- Aufzeigen und Erhalten von Handlungsspielräumen
- Reduzierung der Komplexität organisationaler Entscheidungen
- Zielgerichtete Abstimmung und Ausrichtung von Einzelentscheidungen
- Kontinuierliche Veranlassung, systematisch über die Zukunft der Organisation nachzudenken.

Effektivität und Effizienz bei der Marketingplanung

Das Zusammenspiel von Effektivität und Effizienz bei der Planung und Umsetzung von Marketingaktivitäten stellt ein wesentliches Kriterium für den Erfolg der Marketingkonzeption dar. Effektivität bezieht sich hierbei darauf, in welchem Maße die zuvor festgelegten Ziele erreicht werden konnten, während Effizienz dagegen zum Ausdruck bringt, wie ergiebig die dazu zur Verfügung stehenden Ressourcen genutzt wurden (vgl. Lasshof 2006, S. 18). Entsprechend des Wirtschaftlichkeitsprinzips (vgl. Kapitel 1.2) wird Effizienz somit durch die Erreichung der gegebenen Ziele mit geringstmöglichem Mitteleinsatz erreicht. Durch eine effektive und zugleich effiziente Umsetzung der Marketingaktivitäten entsteht ferner ein optimaler Austauschprozess im Sinne eines Effizienzvorteils auf Seiten des Kulturbetriebs in Form optimierter Input-Output-Relationen sowie im Sinne eines Effektivitätsvorteils auf Seiten des Kulturkonsumenten in Form einer optimalen Befriedigung der Besucherbedürfnisse. Eine optimierte Input-Output-Relation kann zu entscheidenden Wettbewerbsvorteilen führen (Plinke 2000, S. 89), stellt jedoch gleichzeitig eine große Herausforderung für öffentliche Kulturbetriebe dar.

Ablaufschema einer Marketingkonzeption – die Konzeptionspyramide

Das Erstellen einer Marketingkonzeption setzt Entscheidungen auf verschiedenen Ebenen voraus, welche das unternehmerische und anspruchsgruppengerichtete Handeln bestimmen. Die drei aufeinander aufbauenden Konzeptionsstufen Marketingziele, Marketingstrategien und Marketingmix bilden den konzeptionellen Gesamtprozess. Diese hierarchisch strukturierte, zugleich aber auch interdependente konzeptionelle Kette aus Zielen, Strategien und Marketingmix ermöglicht eine an Unternehmenswerten orientierte, ganzheitliche Führung (vgl. Becker 2013, S. 4 f.). Das konzeptionelle Vorgehen ist also dadurch gekennzeichnet, dass auf drei Ebenen jeweils spezifische Festlegungen getroffen werden. Innerhalb der Konzeptionspyramide (Abb. 3.8) werden die Entscheidungen von oben nach unten immer konkreter.

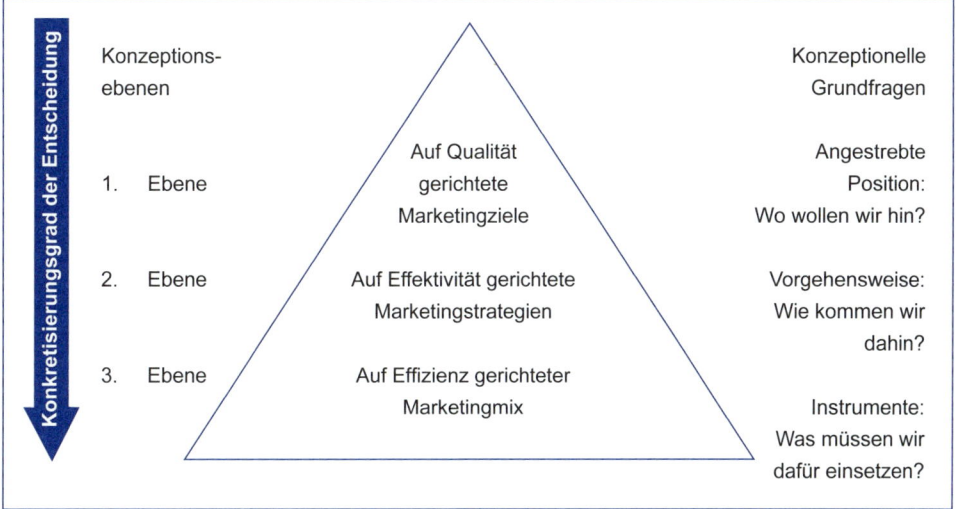

Abb. 3.8: Die Marketingkonzeptionspyramide

Um diese Funktion einer ganzheitlichen Führung erfüllen zu können, sollte das Konzept in schriftlicher Form vorliegen und von der Unternehmensleitung als verbindlich erklärt sowie von allen Mitgliedern der Einrichtung akzeptiert worden sein. Die Marketingkonzeption stellt Rahmenbedingungen auf, in deren Grenzen eine flexible Entwicklung, Kursüberprüfungen und ggf. Korrekturen möglich sind (vgl. ebenda S. 5).

Darüber hinaus ergibt sich für Kulturbetriebe konzeptionell die Berücksichtigung einer **Sachdimension**, einer **Zeitdimension** und einer **sozialen Dimension**, welche sich aus der gesellschaftlichen Funktion der Einrichtungen herleiten (vgl. Leitner et al. 2008, S. 91, Hausmann 2005, S. 78). Die Sachdimension umfasst rationale Wege, um Ziele festzulegen, sowie Techniken und Methoden zur Analyse und Bewertung. Die soziale Dimension beschreibt die internen und externen Beziehungen einer Organisation und wie die Organisation sich selbst und andere sieht. Die Zeitdimension beschreibt den Unterschied zwischen Vergangenheit und Zukunft im Sinne eines Prozesses der laufenden Verbesserung der organisationalen und angebotsspezifischen Strukturen. Diesem

Prozess sowie dem Aufbau von spezifischen Marktkompetenzen kommt die Marketingkonzeption durch ihre mittel- bis langfristige Ausrichtung entgegen. Die folgende Abbildung 3.9 zeigt das Ablaufschema zur Erstellung einer Marketingkonzeption (vgl. Becker 2013, Klein 2011:1, S. 65). Auf die einzelnen Phasen wird jeweils in den Kapiteln 4, 5 und 6 näher eingegangen.

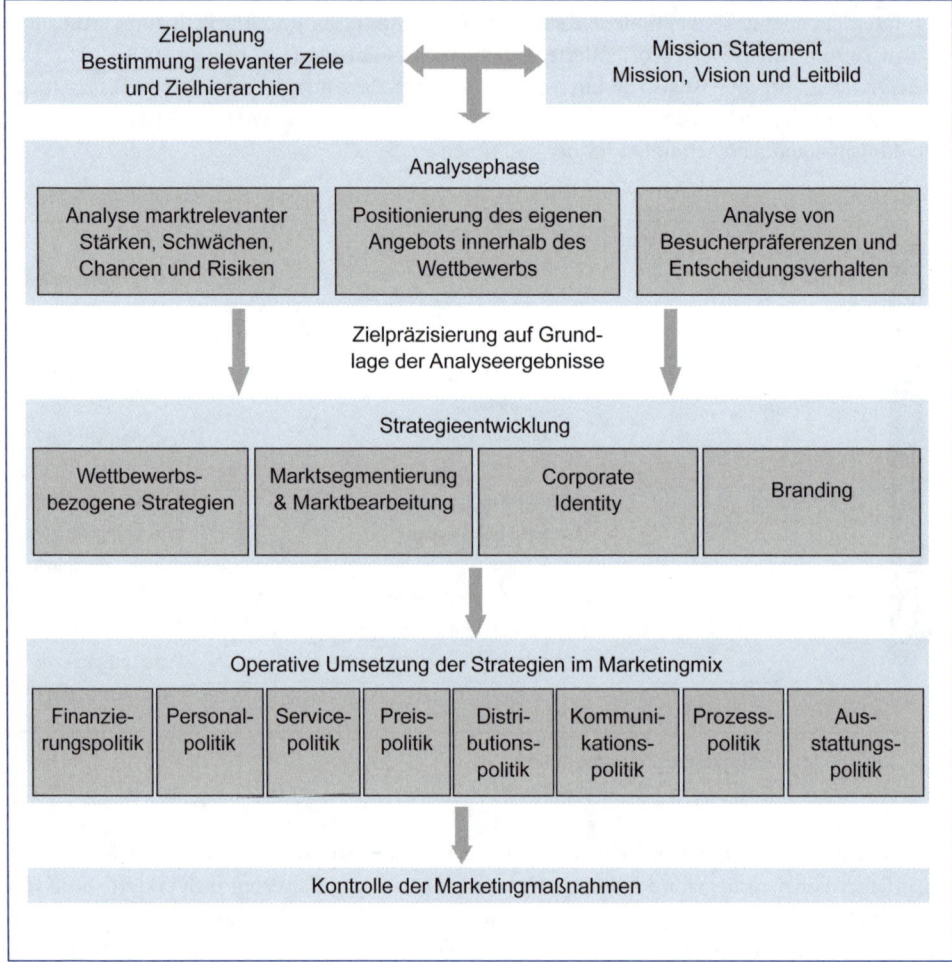

Abb. 3.9: Ablaufschema zur Erstellung einer Marketingkonzeption

3.4 Positionen und Kontroversen zum Kulturmarketing

Obgleich der Druck auf Kulturbetriebe steigt, sich mit aktuellen Markbedingungen strategisch auseinanderzusetzen, hat sich Kulturmarketing als konzeptionelle Idee sowie als konkreter Anwendungsbereich nur langsam durchsetzen können. Als erste Kulturmarketingpublikationen in den 1980er- und 1990er-Jahren erschienen, war ein Grund für das Scheitern einer Akzeptanz von Marketingüberlegungen vor allem ein stereotypes Begriffsverständniss von Marketing als allein kommerziell gefärbter Methode (Höhne 2009, S. 10). So wurde die Terminologie, welche Begriffe wie Werbung, Verkauf oder Absatz enthält, häufig sofort mit Begriffen wie Konsumterror, Manipulation und Überflussproduktion negativ assoziiert (Klein 2011:1, S. 2 f., Müller-Hagedorn 2000, S. 32). Erste Versuche zur Umsetzung von Marketingansätzen in Kulturbetrieben beschränkten sich schließlich auf einzelne Maßnahmen zielgerichteter Werbung, Presse- und Öffentlichkeitsarbeit. Ein Grund für diese Perspektive liegt bis heute häufig an einer Überforderung von Kultur- sowie Non-Profit-Organisationen, wenn es um die Kompetenzen bzw. auch personellen Kapazitäten zur Umsetzung umfassender, gesellschaftsorientierter und strategisch ausgerichteter Marketingkonzepte geht.

Wo diese Kapazitäten dennoch vorhanden waren, entstand vielfach auch eine Position, welche wiederum in einzelnen Instrumenten des Marketings ein Allheilmittel sah, um sich wirtschaftlich neu zu positionieren und ins rechte Licht zu rücken. So sind Tendenzen der Kommerzialisierung von Kultur als gesellschaftlicher Trend durchaus nach wie vor spürbar (Opaschowski 2013, S. 460 ff.), welche sich auf den Umgang mit kulturellen Gütern und Werten durchaus auswirken können. So sieht Kirchberg (2000, S. 134 f.) die Anpassung an Konsumentenwünsche und Nachfragemuster als Gefahr, mehr und mehr von einer Authentizität der Darstellung zugunsten einer Erhöhung von virtuellen Effekten abzuweichen. Dadurch wäre die originale Identität der Kulturgüter bedroht, sich hinter rationalisierten, ökonomischen Mustern der Effizienzorientierung, Standardisierung und Kontrollierbarkeit aufzulösen, die aus soziologischer Sicht auch als »McDonaldisierung« bezeichnet werden (vgl. Ritzer 2006).

Bis heute lassen sich diese drei Stufen des Verständnisses von Marketing im Kulturbereich vorfinden. So treten noch immer viele Akteure des Kultursektors dem Marketingbegriff durchaus skeptisch gegenüber. Eine Befragung aus dem Jahre 2006 unter Museumsdirektoren und Führungskräften der großen deutschen Museen ergab beispielsweise, dass immer noch 30% von ihnen Vorbehalte gegenüber dem Marketing haben (Bekmeier-Feuerhahn/Sikkenga 2009, S. 375). Dagegen galt noch einige Jahre zuvor die Auffassung, welche Kulturmarketing auf einzelne Werbemaßnahmen reduziert, als die wohl am weitesten verbreitete. Überschneidungen zwischen der letztgenannten Auffassung mit einer der anderen sind dabei durchaus möglich.

Allmählich verbreitet sich jedoch auch eine zunehmende Erkenntnis der Relevanz der Anwendung von Kulturmarketing und damit eine Position, welche sich der Probleme bei der Anwendung von Marketingpraktiken (wie z. B. der Gefahr negativer Imageeffekte) durchaus bewusst ist und für den Kulturbereich eine entsprechend differenzierte Beurteilung solcher Konzepte vornimmt (vgl. Günter/Hausmann 2012, S. 9). Dies geht auch mit einer Neuausrichtung des modernen Marketingverständnisses einher, welches nicht länger auf einer reinen Verkaufsausrichtung beruht, sodass es nunmehr dem Kunst- und Kultursektor viel näher steht (Hill/O'Sullivan/O'Sullivan 2003, S. 4). Ein Ansatz für Kulturmarketing wird entsprechend in der Suche nach neuen strategischen Lösungen gesehen, welche eine rein finanzierungsgerichtete Professionalisierung der Kulturbetriebe jedoch ablehnen (Tröndle et al. 2009, S. 129 f.). Es soll somit nicht darum gehen, die Kultur marktfähig zu machen, sondern den Markt kulturfähig (Mandel 2005, S. 17). Ansätze wie dieser reagieren damit auf aktuelle gesellschaftliche Entwicklungen wie Eventkultur und Wertewandel, lassen diese jedoch nicht im Sinne einer populistischen Kulturindustrie, wie sie u. a. Adorno und Horkheimer beschreiben, zum Diktat von Angebot und Vermittlung des Kulturangebots werden (vgl. Bekmeier-Feuerhahn/Trommershausen 2006, S. 216 f.). Marketing lässt sich bei dieser Auf-

Haltung	Fundamentalistisch-puristisch ablehnend	Reduktion auf Werbung	Enthusiastisch-euphorisch bejahend	Kritisch-reflektiert integrierend
	Entwicklung →			
Grundannahme	Konflikt zwischen ökonomischen und kulturellen Bezugssystemen	Marketingpraktiken umfassen Werbung, Presse- und Öffentlichkeitsarbeit	Kultursektor = Industriesektor; Kulturinstitutionen sind durch wirtschaftliche Zwänge eingegrenzt	Erweiterter Marketingbegriff; Differenzierung vorhandener Marketingansätze; Hoheit des kulturellen Guts
Verständnis der Funktion von Marketing	Marketing als Instrument zur Absatzförderung für kulturelle Güter	Marketing im Sinne von Instrumenten zum »richtigen« Verkaufen bzw. Präsentieren	Notwendigkeit des Marketings zur Absatzförderung, Besuchermobilisierung und Sponsorenakquise	Kulturbetrieb ≠ Wirtschaftsbetrieb; Begrenzte Umsetzung von Kundenvorstellungen; Nutzergewinnung zur Realisierung der Non-Profit-Ziele
Verständnis der Wirkungsmechanismen	Unterordnung der Kultur gegenüber dem Markt, Anpassung an Massengeschmack → McDonaldisierung	Kommunikation eines einheitlichen Designkonzepts durch formale Gestaltung von Plakaten, Faltblättern, Programmheften etc.	Übertragbarkeit vorhandener Konzepte aus der Wirtschaft auf den Kulturbereich	Beeinflussung der Marktakzeptanz von Kulturangeboten; Berücksichtigung von Individualität der Kulturbetriebe
Verständnis der resultierenden Folgen	Reduktion des Kulturguts auf wirtschaftliche Dimension → Kultur als Ware; Verlust von Komplexität, Werten, künstlerischer Autonomie	interne Strukturen bleiben weitgehend unberührt von weiteren Maßnahmen	Transformation kultureller Artikulationen und Praktiken zu gewöhnlichen Wirtschaftsgütern	Marktfähigmachen von Kultur; Marketing und Management als Sorgetragen
Kritik	Ignoranz gegenüber geänderten Marktbedingungen und alternativen Konzepten	Fehlende Strategien führen zu Fehlplanungen	Dominanz wirtschaftlicher Interessen über den kulturellen Auftrag	

Abb. 3.10: Positionen zum Kulturmarketing

fassung im Sinne der etymologischen Bedeutung des Managementbegriffes auch als das Sorge tragen für kulturelle Güter, Handlungen und Ziele verstehen (Kirchberg/Zembylas 2010, S. 2 ff.).

In Abbildung 3.10 sind die beschriebenen Auffassungen zum Kulturmarketing in ihrer Entwicklung dargestellt, bei denen die ersten drei Positionen (vgl. Klein 2011:1, S. 2 f., Müller-Hagedorn 2000, Zembylas 2006, Kirchberg 2000) aufgrund ihres eingeschränkten Verständnisses durchaus kritisch zu behandeln sind. Die letzte als kritisch-reflektiert integrierend zu bezeichnende Auffassung spiegelt dagegen die aktuelle Denkrichtung in Wissenschaft und Praxis wider. Eine Vielzahl aktueller Veröffentlichungen zum Kulturmarketing, so auch die vorliegende, wird von dem Marketingverständnis dieser Position geprägt (vgl. u. a. Mandel 2005, Bekmeier-Feuerhahn/Trommershausen 2006, Tröndle et al. 2009, Günter/Hausmann 2012).

Praxisbeispiel Kapitel 3.2

Die Berliner Seefestspiele: Eine erfolgreiche Kombination verschiedener Marketingansätze

Die Berliner Seefestspiele sind seit 2011 als Profit-Unternehmung ausgelegt und realisieren dennoch mit besonderer Konsequenz eine Strategie zur Einbeziehung von Beziehungsmarketing, Dienstleistungsmarketing und auch Non-Profit-Marketing, die sich als 360°-Strategie bezeichnen lässt, die neben Beziehungsmarketing, Dienstleistungsmarketing auch Non-Profit-Marketing anwendet, wobei gerade auch Letzteres eine breite Akzeptanz bei den Anspruchsgruppen ermöglicht. Auch nicht kommerzielle Organisationen (NPOs) können anhand dieser konsequent durchdeklinierten Maßnahmen Merkmale der Leistungsgestaltung adaptieren oder die Systematik für ihre Anwendung transformieren.

Die Herstellung wichtiger Anspruchsgruppenbeziehungen

Unter Führung des Event-Unternehmers Peter Schwenkow fiel dem Relationship-Marketing bei den 1. Seefestspielen mit Mozarts »Zauberflöte« in 2011 von Beginn an eine herausragende Rolle zu. Es galt, zunächst den Beschaffungsmarkt in Bezug auf Investoren, Künstler, touristische Anbieter und Anwohner zu sondieren und geeignete Partner-Konstellationen in Bezug auf ein marktfähiges Produkt herbeizuführen. In einem organisch angelegten und parallel zu führenden Abstimmungsprozess wurden in einem zweiten Schritt die Anspruchsgruppen des Absatzmarkts mit potenziellem Publikum als Konsumenten, Kooperationspartnern wie Catering und ÖPNV und weiteren Interessengruppen, von politischen Parteien bis zum Stadtmarketing, untersucht und in einem geeigneten Angebot gespiegelt. Es gelang durch eine geschickte Koordination von Anspruchsgruppenbeziehungen, eine auch politisch konsensuale Ausgangssituation herzustellen, die eine Realisierung von Opernfestspielen am Wannsee ermöglichte.

|1| Die Bäder-Infrastruktur am See wurde als Veranstaltungsort am Ufer für die Abendstunden erschlossen und einer umweltverträglichen, erlösträchtigen Nutzung zugeführt. Die Anwohner wurden zu Kuratoren im Interesse einer kulturellen Aufwertung des Naherholungszentrums Wannsee. In einer veranstaltungsschwachen Zeit im August, wo fast alle Theater und Opernhäuser geschlossen sind, bilden die Festspiele für das Stadtmarketing eine willkommene Ergänzung des unterhaltenden Kulturangebots. Für das Stadtmarketing und den Berlin-Tourismus stellen die über 40.000 Besucher eine Chance für zusätzliche Übernachtungsgäste und weitere Gastronomienutzung dar.
|2| Mit unterschiedlichen Aufführungszeiten am Tage und abends konnten unterschiedliche Zielgruppen wie Familien und Senioren nach ihren Bedürfnissen strategisch angesprochen werden.
|3| Zahlreiche Projektbeteiligte von Bühne bis Gastronomie bildeten eine hoch motivierte Anspruchsgruppe auf Beschaffungsebene. Sie artikulierten und realisierten durch die Zusammenarbeit ihre wirtschaftlichen (Musiker) und ideellen (Statisten) Interessen.

Ausstattung, Personal und Prozesse

Das Dienstleistungsmarketing konzentrierte sich darauf, ein publikumsattraktives Angebot zu generieren. Bei der physischen Ausstattung der Festspiele sollten Qualität, Service und Komfort als Erfolgsfaktoren stimmen und durch geeignetes Personal und reibungslos funktionierende Prozesssteuerung ergänzt werden.

|1| Die Ausstattung mit einem anspruchsvollen Bühnenbild wurde vom Theater Erfurt als professionelles Dienstleistungsprojekt entwickelt. Eine hochwertige Zuschauer-Infrastruktur mit ergonomischen Sitzen und bester Sicht sorgte während der Vorstellung für ein Premium-Gefühl.
|2| Alle Mitarbeiter pflegten über Caps und Polo-Shirts eine einheitliche Corporate-Identity (siehe Kapitel 5.5) und traten nach sorgfältiger Einweisung dem Publikum gegenüber. Bereits vor dem Eingang zur Event-Location wurden von einem Fotografen Besucherbilder aufgenommen und ins Netz gestellt.
|3| Ein auf typische Berliner Verpflegungspräferenzen abgestimmtes Angebot reichte von

Fortsetzung Praxisbeispiel Kapitel 3.2

Buletten über Currywurst bis zu »Weiße mit Schuss« und wurde realisiert durch eine externe Service-Gesellschaft. Die Wartenden wurden durch kleine Unterhaltungseinlagen kostümierter Staffage-Figuren positiv animiert. Eine eigens produzierte CD mit dem Original-Cast schuf darüber hinaus ein absatzstarkes Merchandising-Produkt mit Erinnerungswert. Ebenso erschien eine DVD, die das Bühnenspiel der Zauberflöte in HD-Qualität widerspiegelte. Ein hochpreisiges, aufwendiges Programmheft im Überformat enthielt ausführliche Hintergrund-Informationen und spektakuläre Inszenierungs-Fotos.

Non-Profit-Marketing-Elemente als Image-Faktor

Auch die Integration von Elementen aus dem Non-Profit-Marketing sorgte schließlich für eine breite Akzeptanz und positive Resonanz bei Besuchern, Medien und Entscheidern.

|1| Die Generalproben wurden als kostenfreie Aufführung für Berliner Schulklassen ausgelegt. Sozialkontingente versorgten auch einkommensschwächere Gruppen mit Tickets.
|2| Großzügige Charity-Aktionen für Familien mit Kindern schufen ein freundliches Angebots-Klima beim Ticketing.
|3| Öffentliche Castings für Kinderstatisten fanden breite Aufmerksamkeit und ermöglichten jungen Opernfreunden interaktive Beteiligungsformen bei einem Opernprojekt.
|4| Als zusätzliche Sponsoren konnten so Berliner Unternehmen wie die BMW-Niederlassung gewonnen werden.

Über 40.000 Besucher und viele ausverkaufte Vorstellungen zeugten von dem Erfolg der Maßnahmen. Organisator Peter Schwenkow wurde als »Kulturmanager des Jahres« beim Berliner Kulturmarken-Award nominiert. In 2012 fand nach der »Zauberflöte« von Wolfgang Amadeus Mozart »Carmen« von George Bizet statt, wobei die einzelnen Erfolgsmaßnahmen noch einmal weiterentwickelt wurden. So suchte man 2012 gemeinsam mit dem Kultur-Fernsehsender ARTE die Sängerin für die Rolle der Carmen in einem öffentlichen Casting.

Anspruchsgruppenorientierung: Anpassung an Veränderungen im Absatzmarkt

Das erfolgreiche Kulturereignis Seefestspiele Berlin vollzieht aktuell eine Neupositionierung Richtung Operette und präsentiert 2013 Emmerich Kálmáns »Die Csárdásfürstin« (Gipsy Princess) in der Originalinszenierung des Budapester Operettentheaters. Das ungarische Ensemble spielt seine aufwändige Produktion in deutscher Sprache auf der Bühne im historischen Strandbad Wannsee. Mit der »Csárdásfürstin« soll ein Grundstein für ein Operetten-Festival gelegt werden, auf dem künftig intensiv das Genre »Operette« im Sinne einer langfristigen Anspruchsgruppenorientierung des Beziehungsmarketings fortentwickelt werden soll. Dabei will man auch den Erstellungsprozess der kulturellen Dienstleistung noch effektiver und marktkonformer gestalten. Mit dem Entschluss zur Operette befinden sich die Seefestspiele Berlin in bester Gesellschaft, denn auch auf dem Tonträgermarkt wird diese weltweit immer beliebter. Vorausschauend auf das Operettenjahr 2014, in dem zahlreiche prominente Operetteneinspielungen geplant sind, wirken die Seefestspiele Berlin so trendstützend.

4 Analytische Dimension des Marketings im Kulturbereich

»Es gibt drei Arten von Unternehmen: Die einen bewirken, dass etwas geschieht; die anderen beobachten, was geschieht; und wieder andere fragen sich, was geschehen ist.« (Philip Kotler)

Wie das berühmte Zitat von Kotler andeutet, ist es für Unternehmen im Umgang mit dem Markt und seinen Anforderungen essenziell, eine analytische Perspektive einzunehmen, um auf Gegebenheiten und Veränderungen angemessen sowie rechtzeitig reagieren zu können und diese ggf. sogar selbst maßgeblich mit zu beeinflussen. Voraussetzung für eine solche Analyse, nämlich um Informationen richtig selektieren und einordnen zu können, sind für Kulturbetriebe stets die eigenen Prioritäten, wie Ziele und Unternehmensmission, die von deren besonderen organisationalen Eigenschaften maßgeblich beeinflusst werden (Kapitel 4.1). Vor diesem Hintergrund kann die Marktsituation näher betrachtet werden und schließt dabei sowohl spezifische interne Voraussetzungen der Kulturbetriebe als auch externe Einflüsse anderer Marktteilnehmer (Kapitel 4.2) mit ein. Schließlich stellt besonders im Kulturbereich die Analyse potenzieller Kulturkonsumenten und deren Präferenzen eine wichtige Grundlage für die Auswahl einer Marketingstrategie dar.

4.1 Zielplanung

Ziele können als Orientierungs- bzw. Richtgrößen für unternehmerisches Handeln verstanden werden (vgl. Meffert et. al. 2012, S. 233). Die Formulierung eines klaren, langfristig angelegten Zielsystems ist somit ein wesentlicher Bestandteil einer Marketingkonzeption. Die Festlegung von Zielen steht ebenso in enger Beziehung mit der Formulierung von Strategien, da diese der Zielerreichung dienen. Die konkrete Festlegung von Zielen ist erst möglich auf Grundlage einer Analyse der in Abbildung 4.1 angeführten Bereiche (vgl. Meffert et al. 2012, S. 243, Hausmann 2005, S. 79), die im weiteren Verlauf des Kapitels vorgestellt werden.

- Relevante Umweltbedingungen und Markttrends → Chancen und Risiken
- Stärken und Schwächen des Unternehmens
- Beziehungen zwischen Umweltchancen und Unternehmensressourcen zur Entwicklung von Kernkompetenzen und Erschließung von Marktnischen
- Wertmaßstäbe und Ideale gegenüber der Gesellschaft → Mission Statement und Leitbild
- Verpflichtungen des Unternehmens gegenüber der Gesellschaft → Non-Profit-Ziele.

Sowohl interne als auch externe Faktoren wirken demnach auf den Prozess der Zielplanung ein und stehen wiederum in komplexen Wechselbeziehungen zueinander. Zu beachten ist jedoch, dass es für Kulturbetriebe schwierig sein kann, die zumeist geistigen, kulturellen und ideellen Ziele, die mit ihrer gesellschaftlichen Rolle verbunden sind, innerhalb solch eindeutiger Strukturen zu operationalisieren. Dies ist vor allem dadurch bedingt, dass sich gerade diese Ziele einer verbindlichen Definition und einer objektiven Überprüfbarkeit entziehen.

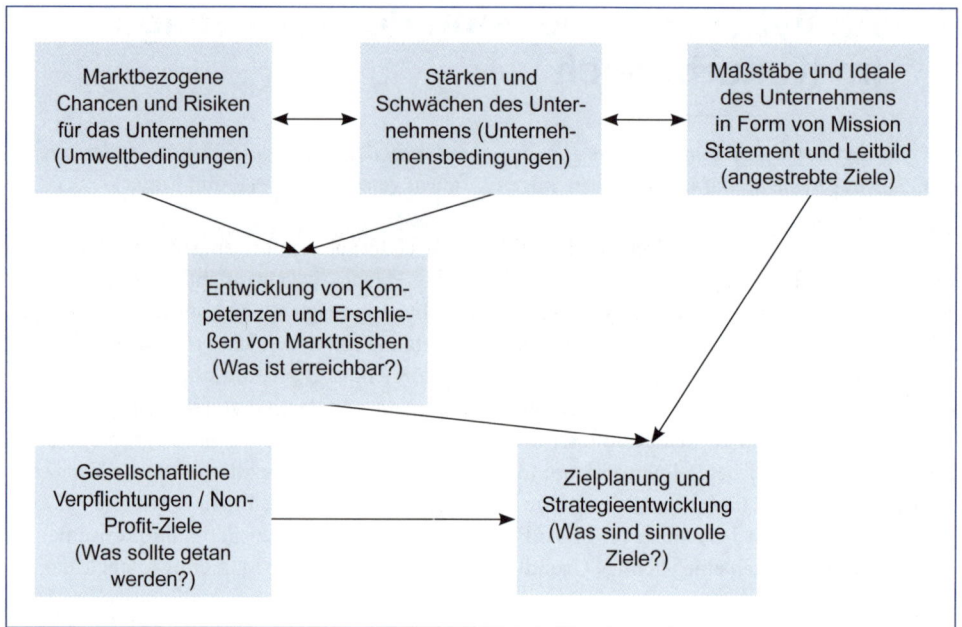

Abb. 4.1: Analyse von Zielbereichen

4.1.1 Hierarchie von Zielebenen

Zur systematischen Zielentwicklung ist es sinnvoll, die festgelegten Ziele in verschiedene Hierarchiestufen einzuordnen und diese einzuhalten. In dieser Zielpyramide (vgl. Abb. 4.2) nimmt der Konkretisierungsgrad, ähnlich wie bei der Konzeptionspyramide, von oben nach unten zu (vgl. Meffert et al. 2012, S. 244). Der Unternehmenszweck steht dabei an oberster Stelle, was besonders für öffentliche Kulturbetriebe den Vorteil bietet, dass hier der Bildungsauftrag bereits auf der höchsten Zielebene verankert wird und somit alle weiteren Zielsetzungen begleitet. Die grundsätzlichen Leitlinien und Werte, die auch die Non-Profit-Ziele bestimmen, bilden ebenso übergeordnete Ziele wie der Erhalt der Unternehmensidentität, der als strategisches Konzept einer Corporate Identity kommuniziert werden kann (siehe Kapitel 5). Wie diese übergeordneten Ziele sind auch die Oberziele eines Unternehmens, welche sich auf Leistung und Finanzierung beziehen, langfristig ausgelegt. So sollten beispielsweise in Rundfunkorchestern bei der Änderung des Leistungsziels Reichweitenerhöhung die davon abhängigen Unterziele in mehreren Etappen und nicht radikal geändert werden (vgl. Klein 2011:1, S. 274) → **siehe auch Praxisbeispiel »Von Klassik zu Chillout: Die Zielplanung bei Klassik Radio als Ausdruck einer durch Leistungsziele bestimmten Identität« (S. 86/87).** Als ebenfalls langfristiges Finanzierungsziel gilt in den meisten Einrichtungen vor allem die Akquisition von Geldgebern.

Die weiteren Handlungsziele, die letztlich auch zur Realisierung der Oberziele beitragen sollen, können hingegen je nach z. B. sich wandelnden Marktbedingungen auch mittel- bis kurzfristig ausgerichtet sein. Hierzu zählen die Funktionsbereichsziele, Zwischenziele einzelner Geschäftsfelder, die je nach Bezugsgröße sowohl Ober- als auch Unterziele sein können, sowie die Unterziele

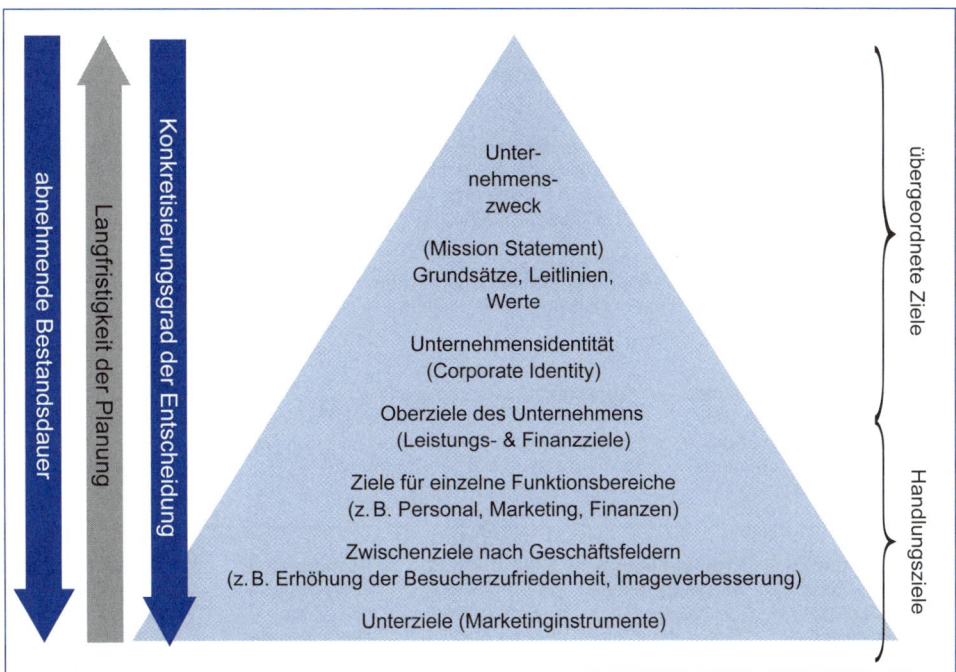

Abb. 4.2: Die Zielpyramide

konkreter Maßnahmen wie z. B. Maßnahmen der Marketinginstrumente. Ein Funktionsbereich in einem Museum könnte beispielsweise der Bereich »Sonderausstellungen« sein, für welchen dann die konkreten Ziele definiert werden, beispielsweise die Besucherzahlen im Bereich Kinder und Jugend um 5 % zu steigern. Im Theater bietet sich die Einteilung nach Sparten an. Innerhalb der Funktionsbereiche werden dann Unterziele festgelegt. Bei diesem Prozess ist es besonders wichtig, die Mitarbeiter so früh wie möglich einzubeziehen und auch Verantwortlichkeiten zu vergeben. Damit steigen die Transparenz des Vorgangs und auch die Motivation der Mitarbeiter, diese Ziele mitzutragen. Ziele, die eine Mittelstellung einnehmen, werden als Zwischenziele bezeichnet. Bei der Zielkonkretisierung können folgende Dimensionen unterschieden werden:

- Zielinhalt (Was soll erreicht werden?)
- Zielausmaß (Wie viel davon soll erreicht werden?)
- Zielperiode (Wann soll es erreicht werden?)
- Zielgruppe (Wer soll erreicht werden?) und
- Zielgebiet (Wo soll das Ziel erreicht werden? Stadt, Region etc.).

Strategische Marketing-Zielsysteme

Wie oben dargestellt, muss sich das Zielsystem des Marketingfunktionsbereichs in das übergreifende Zielsystem des Unternehmens einordnen. Strategische Marketing-Zielsysteme basieren auf grundlegenden marktbezogenen Schlüsselzielen einer Organisation und sollen damit deren

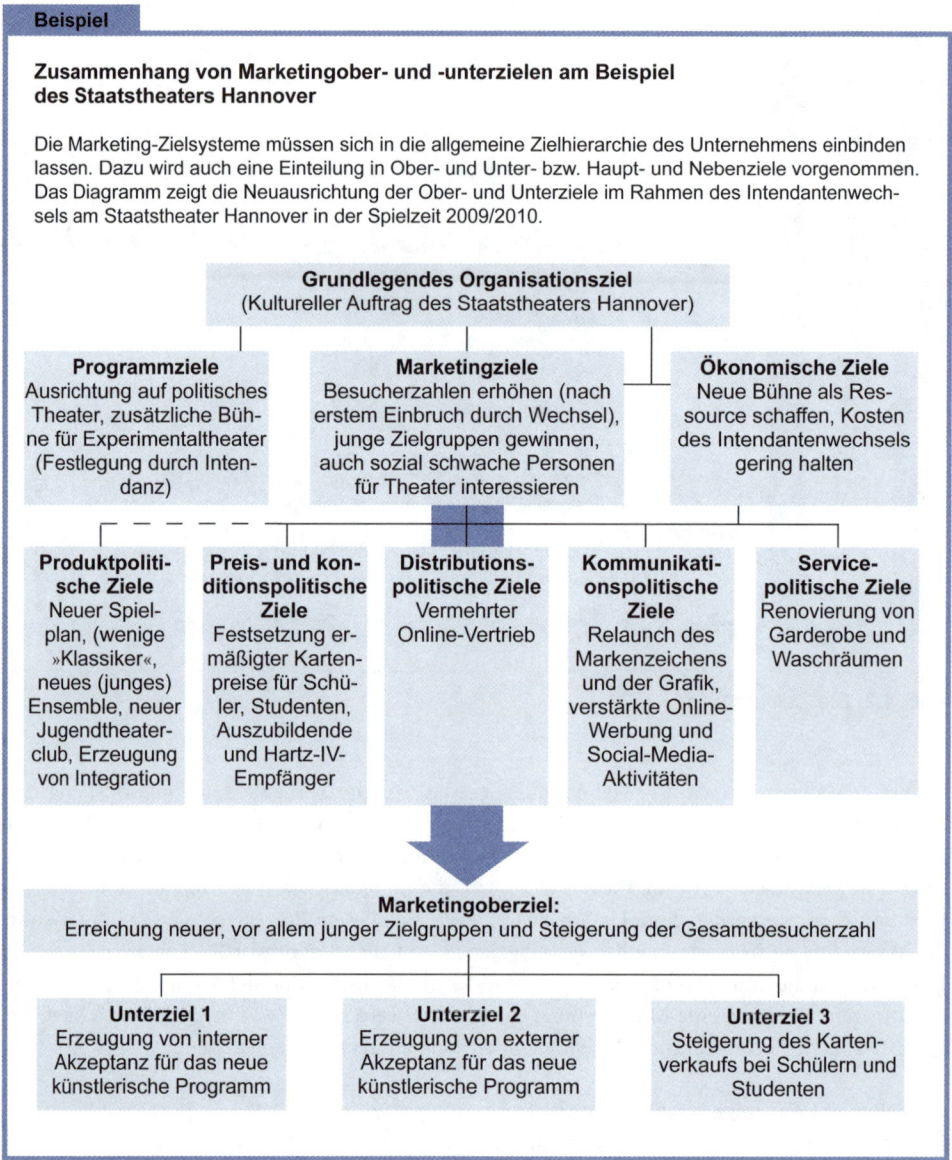

Wettbewerbsfähigkeit sowie deren spezifische Rolle im Markt konkretisieren (vgl. Becker 2013, S. 65 ff.). Neben der Festlegung der Basisziele des Marketings erfüllen strategische Marketing-Zielsysteme die Funktion, das Zusammenwirken dieser grundlegenden Ziele zu planen und ihre Wirkung im Zeitablauf zu optimieren. Die optimale Abstimmung und Ausschöpfung der Beziehungen des Marketing-Zielsystems soll so zur Erfüllung der Oberziele beitragen (ebenda S. 83).

Das Marketing-Zielsystem bietet zudem als explizite Formulierung der strategischen Stoßrichtung einer Institution direkte Ansatzpunkte zur Kontrolle und Beurteilung strategischer Konzep-

4.1 Zielplanung

tionen. Je präziser die Zielsetzungen dabei im Einzelnen formuliert werden, desto besser kann das Marketing-Zielsystem einem strategischen Controlling unterzogen werden. Ein strategisches Marketing-Zielsystem kann sich auf unterschiedliche Arten von Marktpositionszielen stützen, wie Abbildung 4.3 zeigt.

Zielart	Beschreibung	Beispiel
Marktanteils- und Distributionsziele	Bestimmung des wertmäßigen Marktanteils (= Marktstellung gegenüber der Konkurrenz)	Es soll ein wertmäßiger Marktanteil von 30 % gegenüber der Konkurrenz erreicht werden. → FORMEL: *Eigener Umsatz x 100 / Gesamtumsatz aller Kulturanbieter* = 30
	Bestimmung des mengenmäßigen Marktanteils (= Absatzmenge)	Es soll ein mengenmäßiger Marktanteil von 20 % erreicht werden. → FORMEL: *Zahl der Besucher x 100 / Gesamtzahl der Kulturkonsumenten* = 20
	Festlegung von Anzahl und Art der Absatzmittler	40 % der unabhängigen Vorverkaufsstellen sollen Tickets des Kulturbetriebs anbieten. → FORMEL: *Anzahl der VVK-Stellen, welche die Tickets des Unternehmens anbieten x 100 / Gesamtzahl aller VVK-Stellen* = 40
Image- und Bekanntheitsgradziele	Imageprofilierung (Kompensation von Bekanntheitsnachteilen durch Imagevorteile)	Das Profil des Kulturbetriebs soll durch die Attribute »modern«, »innovativ«, »hochwertig«, »hochklassig« beschrieben werden.
	Erhöhung des Bekanntheitsgrades	Der Kulturbetrieb soll einen ungestützten Bekanntheitsgrad von mindestens 80 % haben.
Besucherreichweite und Besuchsintensität	Steigerung des Anteils der Erreichbarkeit der in Betracht kommenden Zielgruppe	Der Kulturbetrieb soll einen Anteil von mindestens 60 % der Zielgruppe an tatsächlichen Besuchern gewinnen.
	Steigerung von Besuchshäufigkeit vorhandener Besucher	Die durchschnittliche Besuchshäufigkeit der Besucher mit ein bis zwei Besuchen im Jahr soll auf drei Besuche gesteigert werden.
Besucherzufriedenheit und Besucherbindung	Gestaltung von Besucherbindungsprogrammen	Mindestens 80 % der Besucher sollen mit dem Service des Kulturbetriebs zufrieden sein.
Finanzierungsziele	Steigerung des Finanzierungsanteils seitens externer Kulturförderer	Steigerung der Kostendeckung durch externe Fördermittel um 15 %
	Erhöhung des Eigenfinanzierungsanteils	Steigerung der eigenen Einnahmen (z. B. aus betriebsnahen Strukturen) um 10 %

Abb. 4.3: Zielarten mit Bezug zum strategischen Marketing-Zielsystem

4.1.2 Das Mission Statement als Basis von Unternehmenszielen

Die Mission eines Unternehmens kann vor allem als Organisationszweck betrachtet werden. Die Organisation erhält dadurch ihre Legitimation, da hier die Gründe angeführt werden, welche ihre Existenz berechtigen. Bezogen auf Kulturbetriebe bestimmt die Mission, welche Arten von Leistungen auf dem Kultur- und Freizeitmarkt erbracht werden sollen. Dies erleichtert u. a. auch die Fokussierung der vorhandenen finanziellen und personellen Kapazitäten. Darüber hinaus enthält das Mission Statement zukunftsgerichtete Visionen und kann folgende Fragen beantworten (vgl. Hausmann 2005, S. 81 ff.):

- Was ist der übergeordnete Organisationszweck der Einrichtung?
- Welche Leistungen werden erstellt?
- Wer sind die Zielgruppen dieser Leistungen?
- Wo werden die Leistungen angeboten?
- Wer sind die relevanten Kooperationspartner?
- Was wollen wir in Zukunft erreichen?

Das Mission Statement bringt somit in Form einer konkreten Botschaft das Selbstbild durch eine klare Formulierung der Mission und Visionen in Form der Zweckrichtung und Ziele des Unternehmens zum Ausdruck und positioniert so die Einrichtung gegenüber externen Anspruchsgruppen wie Förderern, Sponsoren, Kooperationspartnern, Presse und Besuchern sowie sonstigen Interessenten. Gleichzeitig bietet ein Mission Statement einen Orientierungsrahmen für das Handeln der Organisation im Sinne einer Selbstverpflichtung, bei der Mitarbeiter sensibilisiert, erforderliche Qualifikationen und Kompetenzen definiert und die Koordination von Abteilungen und Aktivitäten gefördert werden (Hausmann 2005, S. 82). Es hat somit sowohl einen außen- als auch einen innengerichteten Anspruch. Durch die Kommunikation des Mission Statements entwickeln die Anspruchsgruppen ein konkretes Vorstellungsbild der Einrichtung, an welches sie auch bestimmte Erwartungen knüpfen, weshalb es auch als strategisches PR- und Marketinginstrument verstanden werden kann. Intern kann das Mission Statement weiterhin eine handlungsleitende Bedeutung besitzen und damit als Instrument der Qualitäts- und Organisationsentwicklung betrachtet werden (Mußmann 2006, S. 28 f.). Ein Mission Statement sollte daher eindeutig und anspruchsgruppenbezogen formuliert sein.

In der Praxis von Kulturbetrieben treten jedoch häufig Probleme bei der Erstellung und Umsetzung eines Mission Statements auf, welche z. T. durch die Rahmenbedingungen der jeweiligen Organisationsform entstehen. So erfolgt bei den meisten Theatern, Opern und Konzerthäusern in regelmäßigen Abständen ein Intendantenwechsel, welcher mit einem fast vollständigen Austausch der Führungsebene des Betriebs einhergeht und häufig auch eine fundamentale Neuausrichtung des Hauses nach sich zieht. Ziele, Mission und Identität befinden sich bei solchen Betrieben somit in einem ständigen Wandel, der die Umsetzung langfristiger identitätsbildender Maßnahmen erschwert. Eine Betrachtung der Onlineauftritte sämtlicher staatlicher Theater in deutschen Metropolregionen ergibt beispielsweise, dass lediglich zwei von 47 Theatern ein ausdrückliches Mission Statement bzw. Leitbild auf Ihrer Homepage im Sinne einer Außenkommunikation positionieren (vgl. Rumey-Wohsmann 2012).

Weiterhin wird die Bedeutung des Mission Statements für die strategische Ausrichtung und auch für das operative Tagesgeschäft von vielen Kulturbetrieben immer noch unterschätzt. Im deutschsprachigen Raum wird für das Mission Statement zudem häufig der alternative Begriff des Leitbilds verwendet. Leitbilder haben sich in Deutschland dabei besonders im Museumsbereich entwickelt. Dennoch werden konkrete Mission Statements oder Leitbilder insgesamt nur von wenigen Kulturbetrieben nach außen kommuniziert (z. B. auf deren Internetseiten). Vorhandenen Mission Statements bzw. Leitbildern fehlt wiederum häufig ein außengerichteter Anspruch und sie sind oftmals sehr allgemein gehalten.

Eine weitere Ursache für das Fehlen von Mission Statements und Leitbildern in der deutschen Kulturlandschaft kann darin gesehen werden, dass die Mitarbeiter der Kulturorganisationen noch zu wenig in den Managementprozess integriert werden (Hausmann 2005, S. 83 f.). Viele Einrichtungen verfügen über starke Hierarchien, wodurch wiederum die Identifikation der Mitarbeiter mit dem Haus erschwert wird. Eine Identifikation mit der Einrichtung und ihren im Mission Statement festgeschriebenen Zielen ist jedoch Bedingung für dessen erfolgreiche Umsetzung.

> **Beispiel**
>
> **Das Mission Statement als übergreifendes Selbstverständnis einer Institution**
>
> In amerikanischen Kulturbetrieben ist das Mission Statement weit mehr verbreitet. Eine Untersuchung von 60 Mission Statements verschiedener Kunstmuseen in den USA zeigt ein variationsreiches Bild verschiedener Schlüsselbegriffe, welche von den einzelnen Betrieben in ihren Mission Statements angegeben werden. In dieser Missionsanalyse wurden insgesamt 562 Schlagwörter herausgefiltert und zu einer sog. Wordcloud zusammengesetzt, bei der die Größe der Wörter mit der Häufigkeit ihrer Nennungen innerhalb der Mission Statements einhergeht.
>
>
>
> András Szántó 2011,
> Wordcloud mit den am häufigsten genannten Begriffen in Mission Statements von 60 Museen. Je größer das Wort, desto häufiger die Nennung.
>
> (Szántó 2011, online auf http://www.theartnewspaper.com/articles/Sixty+ museums+ in+search+ of+a+purpose/25146, letzter Aufruf 19.09.2013).
>
> Trotz einer Vielfalt an Begriffen zur Differenzierung fallen auch Gemeinsamkeiten auf, welche ein übergreifendes Selbstverständnis der Institution Kunstmuseum widerspiegeln. Kernfunktionen wie Sammeln, Ausstellen, Bilden und Bewahren heben sich deutlich hervor.
> Dennoch ist keine übergreifende bzw. typische Zielausrichtung der Institutionen erkennbar. Klare Definitionen von Zielsetzungen sind auch hier häufig durch eher unspezifische, aber dafür symbolgeladene Floskeln ersetzt, die sich einer tatsächlichen Überprüfbarkeit entziehen und durch Begriffe wie Engagement, Befürwortung und Vielfalt (vgl. ebenda) zum Ausdruck gebracht werden. Nur in jeweils einem von 60 Fällen tauchen spezifischere Begriffe wie »Werte«, »Diskussion«, »Bewusstsein«, »Entdecken«, »Dokumentieren« oder »Hinterfragen« auf. Diese Eigenschaft der Mission Statements weist wiederum auf die speziellen Rahmenbedingungen dieser Institutionen hin, welche allzu oft eine konkrete Zielplanung und Ausrichtung verzögern, wie Fremdsteuerung, Finanzierungs- und Planungsunsicherheiten sowie unstete Personalstrukturen.

4.2 Analyse von Organisation und Wettbewerbsumfeld

Die Analyse der externen Umwelt und der internen Unternehmenssituation liefert alle wichtigen Fakten, die zur Durchführung der Marketingkonzeption benötigt werden. Zur externen Umwelt sind neben dem Absatzmarkt und den dort aktiven Nachfragern auch Wettbewerber und sonstige Anspruchsgruppen, wie staatliche Einrichtungen, Interessenverbände etc., zu zählen. Der internen Umwelt sind hingegen die Entwicklungen und die gegenwärtige Ressourcensituation des betrachteten Unternehmens zuzurechnen. Zur Erfassung dieser internen und externen Umweltfaktoren stehen verschiedene Analyseinstrumente als Bindeglied zu den folgenden Planungsprozessen zur Verfügung.

4.2.1 Die SWOT-Analyse

Die SWOT-Analyse ist eine Systematik zur Erfassung aller relevanten externen wie internen Einflussfaktoren der Ist-Situation eines Unternehmens, um daraus zukunftsgerichtete Strategien abzuleiten. Die Benennung dieser Analyseform ergibt sich aus den Anfangsbuchstaben der englischen Begriffe für die betrachteten Faktoren:

Strengths = Stärken (Wo sind wir besser als der Durchschnitt?)
Weaknesses = Schwächen (Wo sind wir schlechter als der Durchschnitt?)
Opportunities = Chancen (Was könnte uns, bezogen auf den Markt, besser machen?)
Threats = Risiken (Welche Herausforderungen können uns, bezogen auf den Markt, bedrohen?)

Die SWOT-Analyse meint somit die Sammlung von Fakten, die für eine Marketingkonzeption notwendig sind. Die jeweiligen Stärken und Schwächen eines Unternehmens werden dabei im Rahmen der **Ressourcenanalyse** einer Betrachtung unterzogen, während die entsprechenden Chancen und Risiken für ein Unternehmen aus der **Umweltanalyse** extrahiert werden (vgl. Meffert/Bruhn 2012, S. 182). Die Umweltanalyse thematisiert somit den Möglichkeitsraum der Strategieplanung, während die Ressourcenanalyse als Methode zur Feststellung der gegenwärtigen und zukünftigen Stärken und Schwächen die reale Ist-Situation mit einbezieht (Meffert/Bruhn 2012, S. 178 f.).

Ressourcenanalyse

Die Ressourcenanalyse schätzt die Leistungsfaktoren eines Unternehmens ein und stellt fest, welche konkreten Aktivitäten das Unternehmen unter Berücksichtigung der gegenwärtigen und zukünftigen Ressourcensituation ergreifen sollte. Für Kulturbetriebe lassen sich die relevanten Ressourcen nach Kategorien der Bestandssicherung, des Leistungsangebots, der Mitarbeitersituation und der sonstigen internen Strukturen betrachten (vgl. Abb. 4.4).

4.2 Analyse von Organisation und Wettbewerbsumfeld

	Bezugspunkte	Bestimmungsfaktoren
Bestandsicherung (Unternehmenssicht)	Finanzierung	▪ Eigeneinnahmen ▪ Externe Geldgeber
	Kooperationen	▪ Anzahl an Partnern ▪ Art der Kooperationen
Leistungsangebot (Unternehmenssicht sowie externe Sicht)	Produktqualität	▪ Einzigartigkeit ▪ Wertigkeit ▪ Gesellschaftliche Bedeutung
	Servicequalität	▪ Art des Services ▪ Umfang ▪ Alleinstellungsmerkmale
	Image	▪ Übereinstimmung mit Selbstbild ▪ Erfüllung von Bildungszielen
	Bekanntheit	▪ Lokal / Regional ▪ Zielgruppenspezifisch
Mitarbeiter (Unternehmenssicht)	Kompetenzen der Mitarbeiter	▪ Fachkenntnis ▪ Soziale Kompetenzen ▪ Servicebewusstsein
	Mitarbeiterstruktur	▪ Anzahl an Fachkräften ▪ Motivation ▪ Art und Dauer von Verträgen
Interne Strukturen (Unternehmenssicht)	Organisation und Management	▪ Hierarchien ▪ Aufgabenverteilung ▪ Steuerungskompetenzen ▪ Autonomie
	Ausstattung und Technik	▪ Art und Zustand des Gebäudes ▪ Art und Zustand der Einrichtung ▪ Servicetechnologien

Abb. 4.4: Mögliche Faktoren der Ressourcenanalyse in Kulturbetrieben

Auf Grundlage der ermittelten Bestimmungsfaktoren werden die für die Zielerreichung relevanten Leistungsmerkmale der Einrichtung erhoben und die passenden Beurteilungskriterien z. B. anhand einer Checkliste entwickelt. Für die Bewertung der Leistungsmerkmale ist zuvor die Entwicklung einer Bemessungsskala erforderlich, wonach diese möglichst präzise zugeordnet werden können. Mithilfe der Skala können zum einen Ziele hinsichtlich Verbesserungsmaßnahmen besser formuliert werden. Zum anderen bietet eine einmal festgelegte Bemessungsskala die Grundlage für eine möglichst objektive Überprüfung von Entwicklungen bei späteren Analysen.

> **Beispiel**
>
> **Stärken-Schwächen-Profil**
>
> Die Bildung eines Stärken-Schwächen-Profils ist eine Möglichkeit, einen quantifizierbaren Überblick über die eigenen Ressourcen zu erhalten. Bei der Bewertung einzelner Leistungspunkte sollte jedoch darauf geachtet werden, dass auch eine Einschätzung über externe Quellen (Besucher, Kooperationspartner, Interessengruppen) erfolgt, um einer einseitigen »Färbung« der Ergebnisse vorzubeugen. Aus den Einschätzungen dieser verschiedenen Quellen lässt sich später zum einen ein Mittelwert als Gesamtwertung des jeweiligen Leistungspunktes bilden. Zum anderen geben die Bewertungen unterschiedlicher Anspruchsgruppen wichtige Hinweise zum Fremdbild der Institution.
>
> | | -5 | -4 | -3 | -2 | -1 | 0 | 1 | 2 | 3 | 4 | 5 |
> |---|---|---|---|---|---|---|---|---|---|---|---|
> | Infrastruktur | | | | X | | | | | | | |
> | Organisationsstruktur | | | | | | | | X | | | |
> | Bewertung durch Externe/Leser | | | | | | | | | X | | |
> | Qualität der Arbeitsplätze | | | | | X | | | | | | |
> | Qualität der Fachzeitschriften | | | | | | | | | X | | |
> | Qualität der wissenschaftlichen Bestände | | | | | | | | | | | X |
> | Qualität der Website | | | | | | | | | | X | |
> | Finanzielle Situation | | | | X | | | | | | | |
>
> **Stärken-Schwächen-Profil am Beispiel einer Bibliothek**

Zur Bewertung der eigenen Leistungsstärke kann zudem für jedes dieser relevanten Leistungsmerkmale ein Abgleich mit der vermuteten Erfolgswichtigkeit erfolgen (Kotler 2007, S. 112), wie in Abbildung 4.5 dargestellt. Die Stärken-Schwächen-Analyse sollte dabei stets in Bezug zu den stärksten Konkurrenten gesetzt werden. Je nach Bewertung können sich dann daraus Empfehlungen zum Ausbau von Stärken, zur Reduzierung bzw. Eliminierung von Schwächen oder zur Modifikation bestimmter Leistungsmerkmale ableiten. Aufgrund der Veränderungen von verschiedenen Umweltfaktoren reicht es nicht aus, diese Analyse nur einmal durchzuführen. Die Ergebnisse müssen in regelmäßigen Abständen überprüft werden, um die Maßnahmen den sich wandelnden Anforderungen anpassen zu können.

		Eigene Leistungsstärke	
		Gering	Hoch
Ermittelte bzw. vermutete Erfolgswichtigkeit	Hoch	Anstrengungen hier verstärken	Hier weiter gute Arbeit leisten
	Gering	Verbesserungen nicht dringend	Vorsicht vor übertriebenem Einsatz

Abb. 4.5: Bewertungsmatrix zur Stärken-Schwächen-Analyse

Umweltanalyse

Bezugsobjekte dieser Analyseform können Gesamtunternehmen, einzelne strategische Geschäftsfelder oder aber spezifische (Dienstleistungs-)Prozesse sein. Die Bezugspunkte der Umweltanalyse können nach den drei Hauptkategorien Markt, Marktteilnehmer und Umwelt gebildet werden (vgl. Abb. 4.6), in denen sich verschiedene Bestimmungsfaktoren für Chancen und Risiken von Unternehmen ergeben (Meffert et al. 2012, S. 232).

	Bezugspunkte	Bestimmungsfaktoren
Markt	Gesamter Freizeitmarkt	▪ Entwicklung ▪ Wachstum
	Kulturmarkt	▪ Entwicklungsstandards ▪ Marktaufteilung
	Teilmarkt (z. B. Museumsmarkt, Konzertmarkt)	▪ Bedürfnisstruktur ▪ Subventionen ▪ Produktqualität
Marktteilnehmer	Konkurrenz	▪ Wettbewerbsstärke ▪ Produktqualität ▪ Anspruch
	Kulturkonsument	▪ Bedürfnislage ▪ Einstellung
	Geldgeber	▪ Bedeutung von Kulturförderung ▪ Interessenausrichtung ▪ Einstellung
Umwelt	Wirtschaft	▪ Konjunktur ▪ Wachstum
	Gesellschaft	▪ Normen, Werte ▪ Lebensgewohnheiten ▪ Haltung gegenüber Kultur
	Technologie	▪ Technischer Fortschritt
	Recht und Politik	▪ Rechtsnormen ▪ Kulturpolitik ▪ Relevante Institutionen

Abb. 4.6: Mögliche Bezugspunkte und Bestimmungsfaktoren der Umweltanalyse

Diese Kategorien sind nicht trennscharf zu betrachten, teilweise bedingen sie sich auch gegenseitig. Aus den dargestellten Bestimmungsfaktoren der Umweltanalyse von Kulturbetrieben ergeben sich z. B. für die Kategorie der Marktteilnehmer folgende potenzielle Chancen und Risiken (Abb. 4.7).

Faktor	Mögliche Chancen	Mögliche Risiken
Wettbewerbsstärke der Konkurrenz im Freizeit- und Kultursektor	Geringer regionaler Wettbewerb unter Kulturanbietern	Zunehmender internationaler Servicewettbewerb unter Kulturanbietern
Produktqualität der Konkurrenz	Kein vergleichbares, hochwertiges Angebot an ähnlichen Kulturgütern	Hochwertige Serviceangebote von Anbietern aus dem Unterhaltungsbereich
Anspruch hinsichtlich Zielsetzung und Produktausrichtung der Konkurrenz	Nur wenige subventionsberechtigte Non-Profit-Anbieter als Sicherung des Preis-Leistungs-Gleichgewichts	Zunehmende Konkurrenz für institutionelle Dienstleister durch Angebote der Konsum- und Industriegüterbranche
Veränderungen der Bedürfnislage der Kulturkonsumenten	Intensivere Nutzung von Kultur- und Unterhaltungsdienstleistungen	Bevorzugung von Unterhaltungs- gegenüber Bildungsangeboten
Veränderung der Einstellung der Kulturkonsumenten	Verstärktes Interesse für lokale Kulturangebote	Sinkende Loyalität gegenüber kulturellen Dienstleistern
Zunehmende Bedeutung von Kultursponsoring im Rahmen von Corporate-Social-Responsibility-Maßnahmen	Verstärktes Interesse am Sponsoring von Kulturangeboten	Zu starke Einflussnahmen von Sponsoren auf kulturelle Inhalte (z. B. durch Förderungsbedingungen)

Abb. 4.7: Mögliche Faktoren der Umweltanalyse mit daraus resultierenden Chancen und Risiken

Bei der Zusammenstellung der Chancen und Risiken wird deutlich, dass einige der zukünftigen Entwicklungen nicht eindeutig der Kategorie Chance oder der Kategorie Risiko zugeordnet werden können. Vielmehr stellen beispielsweise Veränderungen im Konsumentenverhalten eine Chance für bestimmte Dienstleistungsunternehmen dar, für andere Unternehmen sind sie dagegen als Risiko zu klassifizieren. Damit erfolgt eine Konkretisierung von bestimmten Entwicklungen als Chance oder Risiko erst vor dem jeweiligen Hintergrund beziehungsweise angesichts der Ressourcen des betrachteten Unternehmens.

Die SWOT-Matrix

Zur Konkretisierung des Entscheidungsfeldes werden die Umwelt- und Ressourcen-Analysen parallel durchgeführt und die strategischen Handlungsoptionen in einer SWOT-Matrix abgebildet. Abbildung 4.8 verdeutlicht den Zusammenhang zwischen der internen Ressourcenanalyse und der externen Umweltanalyse. Die Stärken sind dabei gleichzusetzen mit der Fähigkeit eines Unternehmens, die Marktchancen besonders gut zu nutzen beziehungsweise den Marktrisiken zu begegnen. Schwächen bedeuten hingegen, dass die Marktchancen (noch) unzureichend genutzt werden (vgl. Meffert/Bruhn 2012, S. 182 f.). Umgekehrt ergeben sich Chancen aus dem Zusammentreffen einer unternehmenseigenen Stärke auf eine vorteilhafte Umweltbedingung. Ein Risiko kann dagegen entstehen, wenn eine Schwäche des Kulturbetriebs und ungünstige Umweltbedingungn zusammentreffen. In diesem Fall ist eine Minimierung der Schwäche umso wichtiger. Die SWOT-Analyse berücksichtigt somit eine Vielzahl möglicher Einflussfaktoren in umfassender und systematischer Weise.

4.2 Analyse von Organisation und Wettbewerbsumfeld

	Ressourcenanalyse		
		Stärken, z. B. - viele Sponsoren - motivierte und gut geschulte Fachkräfte - bedeutsame regionale Kulturgüter	**Schwächen**, z. B. - kaum Personal für Verwaltung, Marketing etc. - veraltete technische Ausstattung - geringe überregionale Bekanntheit
Umweltanalyse	**Chancen**, z. B. - wachsende Nachfrage seitens einheimischer Kulturkonsumenten - Bezuschussung durch Kulturpolitik	Verfolgung von neuen Chancen, die gut zu den Stärken der Organisation passen → Regionale Ausrichtung betonen	Schwächen eliminieren, um neue Möglichkeiten zu nutzen → Überregionale Positionierung
	Risiken, z. B. - Konsumenten erwarten hohe Service-Standards - zunehmende Konkurrenz durch Freizeitanbieter	Stärken nutzen, um Bedrohungen abzuwenden → Service-Kompetenzen von Fachkräften stärken und finanzielle Mittel in den Ausbau von Service fließen lassen	Vorhandene Schwächen nicht zum Ziel von Bedrohungen werden lassen → Mitarbeiterstrukturen neu organisieren, um Leistung zu verbessern

Abb. 4.8: SWOT-Matrix

Die Schwierigkeit im Analyseprozess besteht jedoch darin, die für die Strategie passenden Beurteilungskriterien festzulegen. Das Vorgehen zur Erstellung eines eigenen SWOT-Profils sollte wie folgt aussehen:

- Identifikation der Beurteilungskriterien
- Prüfung der strategischen Relevanz der Beurteilungskriterien
- Beurteilung von Chancen und Risiken
- Erstellung des eigenen Stärken-Schwächen-Profils.

> **Beispiel**
>
> **Die SWOT-Analyse am Beispiel des Kloster Lüne**
>
> Das Kloster Lüne liegt unweit vom Stadtzentrum Lüneburgs. 1172 von Benediktinerinnen gegründet, ist es bis heute von evangelischen Stiftsdamen bewohnt. Eine wichtige Aufgabe sieht das Kloster in der Bewahrung und Präsentation seiner zahlreichen erhaltenen Kunstgegenstände und in der Vermittlung des Klosterlebens. Neben einem Café und einem Textilmuseum werden vor allem Führungen durch die Klosteranlage angeboten. Eine SWOT-Analyse sollte 2011 zu einer besseren Profilierung und Zielumsetzung beitragen.
>
> | Stärken | Schwächen |
> |---|---|
> | ▪ Vielseitigkeit des Freizeitangebots.
▪ Lebendige Tradition von historischer Bedeutung für die Stadt Lüneburg.
▪ Historisch verwoben mit der Region.
▪ Aktives soziales Engagement.
▪ Erhalt verschiedenster Baustile.
▪ Mehrere zehntausend Besucher p. a. | ▪ Außerhalb der Stadt gelegen.
▪ Keine finanzielle Selbstständigkeit.
▪ Außenstehende haben meist keine richtige Vorstellung vom Stift.
▪ Keine relevante mediale Präsenz.
▪ Es gibt wenig bis kein Bewusstsein für die Bedeutung des Klosters. |
> | **Chancen** | **Risiken** |
> | ▪ Mittelalter gewinnt an Interesse.
▪ Einzigartigkeit in der Region.
▪ Kaum direkte mediale Konkurrenz.
▪ Außergewöhnliches Ausflugsziel. | ▪ Meist nur Interessierten bekannt.
▪ Es gibt viele Vorurteile gegen die Lebensform der Klosterdamen.
▪ Das Thema erscheint langweilig. |
>
> Aus den Angaben ergab sich die Umsetzung in der folgenden SWOT-Matrix, welche die internen und externen Faktoren vergleicht und strategische Maßnahmen aus der Gegenüberstellung ableitet.
>
> | | | Ressourcenanalyse | |
> |---|---|---|---|
> | | | **Stärken** | **Schwächen** |
> | **Umweltanalyse** | **Chancen** | ▪ Erlebniswelt mit mittelalterlicher Atmosphäre.
▪ Große Bedeutung für Lüneburg.
▪ Zusammenführung der Peripherie. | ▪ Außerhalb der Stadt ist es familienfreundlicher.
▪ Staatliche Subventionen können akquiriert werden.
▪ Die Suche nach historischer Atmosphäre findet heute auch und gerade im Internet statt. |
> | | **Risiken** | ▪ Erweiterung der Zielgruppen.
▪ Soziales Engagement betonen.
▪ Öffnung der Tradition nach außen. | ▪ Auf bessere Verbreitung der Neuigkeiten achten.
▪ Neugierde auf das Mysterium der Klausur wecken.
▪ Durch Überraschung helfen, Vorurteile zu brechen. |

4.2.2 Positionierungsanalyse

Das Ziel der Positionierungsanalyse besteht in der Gestaltung der Unternehmensleistung in der Form, dass sich die Wahrnehmung bestimmter Eigenschaften durch die Kunden mit den von ihnen gewünschten SOLL-Eigenschaften deckt (vgl. Meffert/Bruhn 2012, S. 184 f.). Die Beurteilungskriterien hierzu sollen im Vergleich zu den Hauptwettbewerbern gewonnen werden, sodass Idealpositionen der Unternehmensleistungen ermittelt und mit den tatsächlichen Positionen verglichen werden können (vgl. ebenda). Kulturdienstleistern kann die Positionierungsanalyse im Zuge von Maßnahmen der Neupositionierung dabei helfen, z. B. Leistungsschwächen aufzudecken und Zielplanung und Strategien entsprechend auszurichten → **siehe auch Praxisbeispiel »Intendantenwechsel am Theater Lüneburg: Erfolgreiche Maßnahmen nach Positionierungsanalyse« (S. 88/89).** Das Vorgehen der Positionierungsanalyse ist dabei durch fünf Phasen gekennzeichnet (vgl. Meffert/Bruhn 2012, S. 185 f.):

1. **Bestimmung des zu positionierenden Objektes/der Leistung:** Dies kann entweder eine einzelne Leistung der Organisation sein (Besucherservice eines Theaters), ein Prozess (Konzeption einer Ausstellung), eine strategische Geschäftseinheit (beispielsweise die Sparte »Operette« eines Stadttheaters) oder auch ein Unternehmen in seiner Gesamtheit (z. B. ein regionaler Museumsverbund) umfassen.
2. **Festlegung der relevanten Leistungsmerkmale:** Hierzu können sämtliche Merkmale zählen, die von den Besuchern wahrgenommen werden und deren Zufriedenheit mit dem Objekt/der Leistung beeinflussen (vgl. Modell der Kundenzufriedenheit Kapitel 6.3). Diese Merkmale haben somit eine unmittelbare Relevanz für das Kaufverhalten.
3. **IST-Positionierung:** Hierbei wird die Feststellung der Platzierung des eigenen Analyseobjektes vorgenommen. Die nötigen Daten können hierbei vor allem über eine Besucherbefragung ermittelt werden. Wie bei der Stärken-Schwächen-/Ressourcenanalyse werden hierzu Skalen verwendet, um eine möglichst präzise und vergleichbare Wertung vornehmen zu können. Parallel zur eigenen Platzierung werden schließlich auch die Bewertungen des jeweiligen Analyseobjektes des Konkurrenten ermittelt. Wettbewerbsvorteile können so erkannt und ggf. entsprechend ausgebaut werden.
4. **Vergleich der IST- und der SOLL-Positionierung:** Bei der SOLL-Position werden die aus Kundensicht gewünschten Ausprägungen des jeweiligen Analyseobjekts gemessen. Diese wird im nächsten Schritt des Analyseprozesses mit der IST-Position verglichen. Zu beachten ist hierbei nicht kommerziellen und vor allem öffentlich geförderten Kulturbetrieben die Beeinflussung durch gewisse übergeordnete SOLL-Anforderungen bei der konkreten Angebotsgestaltung (Spielplangestaltung, Ausstellungsplan, Sonderveranstaltungen), z. B. die Erfüllung eines bestimmten Anspruchs- und Bildungsniveaus.
5. **Ableitung von strategischen Stoßrichtungen:** Übereinstimmungen bzw. Diskrepanzen zwischen SOLL- und IST-Position eines Analyseobjekts können die Grundlage für darauffolgende strategische Entscheidungen, Zielplanungen oder instrumentelle Maßnahmen sein. Stellen sich zum Beispiel die Ticketbuchungsmöglichkeiten als ein Leistungsmerkmal des Besucherservices als unzureichend heraus, könnten mittelfristig entsprechende Maßnahmen in Bezug auf Vertriebskanäle getroffen werden. Zeigt sich dagegen eine hohe Diskrepanz zwischen Wahrnehmung und Erwartung der Besucher bezüglich der Freundlichkeit des Personals, könnten damit längerfristige Zielplanungen und Strategien verbunden sein.

4.3 Analyse von Verhalten und Entscheidungsprozessen der Besucher

Die Erforschung von Motiven und Emotionen, Kenntnissen, Einstellungen und Images, Präferenzen und Handlungsabsichten sowie deren wechselseitige Vernetzung und Beeinflussbarkeit durch Stimuli stellt einen Schwerpunkt der gegenwärtigen Käuferverhaltensforschung dar. Bei der Untersuchung von Informationsverarbeitungsprozessen im Lang- und Kurzzeitgedächtnis von Käufern wird die aktive Informationssuche im Kaufprozess ebenso berücksichtigt wie die passive Informationsaufnahme z. B. beim Studieren von Testergebnissen oder bei der Wahrnehmung von Plakaten. Auch für Kulturbetriebe können solche Erkenntnisse für die Analyse ihrer potenziellen und realen Besucher hilfreich sein. Wahlverhalten (für eine bestimmte Kulturleistung) sowie Präferenzen von Besuchern können so besser beurteilt und entsprechend strategisch berücksichtigt werden z. B. bei der Gestaltung von Kommunikationsmaßnahmen.

Psychische Prozesse beim Käuferverhalten

Das Verhalten potenzieller Konsumenten und schließlich ihre Entscheidung zum Konsum lassen sich, wie in Abbildung 4.9 dargestellt, als System beschreiben, das sich aus verschiedenen psychischen inneren Vorgängen zusammensetzt (vgl. Kroeber-Riel/Gröppel-Klein 2013, S. 51 f.). Innere wie äußere Reize setzen sowohl kognitive Prozesse wie Beurteilung und Wissen als auch aktivierende Prozesse wie Emotionen, Motivationen, Bedürfnisse und Einstellungen in Gang.

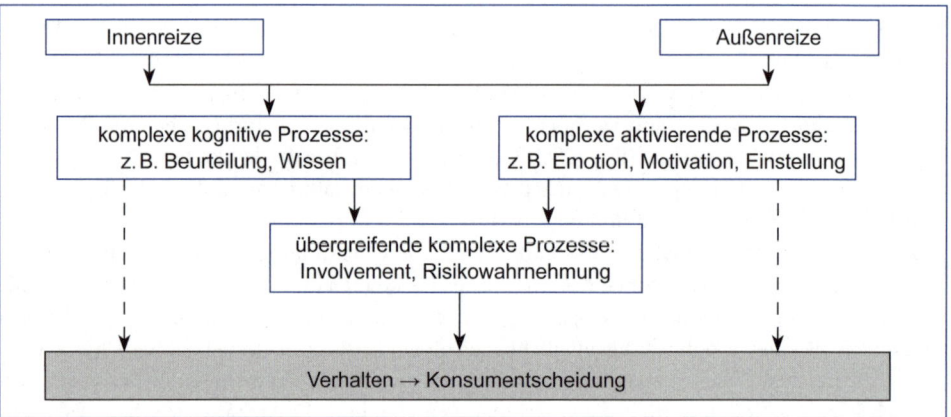

Abb. 4.9: System der psychischen Prozesse des Käuferverhaltens

In beiden Fällen können durchaus beide Arten psychischer Prozesse einbezogen werden, jedoch überwiegen jeweils die kognitiven bzw. die aktivierenden. Aus beiden zusammen entwickeln sich wiederum komplexe Prozesse wie Involvement und Risikowahrnehmung, welche ebenfalls das Verhalten beeinflussen (ebenda). Abbildung 4.10 beschreibt diese Prozesse sowie ihre Zusammenhänge untereinander.

4.3 Analyse von Verhalten und Entscheidungsprozessen der Besucher

		Definition	Beispiel
		aktivierende Prozesse	
Emotionen	führen zu ↓ / Bestandteil von ↓ / Beteiligt an der Bildung von ↓↑	»Innere Erregungszustände, die als angenehm oder unangenehm empfunden und mehr oder weniger bewusst erlebt werden« (Kroeber-Riel/Gröppel-Klein 2013, S. 56).	Auswirkung auf Denken und Handeln z. B. über Produkte oder Leistungen.
Motivation	führen zu ↓	»Emotionen (und Triebe) die mit einer Zielorientierung in Bezug auf das Verhalten verbunden sind« (Kroeber-Riel/Gröppel-Klein 2013, S. 56).	Seitens des Konsumenten wird z. B. versucht, einen Zielzustand des Wohlbefindens durch bewusstes wie unbewusstes Handeln wie Konsum herbeizuführen.
Bedürfnisse/ Triebe		Triebe können als »physiologische Mangelzustände verstanden werden«, die ein Verhalten induzieren, das zur Beseitigung des Mangels beiträgt. (Kroeber-Riel/Gröppel-Klein 2013, S. 180).	Bedürfnisse bestimmen maßgeblich die Nachfrage nach bestimmten Produkten und Leistungen.
Einstellung		»Motivationen, die mit einer – kognitiven – Beurteilung eines Gegenstands verknüpft sind.« (Kroeber-Riel/Gröppel-Klein 2013, S. 56).	Beeinflusst die Entscheidung für ein bestimmtes Produkt sowie Konsumpräferenzen; kann sich auf das Produkt als Ganzes (Ausstellung, Programmtheater) oder auf einzelne Komponenten (bestimmter Autor, Künstler oder Regisseur) beziehen.
		kognitive Prozesse	
Beurteilung	gekoppelt an ↓ / Beteiligt an der Bildung von ↑	Subjektive Wahrnehmung und Bewertung bzw. Gewichtung von relevanten Objektmerkmalen.	Bewertung von z. B. Qualität und Preiswürdigkeit von Produkten und Leistungen.
Wissen		»subjektive Informiertheit über Eigenschaften und Relationen von Objekten, die bei Bedarf aus dem Gedächtnis abgerufen wird« (Trommsdorff 2009, S. 32).	Wissen über Preise sowie über Produkte bzw. Produktqualität.
		übergreifende Prozesse	
Involvement	verringert ↓	Grad der Ausprägung der Motive, der für die Informationsgewinnung über bestimmte Objekte vom Individuum aufgebracht wird (vgl. Trommsdorff 2009, S. 48).	Sorgt für eine aktive Auseinandersetzung mit einem Produkt (z. B. Kunst) oder einem Unternehmen (z. B. bestimmtes Theater).
Risikowahrnehmung		Unsicherheit in Bezug auf die eigenen Handlungsfolgen aufgrund kognitiver Einschätzungen, welche das Verhalten beeinflusst (vgl. Kroeber-Riel/Gröppel-Klein 2013, S. 352 f.).	Bezieht sich auf Einschätzung des Konsumenten, z. B. inwieweit das Produkt von den persönlichen Standards, welche bei dessen Konsum erfüllt werden sollen, abweicht.

Abb. 4.10: Psychische Prozesse des Käuferverhaltens und ihre Zusammenhänge

Motive von Kulturnutzern

Bei Kulturnutzern tragen ganz unterschiedliche Bedürfnisse dazu bei, Motive für die Wahl eines Kulturbesuchs und damit verbundene Erwartungen zu entwickeln. Diese Motive können unterschiedlicher Natur sein (vgl. Slater 2007, Falk 2009, Walmsley 2011):

- soziale Motive beinhalten z. B. Bedürfnisse, Zeit mit Familie oder Freunden zu verbringen. Die Bedürfnisbefriedigung geht hier mit der Zufriedenheit der gesamten Gruppe einher.
- Bildungsmotive sollen wiederum den Wissensdurst befriedigen, während
- Selbstentfaltungsmotive die Persönlichkeitsentwicklung voranbringen sollen.
- Erholungsmotive begleiten den Wunsch nach Entspannung und Ablenkung vom Alltag.
- Actionorientierte Motive beinhalten dagegen das Bedürfnis, etwas Neues zu erleben, dabei unterhalten zu werden oder auch selbst aktiv werden zu können. Ähnlich spiegeln auch
- sinnesbezogene Motive mehr noch das Bedürfnis nach neuen, außergewöhnlichen Erfahrungen und Wahrnehmungen wider.

> **Beispiel**
>
> **Bedürfnispyramide nach Maslow**
>
> Die Bedürfnispyramide von Maslow wird im Marketing angewendet, um Konsumentenbedürfnisse definieren und einordnen zu können (vgl. Meffert et al. 2012, S. 123). Ein Bedürfnis wird dabei als ein durch den Konsumenten empfundener Mangel betrachtet, den dieser beseitigen möchte, worauf Anbieter mit der Distribution eines entsprechenden Angebotes reagieren. Für jede Stufe der Bedürfnispyramide sind spezifische Konsumangebote denkbar, welche die Erfüllung des jeweiligen Bedürfnisses gezielt in ihre Produktkommunikation mit einbinden. Insbesondere auf der obersten Bedürfnisstufe, der Selbstverwirklichung, kommt es im Gegensatz zu allen anderen Stufen, nicht zu einer Sättigung der Bedürfnisse (vgl. Meffert et. al 2012, S. 123 f.). Kulturangebote können innerhalb der Maslowschen Pyramide Konsumentenbedürfnisse auf mehreren Stufen erfüllen. Für viele Menschen stellt z. B. die Äußerung und Wahrnehmung von Kultur ein Grundbedürfnis dar und kann entsprechend auf der zweiten Stufe eingeordnet werden. Ebenso könnte eine Zuordnung zu den Ich-Bedürfnissen erfolgen, da Kultur, kulturelle Bildung und besonders der Besuch von Einrichtungen der Hochkultur oftmals als Statussymbole wirken und eine Prestigefunktion einnehmen. Schließlich lassen sich Konsumentenbedürfnisse nach kulturellen Angeboten auf der höchsten Bedürfnisstufe finden, insofern, als dass Kulturgüter z. B. zur Kontemplation, Wertbildung und Selbsterkenntnis beitragen. Hier zeigt sich auch die Vielschichtigkeit der individuellen Bedeutung von Kulturgütern.
>
> Pyramide (von oben nach unten):
> - Selbstverwirklichung (Entwicklung)
> - Ich-Motive (Macht, Selbstachtung, Prestige, Status)
> - Kontaktbedürfnisse/soziale Bedürfnisse (Zugehörigkeit, Liebe)
> - Sicherheitsbedürfnisse (Schutz, Vorsorge)
> - Physiologische Bedürfnisse (Durst, Sexualität, Schlaf)

Diese Motive fließen auch in die Einstellung einer Person gegenüber Kulturorganisationen ein. Einstellung kann beschrieben werden als die wahrgenommene Eignung eines Objekts zur Befriedigung eines Bedürfnisses (vgl. Kroeber-Riel/Gröppel-Klein 2013, S. 234). Eine Studie von Hood (2004) hat gezeigt, dass z. B. Museumsbesucher Museen das grundsätzliche Potenzial zuschreiben, Freizeitbedürfnisse, wie etwas Sinnvolles tun, Neues erleben, sich weiterbilden und aktive Partizipation, zu erfüllen, während Nicht-Besucher Museen dieses Potenzial nicht zuschreiben. Dies verdeutlicht auch die starke Subjektivität, die beim Entscheidungsverhalten bei Kulturangeboten beteiligt ist.

Risikowahrnehmung bei Kulturprodukten

Genau wie bei Dienstleistungen allgemein, besteht auch bei Kulturangeboten als kulturelle Dienstleistungen ein hohes wahrgenommenes Risiko im Konsum (siehe Kapitel 3), da solche Produkte, anders als materielle Güter, vorher nicht direkt begutachtet und getestet werden können. Wahrgenommene Risiken können dabei, wie in Abbildung 4.11 zusammengefasst, funktionelle, ökonomische, psychologische und soziale Attribute besitzen (vgl. Kroeber-Riel/Gröppel-Klein 2013, S. 483 f.).

	Beschreibung	Beispiel
Funktionelles Risiko	Möglichkeit, dass das Kulturprodukt die Erwartungen des Konsumenten nicht erfüllt.	Ist die Ausstellung meinen Erwartungen gemäß unterhaltsam, werden die Werke gezeigt, die ich bei dem Thema erwarte?
Ökonomisches Risiko	Finanzielle Einbußen aufgrund überhöhter Preise, wobei die individuelle Einkommenshöhe diese Risikowahrnehmung mit beeinflusst.	Bekomme ich für den hohen Preis der Theaterkarte einen guten Sitzplatz, eine entsprechend hochwertige Darbietung etc.?
Psychologisches Risiko	Gekauftes bzw. konsumiertes Kulturgut entspricht nicht dem Selbstimage des Konsumenten.	Entsprechen die Inszenierung der Oper und die Atmosphäre des Hauses meinem großbürgerlichen, traditionell-niveauvollen Selbstbild?
Soziales Risiko	Gekauftes bzw. konsumiertes Kulturgut entspricht nicht dem Fremdimage des Konsumenten, besonders wenn der Konsument seinem sozialen Umfeld gegenüber sehr empfänglich ist.	Wie reagieren meine Freunde und Kollegen, wenn ich zu einer Lesung in die Bibliothek gehe?

Abb. 4.11: Formen der Risikowahrnehmung

Die Risikowahrnehmung wird in sämtlichen Ausprägungen vor allem durch zurückliegende Erfahrungen sowie die persönliche Einschätzung als interner Faktor mit beeinflusst. Ein wichtiger externer Faktor und gleichzeitig eine Möglichkeit der Risikoreduzierung für den Konsumenten stellt die aktive Informationssuche dar. So ist bei einem besonders stark wahrgenommenen Kaufrisiko der Antrieb stärker, zusätzliche Informationen zu suchen. Beim Konsum von Kulturangeboten kann ein wahrgenommenes Risiko beispielsweise durch Informationen in Form von Kritiken, Rezensionen und Werbung, aber auch durch die Meinung von Freunden gemindert werden.

Entscheidungsprozesse

Bei der Entscheidung für ein bestimmtes kulturelles Produkt oder eine Dienstleistung lassen sich im Wesentlichen vier Typen von Entscheidungsverhalten unterscheiden, die, wie Abbildung 4.12 zeigt, von unterschiedlicher kognitiver bzw. emotionaler Beteiligung bestimmt werden (Kroeber-Riel/Gröppel-Klein 2013, S. 460):

- Extensives Entscheidungsverhalten
- Habitualisiertes Entscheidungsverhalten
- Limitiertes Entscheidungsverhalten
- Impulsives Entscheidungsverhalten.

Entscheidungs-merkmale	Kognitive Beteiligung	Emotionale Beteiligung	Zeitbezug
extensiv	stärker	stark	lange Abwägungsphase
habitualisiert	schwach	schwach	kurz, gewohnheitsmäßig
limitiert	stark	schwach	kurz, erfahrungsbedingt
impulsiv	schwach	stark	unmittelbar, spontan

Abb. 4.12: Typen von Entscheidungsverhalten

Extensives Entscheidungsverhalten: Die extensiven Kaufentscheidungen zeichnen sich hinsichtlich ihrer hohen kognitiven Beteiligung durch einen hohen Informationsbedarf aus. In der Praxis werden extensive Kaufentscheidungen häufig in folgenden Situationen getroffen:

- Ein neues Produkt wird eingeführt (z. B. neue Ausstellung, neue Spielstätte).
- Ein Bedürfnis wird erstmals wahrgenommen (z. B. die Nutzung einer Bibliothek für ein Forschungsvorhaben).
- Eine Kaufentscheidung ist von großer persönlicher Bedeutung → Anstreben des größtmöglichen Nutzens aus einer Freizeitgestaltung (z. B. möchte man einen möglichst besonderen Abend gestalten und dazu etwas Kulturelles unternehmen, das diesen Anspruch erfüllt).
- Einkaufs-/Konsumbedingungen ändern sich grundlegend (z. B. Modernisierung der Museen vor Ort und damit verbundene Änderung von Preisen und Vertriebswegen).
- Entscheidungsziele müssen noch entwickelt werden (z. B. ob man eine unterhaltsame, aktive oder kontemplative Freizeitgestaltung anstrebt).

Wie in Abbildung 4.13 dargestellt, folgt eine extensive Kaufentscheidung (vgl. Kroeber-Riel/Gröppel-Klein 2013, S. 464) für ein Kulturangebot häufig einem Ablaufschema, das von einer ersten Problemerkenntnis bis zur Konsumentscheidung und darüber hinaus verschiedene Überlegungen einschließt.

4.3 Analyse von Verhalten und Entscheidungsprozessen der Besucher

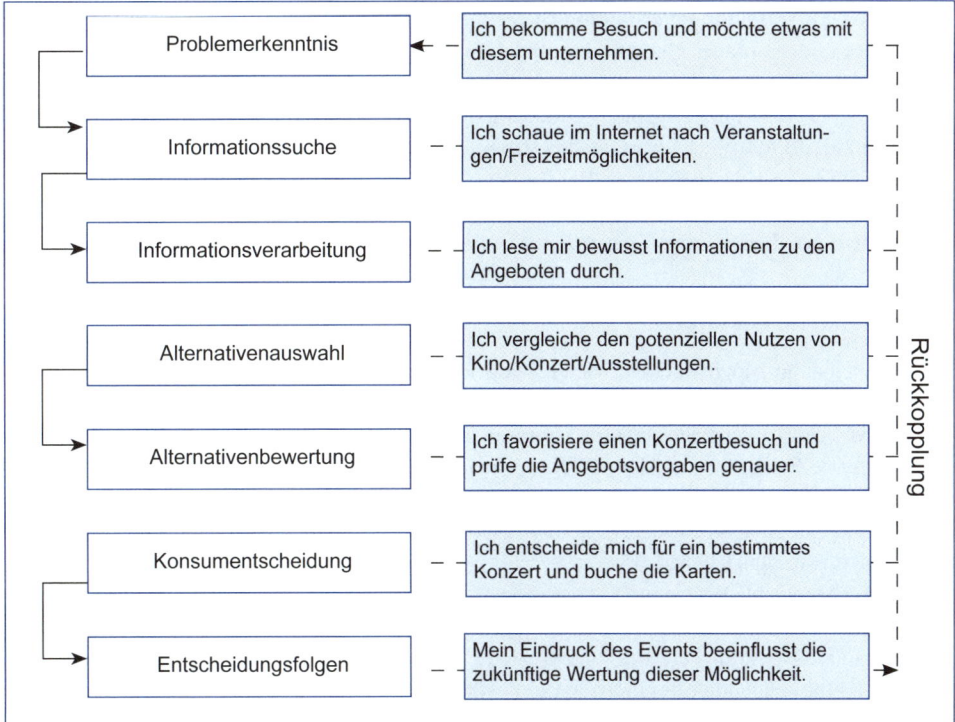

Abb. 4.13: Ablauf einer extensiven Kaufentscheidung

Habitualisiertes Entscheidungsverhalten: Bei den habitualisierten Entscheidungen überwiegen die reaktiven Komponenten, d. h. das automatische Reagieren in einer Handlungssituation. Dies ist besonders häufig bei gewohnheitsmäßig getroffenen Entscheidungen der Fall (z. B. Kauf von Gütern für den täglichen Bedarf). Es findet i. d. R. durch den Konsumenten keine Suche nach Alternativen und keine Bewertung dieser statt (vgl. Kroeber-Riel/Gröppel-Klein 2013, S. 485 ff.). Bei Konsumenten von Kulturangeboten treten solche Entscheidungen beispielsweise im Zusammenhang mit Theaterabonnements oder bei Stammbesuchern auf, welche diese ohne größere Überlegungen von Saison zu Saison wieder buchen.

Limitiertes Entscheidungsverhalten: Limitierte Kaufentscheidungen zeichnen sich durch bewährte Problemlösungsmuster und Entscheidungskriterien aus. Diese Entscheidungskriterien und Problemlösungsmuster wurden durch Kauf- und Nutzungserfahrung erworben und bereits zur Entscheidungsfindung herangezogen (vgl. Kroeber-Riel/Gröppel-Klein 2013, S. 471 f.). Dieses Entscheidungsmuster trifft im Kulturbereich z. B. auf Situationen zu, in denen man ein bestimmtes Museum besucht, da man die Erfahrung gemacht hat, dass dieses bei vergangenen Besuchen immer einen positiven Eindruck hinterlassen hat. Denkbar wäre auch die bewusste Entscheidung für eine bestimmte Ausstellung, da man sich gerade explizit mit dem Thema beschäftigt, das dort präsentiert wird.

Impulsives Entscheidungsverhalten: Dieser Typ einer Kaufentscheidung zeichnet sich durch ein rasches und spontanes Handeln aus, bei dem die reaktiven Einflüsse überwiegen. Impulsive Kaufentscheidungen unterliegen einer starken Reizsituation, die mit einer emotionalen Aufladung einhergeht. Sie sind daher ungeplant und kaum gedanklich kontrolliert (vgl. Kroeber-Riel/Gröppel-Klein 2013, S. 490 ff.). Es handelt sich dabei typischerweise um eine Entscheidung »aus dem Bauch heraus«. So lässt sich dieser Typ Kaufentscheidung für Kulturangebote besonders häufig im Zuge von Städtereisen vorfinden, bei denen sich der Konsument spontan für den Besuch eines bestimmten (evtl. berühmten) Konzerthauses, einer Oper oder eines Museums entschließt.

Demografische Faktoren

Bei der Vielfalt an Möglichkeiten, wie eine solche Entscheidung zur Nutzung eines Kulturangebots getroffen werden kann, sucht die Besucherforschung nach Variablen, die bestimmte Verhaltensmuster beim (potenziellen) Kulturkonsumenten voraussagen. Diese beziehen sich häufig auf demografische Faktoren wie Alter, Bildung, sozialer Status, Einkommen, Nationalität und Geschlecht. So bestätigen beispielsweise zahlreiche Studien einen Zusammenhang zwischen Schulbildung und Nutzung »klassischer« Kulturangebote, wobei auch die Bildung der Eltern eine Rolle spielt (vgl. u. a. Keuchel 2009, S. 152).

Entsprechend schlägt sich auch der demografische Wandel in den Verhaltensweisen zur Nutzung kultureller Angebote nieder. Der demografische Wandel bezieht sich auf eine Tendenz der Bevölkerungsentwicklung, die sich kurz als »älter – bunter – weniger« beschreiben lässt (vgl. Kösters 2011). Eine steigende Überalterung der Bevölkerung, bei gleichzeitiger Abnahme der Geburtenrate sowie der steigende Anteil an Menschen mit Migrationshintergrund gehen hier mit ein. Für die Analyse von Besucherverhalten und -präferenzen bedeutet dies eine eingehende Beschäftigung mit den Bedürfnissen neuer Zielgruppen. Hausmann (2009, S. 140 ff.) nennt für die drei o. g. Entwicklungsdimensionen des demografischen Wandels Aspekte, die Kulturbetriebe bei ihrer Marketinganalyse berücksichtigen sollten (vgl. Abb. 4.14). Generell ist dabei jedoch stets auch die Heterogenität innerhalb einer demografischen Gruppe zu berücksichtigen. Denn über demografische Faktoren hinaus bestimmen nicht zuletzt individuelle Einstellungen oder gruppenspezifische Wertmuster wie Lebensstile die Präferenzen von Kulturkonsumenten entscheidend mit.

	älter	bunter	weniger
Relevante Aspekte	▪ Besuchserfahrenheit und Qualitätsorientierung ▪ Hohe Aufgeschlossenheit für Markenkonzepte ▪ Mobilitätseinschränkungen sowie andere physische Einschränkungen	▪ Heterogenität der Kulturen ▪ Multiplikatorfunktion kulturinteressierter Meinungsführer ▪ Nutzung von kulturellen Netzwerken	▪ Nachwuchsförderung ▪ Nutzung von Marktentwicklungs- und Marktdurchdringungsstrategien (vgl. Kapitel 5.3.3) ▪ Analyse von Besuchsbarrieren

Abb. 4.14: Relevante Aspekte demografischer Faktoren für Kulturbetriebe

Lebensstile

Eine weitere Dimension, die bei der Analyse des Konsumentenverhaltens der Kulturnachfrager von Bedeutung ist, stellt die Zuordnung der Konsumenten zu Lebensstilen und sozialen Milieus dar. Bei der Lebensstilforschung wird weniger von objektiven Merkmalen des Individuums wie beispielsweise Alter, Geschlecht, Bildung oder sozialem Status ausgegangen als vielmehr von subjektiven regelmäßigen Verhaltens- und Werthaltungsmustern, die sich in Abhängigkeit persönlicher Merkmale ergeben (vgl. Trommsdorff 2009, S. 212) und sich in der persönlichen Lebensgestaltung wie u. a. im Freizeitkonsum niederschlagen.

Die Milieuforschung verfolgt einen ähnlichen Gedanken der Zuordnung bestimmter Personengruppen nach individuellen Merkmalsklassen, die gemeinsame Werthaltungen, Einstellungen und Meinungen aufweisen und ihre Beziehungen zu Menschen sowie ihre Umwelt in ähnlicher Weise sehen und gestalten (vgl. Hradil 2008, S. 230). Diese Milieus können für die Kulturanbieter zur Zielgruppensegmentierung nützlich sein. Sie umfassen die ganze Gesellschaft, bedürfen also einer der jeweiligen Zielstellung dienlichen Eingrenzung. Untersuchungen zu Lebensstilen, welche sich direkt auf den Kulturbereich beziehen, unterscheiden zwischen Besuchern, Nichtbesuchern und potenziellen Besuchern. Häufig besteht die Aufgabe des Kulturmarketings darin, neue Zielgruppen zu erschließen, d. h. in der Identifizierung potenzieller Besucher.

Eine Analyse der bereits bestehenden Konsumentenkreise kann deren Motivationen für den Besuch aufdecken und dazu dienen, das Angebot noch gezielter abzustimmen, während eine Befragung potenzieller Besucher oder auch Nichtbesucher Aufschluss darüber geben kann, warum diese Gruppen dem Kulturbetrieb bisher fern blieben. Bei der Nutzung von Lebensstilen zur Untersuchung der potenziellen Besuchergruppen sollten dabei die jeweiligen Spezifika des Kulturbetriebs sowie seine Zielrichtungen und Identitätsvorgaben beachtet werden.

Abbildung 4.15 zeigt drei Kategorisierungen von Lebensstilen bzw. Milieus. Hervorgehoben wird hier die, an diese Lebensstile und Milieus geknüpfte Haltung gegenüber Kultur und das daraus folgende Kulturnutzungspotenzial. Dieses kann für die Bestimmung von Zielgruppen von Bedeutung sein.

Schulze 2000 Erlebnismilieus	Beschreibung	Haltung gegenüber Kulturangeboten
Niveaumilieu	▪ meist ältere Personen ab 40 ▪ höhere Bildung ▪ politisch interessiert	▪ Primäre Nutzung der Einrichtungen der Hochkultur ▪ Kulturnutzung als Statusbestätigung
Harmoniemilieu	▪ ältere Personen ab 40 ▪ niedrige Schulbildung ▪ Neigung zum Häuslichen, Praktischen, Traditionellen	▪ fast keine Partizipation am kulturellen Leben
Integrationsmilieu	▪ ältere Personen ▪ mittlere Bildungsschicht ▪ Wichtigkeit von Status und Ansehen	▪ moderate Nähe sowohl zur Hoch- als auch zur Trivialkultur ▪ Kulturnutzung, um mitreden zu können
Selbstverwirklichungsmilieu	▪ jüngere Menschen ▪ hoher Bildungsabschluss ▪ interessiert an Wissenschaft und Zeitgeschehen	▪ Nähe zur Hochkultur ▪ aber auch Kino, Rockmusik etc. ▪ Kulturnutzung zur individuellen Anregung/Selbstbildung
Unterhaltungsmilieu	▪ jüngere Menschen ▪ niedriger Schulabschluss ▪ action-orientiert	▪ Nutzen von Unterhaltungskultur ▪ Kulturnutzung als Zerstreuung
Terlutter 2000 Kulturstile	**Beschreibung**	**Haltung gegenüber Kulturangeboten**
Erlebnisorientierte	▪ gesellig und aktiv ▪ kontaktfreudig ▪ unterdurchschnittliches erholungs- und gesundheitsbewusstes Freizeitverhalten	▪ aufgeschlossen gegenüber Bildungsangeboten ▪ Spaß steht beim Kulturbesuch im Vordergrund
Bildungs- und Prestigeorientierte	▪ hohes Durchschnittsalter ▪ Geselligkeit wird als weniger wichtig erachtet ▪ erholungs- und gesundheitsbewusstes Freizeitverhalten dominiert	▪ Kulturbesuch soll weiterbilden ▪ Kommunizieren über kulturelle Aktivitäten
Kulturmuffel	▪ gesellig und aktiv ▪ Bildungsaktivitäten sind kaum relevant	▪ Kulturbesuch höchstens aus Aktualitätsgründen ▪ Kulturbesuch verschafft weder Spaß noch kulturelle Bildung
Todd/Lawson 2001 Lebensstile	**Beschreibung**	**Nutzungshäufigkeit von Kulturangeboten**
Conservative quiet lifers	▪ Älter, passiv, häuslich, einfach, zurückgezogen	▪ Seltener Besuch von Museen/Kunsthallen von nie bis zu einmal im Jahr
Accepting mid-lifers	▪ Durchschnittstyp, zurückgezogen, passiv	
Social strivers	▪ Pessimistisch, Anerkennung suchend, konservativ, an Popkultur interessiert	
Pragmatic strugglers	▪ Einfach und praktisch orientiert, geringe Bildung und Einkommen, bevorzugt Popkultur und passive Unterhaltung	

4.3 Analyse von Verhalten und Entscheidungsprozessen der Besucher

Todd/Lawson 2001 Lebensstile	Beschreibung	Nutzungshäufigkeit von Kulturangeboten
Active »family values« people	▪ Konservativ, höhere Bildung und Einkommen, Familienerlebnisse	▪ Gelegentlicher Besuch von Museen/ Kunsthallen bis zu einmal im Jahr
Success-driven extroverts	▪ Erfolgsorientiert, aktiv, unabhängig, stilbewusst, interessiert	
Educated liberals	▪ Gut ausgebildet, breite Interessen, individualistisch, engagiert, explorativ	▪ Häufiger Besuch von Museen/Kunsthallen bis zu einmal im Monat

Abb. 4.15: Millieuansatz von Schulze (2000), Lebensstilansätze von Terlutter (2000) und Todd/Lawson (2001)

Die vorgestellten Typologien sind aus der Sicht des Kulturmarketings durchaus geeignet, um ein genaueres Bild vom Kultur(nicht)nutzer zu gewinnen. Sowohl der Milieuansatz von Schulze wie auch der Ansatz der Kulturstile von Terlutter sind als allgemeine Typologien zu werten und bieten entsprechend komplexe Beschreibungen und Zuordnungen. Von Todd/Lawson wurde eine für Museen und Ausstellungen verwertbare Typologie erarbeitet. Die Beschreibung der sieben Grundtypen ist sehr anschaulich und kann eine praktikable Basis für Marketingentscheidungen im Genre der Museen und Ausstellungen bieten.

Praxisbeispiel Kapitel 4.1

Von Klassik zu Chillout: Die Zielplanung bei Klassik Radio als Ausdruck einer durch Leistungsziele bestimmten Identität

Als Klassik Radio vor 22 Jahren als Deutschlands erstes, privates Kulturradio mit »Klassik« als musikalischem Programmformat startete, waren bei der Entwicklung der »Playlists« eher die Puristen am Werk. Bach und Händel, Mozart und Beethoven, Schumann, Schubert und Chopin waren die »Heroes«, Crossover eher verpönt. Das hat sich geändert. Während früher zu den übergeordneten Unternehmenszielen wie dem erlösorientierten Unternehmenszweck eines kommerziellen Radios auch stark traditionelle Grundsätze und Leitlinien eines ambitionierten Klassiksenders hinzutraten und die Corporate Identity prägten, so wurden nach einem Gesellschafterwechsel 1999 Formatüberlegungen abseits der bisherigen Einstufungen angestellt.

Neuausrichtung grundlegender Unternehmensziele

Diesen lag ebenfalls eine Neuausrichtung der übergeordneten Unternehmensziele zugrunde. In Folge einer neuen, strenger nach Quoten orientierten und nutzwertig auf Entspannung und Genuss ausgelegten Programmphilosophie und Corporate Identity fanden verstärkt seichtere Klänge Eingang ins Programm. In der Selbstdarstellung der AG heißt es heute: »Ein Mix aus den schönsten Klassik-Hits, der besten Filmmusik, den außergewöhnlichen New Classics sowie den entspannten Klänge der Klassik Lounge.« Nicht der Gedanke, ausgewählte hochkulturelle E-Musik zu präsentieren, bestimmte nach diesem Unternehmenszweck den vorherrschenden Programmeindruck des »Klassikradios«, sondern funktionsmusikalische Aspekte, die vorrangig auf angenehme Begleitung und Unterhaltung ausgerichtet waren. Filmmusik wurde zur Programm prägenden Musikgattung, Crossover salonfähig und spät abends erklingt »Chill-Out«-Sound im »Lounge«-Format. Jeden Tag gibt es zusätzlich halbstündlich die wichtigsten aktuellen Meldungen sowie Neuigkeiten aus Wirtschaft, Börse, Medien und Kultur aus den Metropolen Deutschlands. Damit werden Auflagen der Medienbehörde erfüllt in Bezug auf den Informationsanteil für ein tagesbegleitendes Vollprogramm. Klassik Radio wird bereits in mehr als 300 Städten über UKW und deutschlandweit im Kabel, europaweit über Satellit sowie weltweit via Internet und mit allen gängigen Smartphone-Apps empfangen. Zudem ist Klassik Radio jetzt auch via DAB+ in ganz Deutschland zu hören. Es betont somit auch nach der Formatänderung eine Positionierung als Deutschlands »meist verbreitetes Privatradio mit einer einzigartigen Programmrezeptur«.

Oberziel Reichweitenerhöhung

Auf der Ebene der Leistungs- und Finanzziele galt es, damit von vornherein eine Erhöhung der Reichweite zu erzielen. Etwa 1,66 Millionen Menschen hören aktuell täglich das Live-Programm des einzigen börsennotierten Radiosenders Deutschlands, wobei sich das Programm ursprünglich an eine ältere »Premiumzielgruppe« mit einem Durchschnittsalter von 50+ richtete, die, so der Sender, »sehr einkommensstark, überdurchschnittlich gut gebildet und äußerst kulturinteressiert ist.«
Die populär orientierte Formatöffnung erwies sich im Ergebnis reichweitentechnisch als erfolgreich. So konnte die Stundenreichweite von 100.000 Hörern im Jahr 2000 auf 232.000 Hörer laut Mediaanalyse Radio 2012/I deutlich mehr als verdoppelt werden, was wohl nur mit einer Formatöffnung zu erreichen war. Die Stei-

Fortsetzung Praxisbeispiel Kapitel 4.1

gerung der Reichweite wiederum ging mit einer Verjüngung des Publikums einher, das sich von Lounge-Musik eher angesprochen fühlt als von Wiener Klassik und deutscher Romantik. So wurden die Voraussetzungen dafür geschaffen, dass auch die werbetreibende Wirtschaft zunehmend Klassik Radio als Werbeträger zumindest in Erwägung zieht. Allerdings ist immer noch das trotz Verjüngung weiter vergleichsweise hohe Durchschnittsalter ein Handicap für eine Umsatzentwicklung, die kongruent die Reichweite widerspiegelt.

Probleme einer auf den Kopf gestellten Zielhierachie

Bei genauerem Hinsehen wird deutlich, dass hier die Leistungs- und Finanzziele im Grunde auch ausschlaggebend für die Neuausrichtung übergeordneter Ziele wie Mission und Corporate Identity waren. Die Zielhierarchie wurde bei Klassik Radio so quasi auf den Kopf gestellt. Die ursprüngliche Unternehmensidentität schien nicht mit dem Oberziel einer nachhaltigen Reichweitenerhöhung vereinbar. Ein solches Vorgehen ist jedoch langfristig nicht unproblematisch, was die Identität und das Image eines Unternehmens betrifft. So wurde Klassik Radio ein affirmativ ausgerichtetes Konsumenten-Radio, dem die subversiv-kontroversen Elemente eines echten Kultursenders fehlen. Auf ganze Werke wie mehrsätzige Kammermusik, Sinfonien oder Opern wird heute fast ganz verzichtet. Damit steht Klassik Radio inzwischen durch seine Formataufweichung unter ständigem Aktualisierungsdruck, während der Sender früher eine überzeitlich anmutende Musikrichtung kultivierte. Dabei besteht die Gefahr, dass die Klassik selbst so in den Hintergrund tritt, dass sie als namengebendes, programmprägendes Alleinstellungsmerkmal unkenntlich wird.

Praxisbeispiel Kapitel 4.2

Intendantenwechsel am Theater Lüneburg: Erfolgreiche Maßnahmen nach Positionierungsanalyse

Intendantenwechsel an deutschen Theatern sind oft mit einschneidenden Veränderungen verbunden. Während Kulturkritiker anderenorts besorgt registrieren, dass mit einem Intendantenwechsel immer auch ein meist überflüssiger Austausch der gewachsenen und gelernten Corporate Identity und aller damit zusammenhängenden Identitätsmerkmale verbunden ist, gab es dieses Problem in Lüneburg nicht. Hier galt es, vor allem in diesem Punkt Aufbauarbeit zu leisten und nach einer Phase der Stagnation einen notwendigen Neuanfang zu markieren.

Nachdem Vorgänger Jan Aust zum Ende der Spielzeit 2009/2010 in den Ruhestand verabschiedet worden war, übernahm zu Beginn der Spielzeit 2010/2011 Hajo Fouquet die Intendanz des Lüneburger Theaters. An Häusern wie der Oper Frankfurt am Main, dem Musiktheater im Revier (MIR) in Gelsenkirchen und dem Staatstheater Mainz hatte er Schlüsselerfahrungen sowohl im künstlerischen als auch im administrativen Bereich gesammelt. Ferner hatte Fouquet als Produktionsleiter und Prokurist das »Buddy«-Musical in Hamburg nach betriebswirtschaftlichen Vorgaben aufgebaut.

Fouquet legte fest, die gesamte Institution »Lüneburger Theater« auf ihre künstlerische und gesellschaftliche Positionierung hin zu hinterfragen und diese entsprechend zu überarbeiten. Die relevanten Leistungsmerkmale umfassten dabei u. a. die Auslastung des Theaters, Publikumsstruktur, Kommunikation sowie Image und Ausstattung. SOLL-Ziele waren dabei von vornherein eine hohe Auslastung und das Erreichen jüngerer Zielgruppen bei gesteigerter gesellschaftlicher Relevanz. Diese Ziele waren ferner mit politischen Vorgaben wie der Förderung der Jugendkultur und einer Steigerung der kulturellen Identität Lüneburgs eng verknüpft.

IST-Situation: geringe Auslastung, wenig Relevanz

Die IST-Situation ergab zwar einen beachtlichen Eigenfinanzierungsanteil durch Eintrittskartenverkäufe von im Schnitt deutlich über 20 %, insgesamt kam dennoch zahlenmäßig zu wenig Publikum, das heißt zuletzt noch etwa 85.000 Besucher pro Jahr, was eine Auslastung unter 70 % bedeutete. Über eine Besucherbefragung sollten die Wahrnehmung des Theaters sowie ungenutzte Ressourcen ermittelt und das Wettbewerbsumfeld ausgelotet werden. Die Mehrzahl der überwiegend weiblichen Besucher waren älter als 60 Jahre. Inszenierungen und Aufführungen fanden nur wenig Resonanz als »Talk of the Town«, und an der Universität waren die Spielplan-Ankündigungen erst gar nicht präsent. Manche Lüneburger Studenten fuhren lieber mit dem Semesterticket nach Hamburg, um dort für kleines Geld ins Thalia-Theater zu gehen (vgl. Bödrich 2007).

Eine Marketing-Abteilung existierte am Theater nicht, Aktivitäten zur allgemeinen Publikumsentwicklung und Verjüngung wurden eher sporadisch angegangen. Dem Außenauftritt des Hauses fehlten eine klare Corporate Identity und eine inhaltliche Konzeption zur Öffentlichkeitsarbeit. Der bauliche Zustand des immer wieder architektonisch veränderten Hauses wirkte wenig einladend, das Foyer war kaum der Ort gesellschaftlicher Begegnung oder lebendigen, kulturellen Diskurses. Die meisten Defizite wie der Verzicht auf ein festes Ensemble waren allerdings weniger einer unwilligen Theaterleitung geschuldet als vielmehr einer strukturellen Unterfinanzierung eines Hauses, dessen Existenz aus Kostengründen immer wieder von den politisch Verantwortlichen der Salzstadt diskutiert wurde. Der Vergleich der IST-Situation mit den SOLL-Vorgaben eröffnete somit einigen Handlungsbedarf.

Maßnahmen im Zuge der Positionierungsanalyse

Die auffälligsten Neuerungen außerhalb der Spielplangestaltung nach dem Intendantenwechsel betreffen im Zuge der strategischen Ableitungen aus der Positionierungsanalyse den Zustand der Räumlichkeiten und die Jugendarbeit. Frisch renoviert, strahlt das Foyer

Fortsetzung Praxisbeispiel Kapitel 4.2

heute die luftig-helle Eleganz der Sechziger aus und lädt dazu ein, in bequemem Designer-Mobiliar das verbesserte gastronomische Angebot eines neuen Caterers anzunehmen.

Foto: Theater Lüneburg, Dan Hannen

Im politisch besonders relevanten Education-Bereich dokumentieren 14.000 Schulkinder, die über eine Theater-Flatrate das Haus besuchen, eine erfolgreiche Verjüngung des Publikums. 13.000 Theater-Junioren schauen sich alljährlich das Weihnachtsmärchen an. Drei Pädagogen begleiten die Maßnahmen zum Audience-Development. Zu 350 Vorstellungen mit 36 Premieren eines jetzt festen Ensembles kommen wieder über 100.000 Besucher mit dem Rückgrat von 3.000 Abonnenten. 14 feste Mitarbeiter sind für den Servicebereich zuständig. Nachdem man festgestellt hat, dass vor allem Konzerte für Kinder mit Elternbegleitung erfolgreich sind, hat man auch wieder die Familie stärker fokussiert.

Kommunikation mit Phantasie und Ökologie

Insgesamt muss Phantasie oft Geld ersetzen. Als Fouquet in Lüneburg startete, veranstaltete er mit den 150 Theatermitarbeitern seines Hauses einen wirkungsvollen »Marsch auf das Rathaus«, gleichsam als Prozession für mehr Wahrnehmung durch die Öffentlichkeit und die Verwaltung. Die Ensemble-Mitglieder wurden in den Medien mit Bild vorgestellt. Ein Erkennungsspiel, wo die Bevölkerung ihre Künstler im Stadtleben entdecken sollte, machte den Neuanfang zum aufmerksamkeitsstarken Event. Mittlerweile kommen sogar Besucher aus der weiteren Region, ein gewisser Premieren-Kult mit Party-Stimmung erzeugt ein Wir-sind-wieder-Wer-Gefühl. Und auch vor politischen Below-the-line-Maßnahmen scheut der Intendant bei seiner Arbeit nicht zurück: Seit kurzem ist sein Theater ökozertifiziert als Folge von internen Umstellungen nach einem regionalen Umwelt-Consulting-Projekt: Von der Kantine über das Informationsmaterial und die Drucksachen bis zur Herstellung von Kulissen werden vorrangig nach Öko-Standards zertifizierte Produkte und Dienstleistungen eingesetzt.

5 Strategieentwicklung in Kulturbetrieben

Die Strategie stellt das Verbindungselement zwischen den Marketingzielen und den operativen Marketinginstrumenten in der Konzeptionspyramide (siehe Kapitel 3.3) dar und beschreibt das »Wie« der Zielerreichung, d. h., sie steckt als lenkende Einflussgröße den Rahmen ab, innerhalb dessen sich der Zielerreichungsprozess vollzieht. Strategien sorgen somit dafür, dass die entsprechenden Instrumente zielführend eingesetzt werden. Kennzeichnende Elemente sind (Becker 2013, S. 142 f.):

- das Vorhandensein eines Zielbezugs und einer eindeutigen Handlungsrichtung,
- ein klarer Markt- und Umweltbezug,
- ein mittel- bis langfristiger Charakter,
- die Festlegung verbindlicher konstanter Grundsatzregelungen für Aktivitäten der Beteiligten.

Strategien lassen sich nach unterschiedlichen Gesichtspunkten systematisieren und sind i. d. R. auf einen bestimmten Unternehmensbereich, in diesem Fall auf das Marketing, bezogen. Eine grundsätzliche Strategieausrichtung ist dabei eng an den Unternehmenstyp geknüpft (Kapitel 5.1). Marketingspezifisch stellt schließlich die Marktsegmentierung (Kapitel 5.2) nach spezifischen Zielgruppen auf der Grundlage vorhergegangener Analysen (siehe Kapitel 4) eine wichtige Basisstrategie dar, von der aus Geschäftsfeldstrategien (Kapitel 5.3) sowie Marktteilnehmerstrategien (Kapitel 5.4) entwickelt werden können. Weiterhin bezieht sich strategisches Vorgehen auf Maßnahmen, durch die das Unternehmen nach innen und außen kommuniziert und so mit seinen unterschiedlichen Anspruchsgruppen in Verbindung tritt, wie es bei der Konzeption einer Corporate Identity (Kapitel 5.5) sowie bei der Markenbildung (Kapitel 5.6) der Fall ist. Als besondere Herausforderung des Kulturmarketings gilt es auch hier, die Besonderheiten im Kulturbereich sowie der Organisation nicht kommerzieller Kulturbetriebe zu berücksichtigen.

5.1 Unternehmenstypenbezogene Strategiebildung

Bereits die verschiedenen Faktoren des Marktumfelds bzw. die Rahmenbedingungen, die diese liefern, verlangen von Kulturbetrieben eine entsprechende strukturelle Anpassung in Form von unternehmensspezifischen Strategien, damit sie ihre Ziele erreichen und am Markt bestehen können, d. h. Wettbewerbssituation, Marktanteile etc. dynamisch mitgestalten können. In ertragswirtschaftlicher Perspektive bedeutet unternehmensspezifisch, dass bestimmte charakteristische Eigenschaften des Unternehmens, wie der spezifische Produkt- bzw. Marktbereich, die Beschaffenheit interner Prozesse und Strukturen sowie die vorhandenen technologischen Voraussetzungen diesen Anpassungsprozess mitbestimmen (vgl. Miles/Snow 1978, S. 32 f.). Dabei können insbesondere vier Modell-Typen unternehmerischer Anpassung unterschieden werden: der **Defender, Prospector, Analyzer und Reactor**, welche unterschiedliche Strategieansätze im Umgang mit den spezifischen Problemstellungen und Herausforderungen bei sich verändernden Marktbedingungen besitzen (ebenda). Gerade Kulturbetriebe sehen sich in den letzten Jahren gleich mit einer

Vielzahl an Marktveränderungen konfrontiert, welche Finanzierungslage, Nachfrage, Wettbewerb sowie Anforderungen von öffentlicher Seite umfassen und auch sie entwickeln innerhalb von Anpassungsprozessen Typologien, die sich in diesem Schema einordnen lassen (vgl. Abb. 5.1).

Typ	Charakteristika/Strategie	Beispiel	Vorteile/Nachteile
Defender	■ besitzt feste Angebotspalette an Produkten oder Dienstleistungen ■ Orientierung an klar definiertem Marktsegment.	z. B. lokale Galerien oder Theater mit thematischen oder stilistischen Schwerpunkten wie kleinere regionale Theater mit beständigem Repertoire sowie Inszenierungsform, welche ein gewisses Stammpublikum anspricht.	+ beständige Qualität + fester Besucherstamm - geringe Differenzierbarkeit bei zunehmendem Wettbewerb - grundlegende Verschiebungen innerhalb der Branche (z. B. ›aussterbendes‹ Publikum) als Risiko.
Prospector	■ breite Angebotspalette, die fortlaufend weiterentwickelt wird ■ nutzt neue Marktchancen ■ investiert in Innovation.	vor allem im privat geförderten Bereich der Medien, wo hoher Innovationsdruck herrscht und die Entwicklung neuer Formate auch mit der von Begleitprodukten einhergeht (z. B. Events oder Internetplattformen).	+ Innovator in einer Branche + kann auf Umfeldveränderungen stets reagieren - Risiko von Fehlinvestitionen.
Analyzer	■ sucht nach neuen Produkt- sowie Marktmöglichkeiten ■ gleichzeitig Bewahren von beständigem Produktkontingent ■ umfangreiche Marktbeobachtung ■ Nachahmen von Innovationen.	z. B. Museen, die bei gleichbleibendem hochwertigem Ausstellungsangebot zugleich Innovationen z. B. von kommerziellen Dienstleistern übernehmen wie z. B. mediale Vermittlungsformen, unterhaltungsbetonte Ausstattungselemente, zusätzliche Beratungs- und andere Serviceleistungen.	+ Entwicklungsinvestitionen werden gering gehalten + Innovation und gleichzeitiger Qualitätserhalt - Schwierigkeit der Balance zwischen produkt- und marktgerichteter Stabilität und Flexibilität.
Reactor	■ keine konsistenten Anpassungsschemata ■ keine geeignete Strategie ■ Übergangstypus.	öffentliche Kulturbetriebe, denen im Zuge von Teilprivatisierung und Trägerschaftswechsel eine strategische Ausrichtung sowie die strukturelle Grundlage für das konsequente Handeln am Markt fehlt.	- können nicht gezielt auf äußere Veränderungen reagieren - besitzen keine definierte Marktposition.

Abb. 5.1: Schema mit Unternehmenstypen

5.2 Marktsegmentierung und Zielgruppenbildung

Eine der wichtigsten strategischen Optionen des Marketings, welche der Identifikation von Zielgruppen vorangeht, stellt die Marktsegmentierung dar. Dabei geht es um das Aufteilen des relevanten Marktes in homogene Untergruppen von Nachfragern, hier also Kulturkonsumenten, wobei jede dieser Gruppen als eigener Zielmarkt ausgewählt werden kann, welcher dann mit den dafür spezifischen Marketinginstrumenten bearbeitet wird (vgl. Becker 2013, S. 247). Entsprechend gilt es, die Ansprüche und Erwartungen der Kulturkonsumenten, die innerhalb eines bestimmten Segments gruppiert werden können, zu identifizieren und über entsprechende Maßnahmen der Absatz- und Servicepolitik zu bedienen. Hier eröffnet auch die Kenntnis über verschiedene konsumentenbezogene Verhaltensweisen die Möglichkeit einer gezielten und ausdifferenzierten Marktsegmentierung.

Segmentierungen werden häufig an sozio-demografischen Kundenmerkmalen ausgerichtet, wie Alter, Geschlecht, sozialer Status, Einkommen, Bildung, Haushaltsgröße, Familienstand und Beruf sowie geografischen Kriterien wie Herkunft, Wohnort, Land und Region (vgl. Becker 2013, S. 250 f.). Da diese Kriterien jedoch oftmals nicht ausreichen, um Gruppen mit übereinstimmendem Kaufverhalten zu identifizieren, wird heute bei der Zielgruppenbestimmung zudem auf psychografische Kriterien zurückgegriffen. Diese umfassen allgemeine Persönlichkeitsmerkmale, Gewohnheiten und Lebensstile sowie Einstellungen und Präferenzen (ebenda S. 256). Auch für Kulturbetriebe empfiehlt es sich, diese Abgrenzung aus der Sicht der Besucher vorzunehmen, wobei neben den typischen sozio-demografischen Merkmalen auch vor allem die Lebensstile der Besucher ein wichtiges Differenzierungskriterium darstellen. So können beispielsweise gezielt Angebote für Kinder und Jugendliche innerhalb des Spielplans eines Theaters oder durch entsprechende museumspädagogische Einrichtungen geschaffen werden, genauso wie spezifische Ausstellungen oder Lesungen für ein eher traditionelles oder jung(gebliebene)es, modernes Publikum gestaltet werden können.

Konsumententypologien

Der Einsatz von Konsumententypologien in der Marketingplanung von Kulturbetrieben dient zur präzisen Bestimmung der strategischen Zielgruppen. Sind diese bekannt, lassen sich zielgruppenspezifische Marketingentscheidungen leichter definieren und Strategien lassen sich besser auf die eigenen Zielgruppen zuschneiden. Umfangreiche Untersuchungen zum Kulturnutzerverhalten im Allgemeinen werden beispielsweise regelmäßig vom Zentrum für Kulturforschung (ZfKf) herausgebracht, welche einen Überblick über verschiedene demografische und lebensstilspezifische Faktoren der Kulturnutzung geben (vgl. Keuchel 2012). Wie Abbildung 5.2 zeigt, können dabei verschiedene Abgrenzungskriterien herangezogen werden (vgl. Koch 2002, S. 124 ff.).

Abgrenzungskriterium	Operationalisierung
1. sozio-demografische Kriterien	
Geographisches Einzugsgebiet	Lokale/auswärtige Besucher
Geographische Distanz zum Kulturbetrieb	Nahbesucher/Fernbesucher
Nationalität	Deutschsprachiger/fremdsprachiger Besucher
Alter	Kinder/Jugendliche/Twens/Eltern/Rentner
Geschlecht	Männer/Frauen
Bildungstätigkeit	Schüler/Azubi/Student/erwerbstätig/arbeitslos
2. verhaltensbezogene Kriterien	
a) Allgemeines Kultur- und Freizeitverhalten	
Besuchsfrequenz von Kulturbetrieben	Wiederholung von Besuchen
Besuchssequenz von Kulturbetrieben	Stamm-/Gelegenheits-/potenzieller Besucher
Häufigkeit anderer Freizeitaktivitäten	Häufigkeit pro Woche und Monat
Alternativen bei der Kulturnutzung	Museum/Theater/Konzerte/Oper/sonstiges
b) Entscheidungsbildung und Nutzungsinteresse am Kulturbesuch	
Besucher in Begleitung	Kind/Partner/Freunde
Geselligkeit	Individualbesucher/Gruppenbesucher
Aktivitäten vor und nach dem Besuch	Einkaufen/Stadtbesichtigung/weiterer Kulturbesuch
Zeitpunkt der Entschlussfassung zum Besuch	Spontan/gestern/letzte Woche/längere Planung
Auslöser des tatsächlichen Besuchs	Fest geplant/übliche Freizeitgestaltung/spontan/Verabredung
Aufenthaltsdauer	Anzahl der Stunden
3. Einstellungsbezogene, psychografische Kriterien	
Interessenfokus	Kulturinteresse aufgrund von Ausbildung/Beruf/soziale Gründe/allgemeines Interesse
Motive, Persönlichkeit, Interessen, Meinungen	Traditionsgebunden/sozial aufgeschlossen/sachlich/introvertiert/unkonventionell/Ästhet/Bildungsbürger/Avantgardist/Pflichtbesucher

Abb. 5.2: Zielgruppenspezifische Abgrenzungskriterien

5.3 Geschäftsfeldstrategien

Geschäftsfeldstrategien beziehen sich auf die Aktivitäten der einzelnen Geschäftseinheiten eines Unternehmens, z. B. verschiedene Sparten im Theater oder unterschiedliche Servicebereiche einer Bibliothek, und tragen zu der Verwirklichung ihrer Ziele bei (siehe Kapitel 4.1). Sie betreffen sowohl die optimale Anpassung und Kommunikation von Serviceleistungen, die sich rund um das kulturelle Produkt entsprechend den Marktanforderungen erstrecken, als auch die Konzeption einer möglichst optimalen Ansprache für ein heterogenes Kulturpublikum. Zu den relevanten Geschäftsfeldstrategien für Kulturbetriebe können gezählt werden:

- die **Abgrenzung der strategischen Geschäftsfelder** und darauf aufbauend
- **Marktfeldstrategien** sowie
- **Marktabdeckungsstrategien**.

5.3.1 Abgrenzung strategischer Geschäftsfelder

Die Abgrenzung strategischer Geschäftsfelder hilft bei der Präzisierung der Aufgabenstellung für den jeweiligen Unternehmensbereich und bei der Zielgruppendefinition. Die vorhandenen Ressourcen wie Eigeneinnahmen, Subventionen und Spenden, aber auch Mitarbeiterkräfte können so den strategischen Geschäftseinheiten zugeordnet und letztlich zielgerichteter eingesetzt werden. Damit können beispielsweise auch die Einnahmen nach den jeweiligen Geschäftsbereichen zugeordnet werden. Strategische Geschäftsfelder weisen folgende Merkmale auf (vgl. Meffert et al. 2012, S. 266):

- Sie besitzen eine **eigenständige Marktaufgabe**, die auf die Lösung besucherbezogener Problemstellungen ausgerichtet ist.
- Sie treten als **eigenständige Marktteilnehmer** mit eindeutig identifizierbaren Wettbewerbern auf.
- Sie **erlauben** die Formulierung und **Implementierung eines strategischen Handlungsplans**.
- Sie liefern einen **eigenständigen Beitrag zur Steigerung des Erfolgspotenzials** des Unternehmens (monetär oder nicht-monetär).

Ein Beispiel für strategische Geschäftsfelder im Kulturbereich wäre ein großes Theater, das über verschiedene Sparten verfügt. Wenn diese Sparten selbstständig am Markt agieren und über gewisse wirtschaftliche Unabhängigkeit verfügen (eigener Etat), so entspräche dies Geschäftsfeldern in einem großen Unternehmen (vgl. Hausmann 2005, S. 88):

- Opernaufführungen
- Operetten
- Konzerte des eigenen Orchesters
- Musicals
- Schauspiel
- Kindertheater

- Tanztheater
- Autorenlesungen und Vortragsreihen
- Theatergastronomie
- Theatershop.

Durch diese Abgrenzung ergibt sich außerdem die positive Ertrags- bzw. Einspielquote einzelner Geschäftsfelder. Während hierbei unrentable Geschäftsfelder kommerzieller Unternehmen ohne Weiteres aufgegeben werden können, ist deren Erhalt bei nicht kommerziellen Kulturbetrieben oftmals durch ihre übergeordneten Ziele und die Unternehmensmission (siehe Kapitel 4.1) festgeschrieben. Die Zuordnung von Ressourcen wird in diesem Fall häufig so organisiert, dass Geschäftsfelder mit niedriger Einspielquote (beispielsweise Tanztheater und Konzerte) in einem Querverbund von Geschäftsfeldern mit höherer Ertrags- bzw. Einspielquote (beispielsweise Gastronomie oder Schauspiel) mitfinanziert werden, um die Angebotsvielfalt zu sichern.

5.3.2 Marktabdeckungsstrategien

In Folge der Festlegung der internen strategischen Geschäftsfelder, befassen sich die Marktabdeckungsstrategien mit der Festlegung, zu welchem Grad der relevante Markt abgedeckt werden soll, d. h., inwieweit die Angebote der jeweiligen Geschäftsfelder in den gegebenen Spielräumen der Marktgegebenheiten gestaltet und angeboten werden sollen. Dabei besteht die Möglichkeit, den gesamten Markt durch ein breites Angebot an Dienstleistungen abzudecken, das hieße z. B. im Theatermarkt sämtliche Sparten und mögliche thematische Ausrichtungen anzubieten. Eine solche **Gesamtmarktstrategie** kann jedoch nur von solchen Betrieben bedient werden, die aufgrund ihrer Größe und Ressourcen ein entsprechendes Angebot vorhalten können, was bei den wenigsten Kulturbetrieben der Fall ist. Vielmehr sind für diese Kulturbetriebe **Teilmarktstrategien** relevant, welche ihre Angebote auf eine oder mehrere zuvor differenzierte Zielgruppe(n) ausrichten. Das Gesamtangebot ist entsprechend, wie bei den meisten Kulturbetrieben, inhaltlich oder auch räumlich eingegrenzt.

Marktbearbeitungsstrategien

Innerhalb dieser Eingrenzung können verschiedenen Alternativen im Rahmen von **Marktbearbeitungsstrategien** ausgewählt werden (Abb. 5.3). Für Dienstleistungsunternehmen können hierbei unterschieden werden (Meffert/Bruhn 2012, S. 260):

- undifferenzierte Marktbearbeitung,
- differenzierte Marktbearbeitung,
- »Segment-of-One-Approach«.

Marktbearbeitungs-strategie	Voraussetzungen	Strategiemerkmal	Anwendung für Kulturbetriebe
Undifferenzierte Marktbearbeitung	▪ hohe Standardisierbarkeit ▪ homogene Nachfrage	Sämtliche Marktsegmente bzw. Kundengruppen werden mit einheitlichem Marketinginstrumente-Einsatz bearbeitet.	Nicht geeignet, da Kulturgüter nicht standardisierbar sind
Differenzierte Marktbearbeitung	▪ Differenzierungspotenzial des Marktes ▪ heterogenes, segmentierbares Käuferverhalten	Abstimmung der Marketinginstrumente auf jedes Marktsegment, bzw. spezifisch auf jede Zielgruppe	Besonders geeignet für Kulturbetriebe, um eine breite Bevölkerungsschicht mit einem differenzierten Angebot anzusprechen
»Segment-of-one-Approach«	▪ genügender Kundenwert ▪ Qualifikation des Personals für die Leistungserstellung	Erstellung und Vermarktung einer einzelnen individuellen Leistung, ausgerichtet auf die Kundenwünsche	Geeignet für Betriebe mit entsprechenden Ressourcen zur Ausrichtung auf Einzelveranstaltungen

Abb. 5.3: Marktbearbeitungsstrategien

5.3.3 Marktfeldstrategien

Für eine grobe Strukturierung der marktgerichteten strategischen Alternativen, durch die einzelne Unternehmensziele erreicht werden sollen, eignet sich die Erstellung einer Matrix der Marktfeldstrategien (vgl. Abb. 5.4). Diese setzt bestehende oder neue Dienstleistungen ins Verhältnis zu einem bestehenden oder neuen Markt (vgl. Ansoff 1966, S. 13 ff., Meffert/Bruhn 2012, S. 238 ff.):

		Märkte	
		gegenwärtig	neu
Dienstleistungen	gegenwärtig	**Marktdurchdringung** = Erhöhen der Nachfrage in bestehenden Märkten – Generieren von Wieder-/Mehrfachbesuch – Neubesuchergewinnung	**Marktentwicklung** = Schaffung eines neuen Marktes für bereits bestehende Leistungen – Gewinnung neuer Nachfragersegmente
	neu	**Dienstleistungsentwicklung** = neue, innovative Dienstleistungen für bestehende Besucher – Besucherbindung stärken – Aufmerksamkeit und Neugier potenzieller Kunden wecken	**Diversifikation** = Schaffung neuer Dienstleistungen für neue Märkte – Gewinnung neuer Nachfragersegmente – Aufmerksamkeit und Neugier potenzieller Besucher wecken

Abb. 5.4: Marktfeldstrategien

Marktdurchdringung: Bei der Marktdurchdringung soll die Nachfrage bzw. die Reichweite in bestehenden Märkten erhöht werden. Dazu können entweder neue Anwendungsbereiche der Dienstleistungen geschaffen werden, oder aber der Bedarf für diese Bereiche wird (künstlich) gesteigert, um die bestehenden Leistungen in größerem Umfang abzusetzen (Meffert/Bruhn 2012, S. 238 f.). In Kulturbetrieben ist diese Strategie an die Gewinnung von Wiederholungsbesuchern sowie an die von Erstbesuchern geknüpft. Wiederholungsbesucher können z. B. durch Maßnahmen der Kundenbindung (wechselndes Angebot, Vorteile bei Mehrfachbesuch, Rabatte etc.) gewonnen werden. Um Neukunden zu erreichen, müssen dagegen die Vorzüge des eigenen Unternehmens besonders deutlich herausgestellt oder Anreize (beispielsweise Preisreduktion) zum Wechsel gegeben werden, welche von entsprechenden Kommunikationsmaßnahmen begleitet werden.

Marktentwicklung: Im Zuge einer Marktentwicklung können entweder neue Märkte durch eine geographische Ausdehnung erschlossen oder aber neue Verwendungszwecke für Dienstleistungen geschaffen werden. Neue Nachfragersegmente können durch eine zielgruppenspezifische Leistungsdifferenzierung oder durch strategische Kommunikationsmaßnahmen erreicht werden (Meffert/Bruhn 2012, S. 239 ff.). Für eine regionale Kulturorganisation gestaltet sich die räumliche Ausdehnung recht schwierig, in begrenztem Maße ist sie beispielsweise durch Gastspiele und Tourneen möglich. Neue Verwendungszwecke können durch die Vermietung eines Theaters für die Feierlichkeiten einer Firma etc. geschaffen werden. Nachhaltig erscheint außerdem die Gewinnung neuer Besuchergruppen durch zielgruppengerichtete Angebote oder neue Formate (Kindertheater, Familienrabatt, Einführungen für Schulklassen, Museumsnacht etc.).

Dienstleistungsentwicklung: Bei der Entwicklung neuer Dienstleistungen können entweder echte Marktneuheiten (beispielsweise ein Online-Buchungssystem für ein Theater oder eine Museumsnacht im Sinne eines neuen Dienstleistungsformates) oder zusätzliche Dienstleistungsvarianten (zielgruppengerichtete, theaterpädagogische Leistungen, Erweiterung des gastronomischen Angebotes, neue Zahlungsvarianten bei der Buchung etc.) geschaffen werden. Dabei können die benannten Formen der Dienstleistungsentwicklung jedoch auch ineinander übergehen (Meffert/Bruhn 2012, S. 241 f.).

Diversifikation: Bei der Diversifikationsstrategie werden neue Dienstleistungen für neue Marktsegmente geschaffen. Drei Formen der Diversifikation lassen sich hierbei unterscheiden (Meffert/Bruhn 2012, S. 243 f.):

1. Die **horizontale** Diversifikation umfasst die Aufnahme neuer Leistungen oder auch Sachgüter in das eigene Leistungsspektrum. Dabei werden diese jedoch noch mit dem bestehenden Programm in Verbindung gebracht. Ein Theater könnte sein Leistungsspektrum beispielsweise durch Gastspiele erweitern und dadurch neue Zielgruppen ansprechen oder im Foyer des Hauses eine Ausstellung anbieten, die mit einem bestimmten Stück des Programms in Verbindung steht.
2. Die **vertikale** Diversifikation ist eine Vergrößerung der Wertschöpfungstiefe des eigenen Leistungsspektrums. Diese kann sich auf die Richtungen »Absatz« und »Vor-Produktion« beziehen. Ein Theater könnte z. B. den künstlerischen Nachwuchs in einer eigenen Schauspielschule unterrichten. In Richtung des Absatzes hilft die Einführung eines eigenen Ticketsystems, um die Kosten der Auslagerung dieser Leistung zu sparen.

3. Bei der **lateralen** Diversifikation betritt das Unternehmen für sich völlig neue Märkte. Durch die Eröffnung eines Theatercafés bezieht sich das Haus nicht mehr nur auf das Kerngeschäft »Theateraufführungen«, sondern es betritt auch den gastronomischen Markt. Gleiches würde für die Einrichtung einer fachspezifischen Buchhandlung im Museum gelten. Die Vermietung von Räumlichkeiten z. B. für Hochzeiten und die Ausrichtung von Kongressen zählen ebenfalls zu den Möglichkeiten, über eine laterale Diversifikation neue Maktsegmente zu erschließen. Hausmann (2005, S. 91) weist darauf hin, dass hier nur eine laterale Diversifikation vorliegt, wenn diese neuen Einrichtungen in Eigenregie vom Kulturbetrieb betrieben werden. Da diese Aktivitäten spezifische Kompetenzen erfordern und oftmals hohe Investitionen verlangen, sind dem Kulturbetrieb hier enge Grenzen gesteckt. Bei gemeinnützigen Einrichtungen gilt es zudem oftmals, z. B. steuerrechtliche Restriktionen zu beachten.

5.4 Marktteilnehmerstrategien

Marktteilnehmerstrategien beziehen sich auf die marktteilnehmerübergreifende Bearbeitung des ausgewählten Marktes. Dabei soll das optimale Verhalten des Dienstleistungsanbieters gegenüber den übrigen Marktakteuren (siehe Kapitel 2) festgelegt werden (Meffert/Bruhn 2012, S. 263). Die Marktteilnehmerstrategien können für Kulturbetriebe in die publikumsbezogenen Strategien des Audience Development und in wettbewerbsbezogene Strategien unterteilt werden (Abb. 5.5).

Audience-Development-Strategien (publikumsbezogen)	Wettbewerbsbezogene Strategien
■ Besucherakquisitionsstrategie ■ Besucherbindungsstrategie ■ Besucherrückgewinnungsstrategie	■ Ausweichstrategie ■ Anpassungsstrategie ■ Konfliktstrategie ■ Kooperationsstrategie

Abb. 5.5: Marktteilnehmerstrategien

5.4.1 Audience Development

Die Besucher sind eine der wichtigsten Anspruchsgruppen von Kulturbetrieben, daher gebührt ihnen auch im Rahmen der Strategiefestlegung besondere Aufmerksamkeit. Unter dem Begriff des Audience Development werden die verschiedenen Strategien zur Gewinnung und Bindung neuen Kulturpublikums zusammengefasst. Ziele des Audience Development können sowohl die quantitative Erhöhung der Besucherzahlen sein, wie auch in besonderem Maße die Gewinnung neuer, bisher kulturferner Publikumskreise. Dadurch werden sowohl Vermittlungsziele eines Kulturbetriebs als auch kulturpolitische Strategien verfolgt (vgl. Mandel 2011, S. 13). Auf operativer Ebene gilt es schließlich, die Programme, Präsentationsformate und Kommunikationskanäle eines Kulturangebots so zu gestalten, dass sie von den relevanten Zielgruppen wahrgenommen werden, jedoch stets unter Berücksichtigung des Vorrangs des Kulturguts und dessen spezifischen Eigenschaften. Diese vielfältigen Bezüge machen Audience-Development-Strategien zu einer institutionellen Querschnittsaufgabe (vgl. Siebenhaar 2009, S. 13), welche in verschiedenen Bereichen wie Marketing, PR und Vermittlung gleichermaßen verortet werden kann. Das übergreifende strategische Vorgehen lässt sich dabei in vier Schritten beschreiben (vgl. Mandel 2011, S. 10):

1. **Definition von Mission und Zielen hinsichtlich der Besucherentwicklung:** Der Kulturbetrieb muss sich die Frage stellen, welche (neuen) Zielgruppen er erreichen will.
2. **Zielgruppen- und Nutzungsforschung:** Das Ziel hierbei ist es, die Motive des Publikums für den Besuch herauszufinden und Barrieren aufzudecken, die vom Besuch abhalten. Sowohl eigene als auch bereits bestehende Studien können hierzu herangezogen werden.
3. **Entwicklung von Programmformaten und Kommunikationsformen:** Diese werden auf Grundlage der aus der Zielgruppenforschung hervorgehenden Erkenntnisse entwickelt und sind auf eine gezielte Ansprache der gewünschten Zielgruppen ausgerichtet.
4. **Entwicklung von Bindungsstrategien:** Diese zielen im Anschluss an die Gewinnung neuen Publikums darauf ab, aus Erstbesuchern Stammbesucher zu machen.

Audience Development ist somit ein langfristiger Prozess, bei dem sich der Kulturbetrieb einer konsequenten Besucherorientierung verschreibt (vgl. Mandel 2011, S. 11 f.), wodurch sich vielfältige Möglichkeiten einer langfristigen Besuchergewinnung und Besucherbindung ergeben (vgl. Konzept des Beziehungsmarketings Kapitel 3.2). Dieser Prozess beinhaltet gleichsam verschiedene Stadien, bei denen verschiedene besucherbezogene Strategien zur Anwendung kommen. Angewendet auf den Bereich des Beziehungsmarketings hat Bruhn (2013:2, S. 65 f.) einen Beziehungszyklus beschrieben, der sich, wie in Abbildung 5.6 dargestellt, auch auf den Kulturbereich als Besucher-Beziehungszyklus übertragen lässt. Demnach lassen sich die Optionen Besucherakquisition, Besucherbindung und Besucherrückgewinnung unterscheiden.

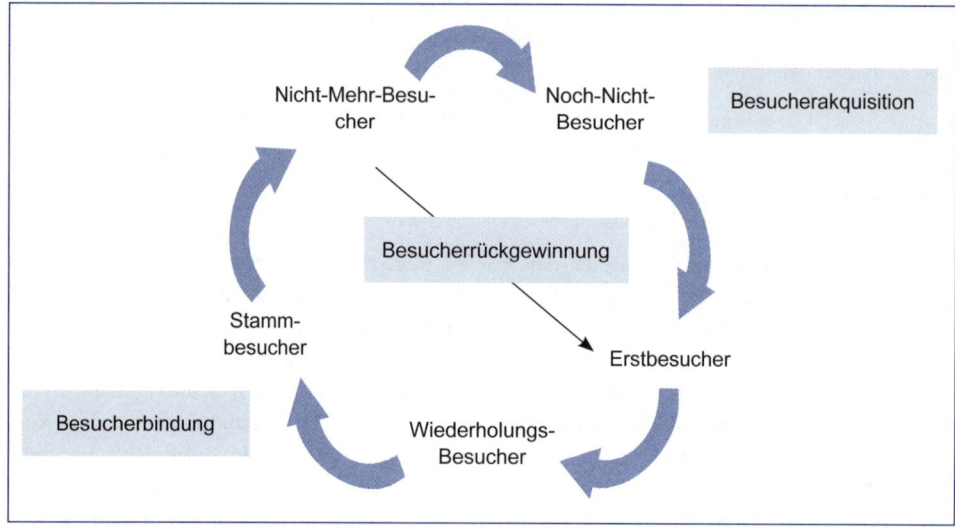

Abb. 5.6: Besucher-Beziehungs-Zyklus

Besucherakquisitionsstrategie

Diese Strategie geht mit Schritt 3 der Audience-Development-Strategie einher und verfolgt Ziele wie die Erhöhung von Besucherzahlen oder die Kompensation von Besucherverlusten in einem bestimmten Segment (beispielsweise Abonnenten). Akquiriert werden sollen dabei solche Zielgruppen, die z. B. profitabler sind als die aktuellen oder früheren Zielgruppen (Meffert/Bruhn 2012, S. 264). Entsprechend erfolgt auch die Akquisition zielgruppenspezifisch. Neue Formate wie beispielsweise Events (Tag der offenen Tür, Schnupperangebote) können hier eingesetzt werden, um die Aufmerksamkeit von Zielgruppen zu erreichen und auch um Hemmschwellen zu senken, indem Kunst und Kultur in einem neuen Kontext präsentiert werden. Auf kommunikationspolitischer Ebene kann Besucherakquisition ferner durch PR-Maßnahmen (Berichterstattung in der Presse, öffentliche Aufführung von Ausschnitten aus der aktuellen Produktion usw.) begleitet werden.

Besucherbindungsstrategie

Die neu gewonnenen und auch die bereits vorhandenen Besucher sollen möglichst langfristig an die Einrichtung gebunden bleiben, denn die Akquisition von Neubesuchern ist stets auch mit Kosten verbunden. Dies steigert einerseits den Nutzen für die Besucher, bedeutet andererseits aber auch Kostenersparnisse für den Kulturbetrieb. Besucherbindungsstrategien gewinnen zudem in Zeiten des zunehmenden Wettbewerbs an Bedeutung. Das Ziel dieser Strategie ist der Aufbau von auf Vertrauen basierenden Beziehungen zwischen dem Kulturbetrieb und dessen Besuchern. Solche langfristigen Besucherbindungen sind mit folgenden Vorteilen verbunden:

- Anstieg der Wiederbesuchswahrscheinlichkeit
- Anstieg der Häufigkeit der positiven Weiterempfehlungen
- Senkung von Transaktionskosten (= jegliche Kosten zur Durchführung der Transaktion: Zeit zur Informationssuche, Aufwand der Kontaktaufnahme etc.)
- Erhalt der Existenzberechtigung innerhalb kulturpolitischer Legitimitätsdiskussionen.

	Verbundenheitsstrategie	Gebundenheitsstrategie
Besucherbindende Aktivitäten des Theaters	Management der Besucherzufriedenheit und des Besuchervertrauens	Aufbau von Wechselbarrieren für den Besucher
Bindungswirkung	Besucher will nicht wechseln	Wechsel ist mit Kosten verbunden
Freiheit des Besuchers	uneingeschränkt	eingeschränkt
Bindungsinteresse	geht vom Besucher aus	geht vom Theater aus
Bindungszustand des Besuchers	Verbundenheit	Gebundenheit
Resultat	Zufriedenheit	Gefahr der Unzufriedenheit

Abb. 5.7: Verbundenheits- und Gebundenheitsstrategie

Entsprechend der Ursachen für die Besucherbindung lassen sich die Verbundenheits- und die Gebundenheitsstrategie unterscheiden. Die Verbundenheit mit einer Einrichtung beruht auf psychologischen Aspekten (Besucherzufriedenheit) sowie auf Freiwilligkeit und wird vom Besucher als Vorteil wahrgenommen. Eine Gebundenheit hingegen wird durch den Aufbau von Wechselbarrieren erzielt. Diese Art der Bindung basiert meist auf ökonomischen oder vertraglichen Gründen (z. B. beim Abonnement). Ein Wechsel ist hier nur in Verbindung mit finanziellen Einbußen für den Kunden möglich. In Anlehnung an Klein (2011, S. 264) können für diese beiden Strategien folgende Kennzeichen genannt werden, wie in Abbildung 5.7 (vgl. S: 101) am Beispiel eines Theaters dargestellt.

Besucherrückgewinnungsstrategie

Wenn der Besucherstamm durch eine hohe Fluktuation gekennzeichnet ist, bietet sich eine Besucherrückgewinnungsstrategie an. Dabei werden zunächst die Gründe für den Wechsel identifiziert, um darauf reagieren zu können. Abwandern können die Kunden natürlich nur, wenn entsprechende Alternativen vorhanden sind oder sie nehmen überhaupt kein entsprechendes Angebot mehr war. Die Rückgewinnung meint nicht nur den Wiederbesuch der tatsächlich Abgewanderten, sondern versucht auch die abwanderungsgefährdeten Besucher zu binden. Dafür bietet sich an, Gründe für eine mögliche Abwanderung möglichst frühzeitig zu identifizieren. Die Rückgewinnung ist für den Kulturbetrieb sehr häufig profitabler als die Neu-Akquisition und sollte deshalb auch vor dieser in Betracht gezogen werden, insbesondere da durch die Rückgewinnung von Besuchern einer negativen Weiterempfehlung vorgebeugt werden kann. Zur Rückgewinnung bieten sich im Bereich des Dienstleistungsmarketings folgende strategische Optionen an (Meffert/Bruhn 2012, S. 268), die auch auf Kulturbetriebe übertragen werden können:

- **Kompensationsstrategie:** Gutscheine oder Ermäßigungen, wenn bestimmte Leistungen Mängel aufweisen
- **Nachbesserungsstrategie:** Verbesserung der bestehenden Leistungen, z. B. Museumsführung
- **Stimulierungsstrategie:** Wiederaufnahme der Beziehungen durch Einladungen, Promotion etc.
- **Überzeugungsstrategie:** Entwicklung von neuen Leistungen gemäß den Kundenbedürfnissen, z. B. flexiblere Abonnementformen.

Übergreifende Strategien des Audience Developments

In seiner konsequenten Ausrichtung am Besucher nehmen Strategien des Audience Developments aktuelle Entwicklungen in der Gesellschaft auf, die sich auch auf die Besucherstrukturen für Kulturbetriebe auswirken. Vor allem Erlebnisorientierung, prosumerorientierte Ansätze und der demografische Wandel sind hier zu nennen, die aktuell Audience-Development-Strategien übergreifend beeinflussen.

Eine zunehmende **Erlebnisorientierung** führt innerhalb des Audience Developments zu besucherorientierten Erlebniskonzepten, welche sich in entsprechenden Inszenierungsformen niederschlagen. Teilweise werden dabei Aspekte des Erlebnismarketings eingebunden. Diese umfassen u. a. Interaktivität, neue und überraschende Eindrücke, soziale und individuelle Austauschmöglichkeiten sowie multisensuale und emotionale Ansprachemöglichkeiten (vgl. Ober-Heilig/Bekmeier-Feuerhahn/Sikkenga 2012). Diese lassen sich bei Museen z. B. im Ausstellungsdesign und über Vermittlungsformen realisieren, bei Kulturleistungen mit performativem Charakter dagegen z. B. in der szenischen Gestaltung der Aufführung und über den Grad der Publikumseinbindung, womit auch eine Überschneidung mit prosumerorientierten Ansätzen entsteht.

Prosumerorientierte Ansätze schlagen sich in inszenierten Prosumtionsformen seitens der Kulturanbieter nieder. Panzer (2009, S. 142 f.) beschreibt zwei strategische Dimensionen inszenierter Prosumtion: Bei der ersten Dimension wird der Prozess künstlerischer Produktion öffentlich zugänglich. Die Präsentation von Werken erhält dabei Eventcharakter, bei dem die kollektive Partizipation des Publikums auch die Rezeptions- und Vermittlungsqualität bereichert (ebenda, S. 143). Solche prosumtiven Events finden sich inzwischen bei Dichterlesungen, Kunstmessen oder Open-Air-Festivals wieder. Die zweite Dimension inszenierter Prosumtion geht noch einen Schritt weiter, indem die Werkqualität durch aktive Einbeziehung des Publikums beeinflusst wird. Die Kulturnutzer werden so zu Co-Produzenten und damit entweder selbst zu einem Teil des Werks wie bei Laientheaterprojekten oder Performance- und Aktionskunst oder geben durch ihr Einwirken entscheidende Impulse zur Werkvollendung.

Die Berücksichtigung von Effekten des **demografischen Wandels** innerhalb von Audience-Development-Strategien hat durch die hohe gesellschaftliche Relevanz dieses Themas besonders tiefgreifenden Charakter. Die Rahmenbedingungen, die durch ein tendenziell abnehmendes, alterndes und internationaleres Kulturpublikum geschaffen werden, erfordern grundsätzliche Überlegungen zu Besuchergewinnung und -bindung. Dreyer (2007, S. 12) fasst hierzu folgende strategische Ausgangspunkte zusammen:

- **Lebensphasenorientierte Nutzerbindung:** Ansprache und Betreuung potenzieller Besucher ausgerichtet an ihren Lebensphasen.
- **Frühzeitiger Aufbau von Verbundenheit:** Gezieltes Eingehen auf insbesondere junge Besucher.
- **Direkte Zielgruppenansprache:** Individuelle Ansprache von Besuchern.
- Verbundenheit durch **emotionale Ansprache der Zielgruppen** erzeugen: Ansprache von Besuchern über kognitive Inhalte hinaus.

5.4.2 Wettbewerbsbezogene Strategien

Die wettbewerbsbezogenen Strategien bestimmen das Verhalten eines Unternehmens gegenüber seinen Konkurrenten. Die Wahl der richtigen Strategieoption ist abhängig von der Art und Intensität des Wettbewerbs im betreffenden Markt und von den eigenen Wettbewerbsressourcen, wie beispielsweise Managementpotenzialen, Erfahrungshorizont, Anpassungsvermögen und finanziellen Ressourcen (Meffert/Bruhn 2012, S. 271 f.).

Durch die wachsende Konkurrenzsituation für Kulturbetriebe mit anderen Einrichtungen des Freizeitmarkts ist ein aktives Wettbewerbsverhalten angebracht, welches die Aktivitäten der übrigen Wettbewerber verstärkt berücksichtigt und das eigene Unternehmensverhalten demgegenüber positioniert. Dieses kann in zwei Dimensionen typologisiert werden: zum einen, inwiefern Wettbewerb vermieden oder erzeugt wird, zum anderen, ob sich die eigene Leistungserstellung durch Innovation oder Nachahmung kennzeichnet. Aus der Kombination dieser Dimensionen ergeben sich, wie in Abbildung 5.8 veranschaulicht, insgesamt vier Wettbewerbsstrategien (Meffert/Bruhn 2012, S. 272).

	Innovativ Wettbewerb wird vorangetrieben	**Imitativ** langfristiger Wettbewerbsausgleich
Wettbewerbs-vermeidend reagiert auf die Handlungen der Konkurrenten nach längerer Marktbetrachtung	**Ausweichungsstrategie** frühzeitige Einführung innovativer Leistungen oder ausgeprägte Marketinganstrengungen, um einen Vorsprung zu generieren und so dem Wettbewerb auszuweichen, z. B. der Einsatz neuer interaktiver Präsentationstechniken in Museen.	**Anpassungsstrategie** Anpassung des eigenen Verhaltens an die Reaktionen der Mitbewerber mit dem Ziel, die eigene Marktposition zu erhalten (solange das Mitbewerberverhalten die eigene Marktposition nicht substanziell gefährdet), z. B. die Einführung von Online-Katalogen bei Bibliotheken.
Wettbewerbs-stellend frühzeitiges Agieren im Markt und schnelles Reagieren auf Veränderungen	**Konfliktstrategie** Ergreifen von innovativen Maßnahmen zur Gewinnung neuer Marktanteile, häufig aggressive Marketingmaßnahmen sowie Konfrontation mit den Wettbewerbern, was sich jedoch nur bei entsprechenden Ressourcen oder schrumpfenden Märkten anbietet, z. B. Entwicklung eigener E-Readergeräte von Buchhandlungen.	**Kooperationsstrategie** zielgerichtete Zusammenarbeit zur Erschließung von Wettbewerbspotenzialen und zur Erfüllung von Kundenwünschen durch die Sicherung knapper Ressourcen, auch Möglichkeit der Erschließung neuer Zielgruppen und Kosteneinsparungen, z. B. gemeinsame Angebote (Angebotsbündel) regionaler Museen und/oder Kulturdenkmäler.

Abb. 5.8: Wettbewerbsstrategien

5.4.3 Kooperationsstrategien

Kooperationen stellen freiwillige Zusammenarbeiten von verschiedenen Akteuren dar, welche als rechtlich und organisatorisch selbstständig bezeichnet werden können. Durch diese Zusammenarbeit können gemeinsam Ziele realisiert werden, welche von den einzelnen Akteuren selbst nicht oder nur unter erheblichem Aufwand bewältigt werden könnten. Kooperationen können zwischen Individuen, Gruppen oder Organisationen erfolgen. Rechte und Pflichten der Kooperationspartner können frei verhandelt werden und sollten schriftlich fixiert sein. Die explizite vertragliche Vereinbarung bestimmt den Gegenstand der Kooperation.

Strategische Entscheidung »Make, Cooperate or Buy«

Die Entscheidung, eine Kooperation einzugehen, kann das Unternehmen anhand der eigenen Kompetenzstärke sowie der strategischen Relevanz dieser Fähigkeiten ableiten. Zunächst einmal müssen die entsprechenden Fähigkeiten bzw. Indikatoren identifiziert und bewertet werden. Benötigte Kompetenzen werden entsprechend ihrer strategischen Relevanz bewertet und es wird das eigene Leistungsniveau der einzelnen Fähigkeiten bestimmt. Ähnlich wie bei der Positionierungsanalyse muss die Bewertung nach einem festgelegten Schema erfolgen. Je nach Höhe der Werte lassen diese sich schließlich in ein Diagramm nach dem folgenden Muster übertragen (Abb. 5.9),

5.4 Marktteilnehmerstrategien

Strategische Relevanz für den Kulturbetrieb		Relatives Kompetenzniveau des Kulturbetriebs bei der Erstellung der Leistung	
		gering	hoch
hoch		**Fall 2:** Tendenziell Kooperation mit dem Ziel der Einlagerung fehlender Kompetenzen und der Akquisition strategisch wichtiger Kompetenzen	**Fall 1:** Möglichst Eigenentwicklung und vollständige Kontrolle der wichtigsten Kompetenzen und Prozesse
gering		**Fall 4:** Tendenziell **Fremdbezug**, Zukauf von Know-how, externe Beschaffung von Kompetenzen	**Fall 3:** Tendenziell **Kooperation**, mit dem Ziel der partnerschaftlichen Nutzung bzw. Auslagerung von Kompetenzen

Abb. 5.9: Matrix der Kooperationsformen

woraus sich letztlich Handlungsempfehlungen ableiten lassen (Gerybadze 2004, S. 173 ff.). Die Erschließung von Ressourcen durch Kooperationen kann dazu beitragen, auch die Existenz von Kulturbetrieben zu erhalten, die andernfalls wirtschaftlichen Zwängen zum Opfer fallen würden (beispielsweise durch die Kooperation von zwei Theatern in einer Region mit einem gemeinsamen Ensemble beide Häuser zu bespielen). Das Angebot der einzelnen Einrichtung kann durch Kooperationen erweitert werden und im Idealfall werden dabei noch Kosten gespart. Auch der fachliche Austausch kann dadurch gefördert werden. Innerhalb dieser Strategieformen können vertikale, horizontale und diagonale Kooperationsformen unterschieden werden, die sich auch auf den Kulturbereich übertragen lassen (Hausmann 2005, S. 97). Wesentliche Möglichkeiten für diese Kooperationsformen sind in Abbildung 5.10 dargestellt.

	Vertikale Kooperation	**Horizontale Kooperation**	**Diagonale Kooperation**
Ausrichtung	Zusammenarbeit von Einrichtungen, die in der Leistungskette (Beschaffungs- oder Absatzbereich) miteinander verbunden sind.	Einrichtungen arbeiten zusammen, die gleichartig, also normalerweise Konkurrenten, sind. Sie zeichnen sich durch ähnliche Leistungen und ähnliche Zielgruppen aus.	Zusammenarbeit von Unternehmen, die sich sonst auf komplett unterschiedlichen Märkten engagieren.
Beispiele	▪ Medien (Medienpartnerschaften) ▪ Besucherorganisationen ▪ Verlagsunternehmen/Autorenverbände ▪ Schulen/Universitäten ▪ Öffentlicher Personennahverkehr ▪ Stadt-/Tourismusmarketing ▪ Reiseveranstalter ▪ Hotellerie.	▪ Inszenierungsaustausch zwischen zwei Theatern beim Marketing → gemeinsame Kampagne, Preisverbund, Ausstattung (Technik, Requisiten, Werkstätten), Personalbereich (Austausch von Künstlern).	▪ Sponsoring: Einbringen von Sachgütern oder Dienstleistungen durch das (Wirtschafts-)Unternehmen.

Abb. 5.10: Kooperationsformen

Spezifische Zielsetzungen von Marketingkooperationen

Marketingkooperationen dienen dem Aufbau bzw. der Stärkung von Marken und Images durch gemeinsame Kommunikationsmaßnahmen. Für das Kulturmarketing sind beispielsweise die Markenentwicklungskompetenz, die Marketingplanung und Innovationsfähigkeit als organisatorische Kompetenzen relevant. Mögliche Marketingkompetenzen können sich aber auch aus Fähigkeiten im Preis-, Distributions-, Kommunikations- und Produktentwicklungsmanagement ergeben. Die angeeigneten Ressourcen sollen so eingesetzt werden, dass ein Wettbewerbsvorteil entsteht. Dabei können entweder der Zugang zu neuen Märkten oder Kunden durch Direktansprache der Kunden des Partners oder die Nutzung der Distributionspunkte des Partners Ziele sein. Auch die Steigerung der Kundenbindung durch die Ansprache der eigenen Kunden mit den Mehrwert-Angeboten des Partners kann in einer Kooperation erfolgen. Nicht zuletzt ist damit die Reduktion von Marketingkosten durch die Bündelung der Marketingmaßnahmen verbunden (Homburg 2012, S. 868). Strategisch bedeuten Kooperationen und Netzwerke im Marketing für Kulturbetriebe zum einen, dass durch komplementäre Anreicherung der Leistungsangebote ein höherer Kundennutzen erzeugt wird, welcher z. B. in der größeren Auswahl (Gastspiele, Sonderausstellungen), in umfassenderen oder qualitativ besseren Serviceleistungen (Beratung, Besucherservice), aber auch in finanziellen Vorteilen (Preisnachlass) liegen kann. Zum anderen entstehen durch die Bündelung von Ressourcen Kostenvorteile. Beispielsweise kann die Auslastung von Fixkosten-Blöcken (vgl. Kapitel 6.4) wie Dauerausstellungen oder regelmäßigen Aufführungen verbessert oder die Spezialisierung vorangetrieben werden. Häufig lassen sich durch Zusammenlegung von Funktionen hohe Personal- oder Raumkosten einsparen. Dies erhöht wiederum die Wettbewerbsfähigkeit auf dem Kulturmarkt.

Als Voraussetzung für eine Kooperation gilt, dass für alle Teilnehmer der Kooperationsnutzen die damit verbundenen Kosten übersteigt. Eine Kooperationsstrategie kann jedoch auch Risiken bergen. So wird beispielsweise die künstlerische Identität einer Einrichtung dadurch verändert oder es entstehen Konflikte zwischen den Mitarbeitern der kooperierenden Unternehmen aufgrund der unterschiedlichen Organisationskulturen. Auch den gegensätzlichen Interessen und Bedürfnissen sowie dem jeweiligen Planungshorizont und dem Qualitätsstandard müssen besondere Beachtung geschenkt werden, wenn die Kooperation erfolgreich sein soll.

5.5 Die Corporate Identity als strategisches Identitätskonzept nach innen und außen

Die Corporate Identity (CI) stellt sowohl ein eigenständiges Instrument zur Imagebildung als auch ein übergreifendes integratives Kommunikationsinstrument dar, welches die Grundlage für sämtliche kommunikationspolitische Maßnahmen bildet (Birkigt et al. 2002, S. 15 ff.). Kommunikationsaktivitäten sollen dabei mithilfe der CI vereinheitlicht werden und damit an Konsistenz gewinnen, was insbesondere angesichts der gegenwärtig zunehmenden Flut an Informationen Differenzierung sowie Orientierung schafft und somit zu einem wichtigen Erfolgsfaktor im Wettbewerb wird.

Die CI lässt sich als die grundlegenden Manifeste, Auffassungen und Zielvorstellungen des Unternehmens verstehen, wobei die Unternehmensmission in Form des Mission Statements oder des Leitbilds den Kern der CI darstellt (vgl. Kapitel 4.1.2). Sie kann also als Innenbild einer Organisation gegenüber dem Image (Fremdbild) abgegrenzt werden. Die CI bezieht sich somit auf die Persönlichkeit der Institution und vereinheitlicht für alle Mitglieder gemeinsames Ziel, Zweck und Richtung → **siehe auch Praxisbeispiel »Metropolitan Opera New York: Kommunikation einer neuen Corporate Identity« (S. 115/116)**. Dadurch werden die Visionen und Missionen der Einrichtung zum einen besser verinnerlicht, zum anderen auch nach außen getragen (Bekmeier-Feuerhahn/Trommershausen 2006, S. 232). Im Kulturbereich spielen ferner Geschichte, Persönlichkeiten und auch typische Handlungsmuster für die Identiät einer Organisation häufig eine große Rolle, die somit auch zum Kern einer CI beitragen.

Komponenten der CI

Die CI wird auf der Grundlage von drei identitätsdefinierenden Komponenten ausgebildet (Homburg 2012, S. 822):

- **Corporate Communication** sorgt für eine einheitliche und integrative Abstimmung sämtlicher Kommunikationsmaßnahmen, einschließlich des Corporate Designs. Auch hier fließen die wesentlichen Werte und Identitätsmerkmale ein, die beispielsweise die Art der Ansprache des Besuchers und anderer Anspruchsgruppen betreffen. Diese Art der Ansprache wird sich zwischen einem eher traditionellen Unternehmen und einem modern-experimentell ausgerichteten stark unterscheiden. Auch organisationsinterne Hierarchien schlagen sich in der Corporate Communication nieder und tragen so die Unternehmensstrukturen nach innen und außen.
- **Corporate Behaviour** bezieht sich auf ein Umsetzen und ein Nach-außen-tragen der CI durch das Verhalten der Mitarbeiter, insbesondere im Kontakt mit Vertretern externer Anspruchsgruppen. Für Kulturbetriebe ist hier die Vermittlung der grundlegenden Werte, Ziele sowie Wirkungsfelder an die Mitarbeiter von großer Wichtigkeit. Da diese Grundlagen auch Qualität und Inhalt ihrer Kulturarbeit bestimmen, sollten sich sämtliche Mitarbeiter mit ihnen identifizieren können (vgl. Fischer 2001, S. 110, Klein 2011:1, S. 93 f.).
- **Corporate Design** wirkt sich auf sämtliche gestalterische Elemente in Verbindung mit dem Unternehmen aus (z. B. Name, Farben, Schrift, Logo, Grafiken, Architektur, Kleidung, Produktdesign etc.) und stellt damit die optische Realisierung der CI dar. Das Corporate Design spielt eine wichtige Rolle für Kulturbetriebe, da es einen Wiedererkennungswert vermittelt sowie in hohem Maße zu deren Profilbildung und Imagewirkung beiträgt. Gerade im Kulturbereich spielen hierbei Kreativität und gestalterische Ästhetik eine große Rolle, wobei grafische Umsetzungen stets im Sinne der CI ein stimmiges Bild mit den Kernwerten der Einrichtung vermitteln sollten.

Darüber hinaus handelt es sich bei der CI um ein strategisches Konzept, das nie statisch ist, sondern das vielmehr von einem ständigen Prozess der Selbstreflexion begleitet wird, welcher allein schon durch das sich verändernde Umfeld notwendig ist. Nur so lässt sich eine schlüssige Identität der Kulturorganisation nach außen und innen verkörpern. Gerade unter diesem Aspekt fällt es Kulturbetrieben in der Praxis häufig schwer, ein einheitliches CI-Konzept zu entwickeln. Zudem herrschen auch unter den Mitarbeitern nicht immer konsistente Auffassungen von den Zielen, Werten und Besonderheiten der Kulturorganisation (Mandel 2009, S. 38 f.). Ebenfalls problematisch ist eine fehlende Formulierung des Mission Statements, sodass vielfach die Grundvoraussetzungen zur Ausbildung einer CI nicht gegeben sind.

5.6 Markenbildung als strategisches Konzept zur Präferenzbildung

Eine Marke bezeichnet ein unverwechselbares Vorstellungsbild einer mit einem Namen oder Zeichen versehenen Leistung oder einem Leistungsbündel, welches in der Psyche des Nachfragers verankert ist (Esch 2012, S. 22). Nicht nur Produkte und Dienstleistungen, auch einzelne Personen, Sportclubs, Parteien und soziale Institutionen wie Kulturbetriebe können und werden mittlerweile als Marken aufgebaut (vgl. Hellmann 2005, S. 9). In seiner gesamten Komplexität nebst seinen sozialen Zusammenhängen wie Herkunft, Tradition, Zugehörigkeit etc. kann ein Kulturbetrieb auf diese Weise als ein einziges Zeichen wahrgenommen werden (vgl. Höhne 2009:1, S. 25).

Markenbildung, auch Branding genannt, wird mittlerweile von einer Vielzahl von Unternehmen innerhalb strategischer Kommunikationsmaßnahmen eingesetzt. Gleichzeitig kann es aber auch in Verbindung mit der Corporate Identity ein wichtiges Instrument bei der Identitätsbildung des Unternehmens darstellen. Im Sinne einer integrativen Anwendung stellt Branding die Gesamtheit aller Maßnahmen zum Markenaufbau und zur Markenführung dar, wobei diese nach innen und nach außen wirken sollen (Bekmeier-Feuerhahn/Sikkenga 2008, S. 339). Beim Kulturbranding ist es sinnvoll, dies aus der kulturellen Praxis und den damit verbundenen Rahmenbedingungen heraus zu entwickeln, um die Identität und damit die Glaubwürdigkeit von Kulturbetrieben zu wahren.

5.6.1 Die Konzeption der Marke

Die Markenkonzeption basiert auf der Ausstattung der Marke mit verschiedenen Persönlichkeitsmerkmalen, welche inszeniert und kommuniziert werden. Markenbildung entsteht somit in einem sozialpsychologischen Rahmen und wird von Unternehmensseite durch die Entwicklung und Führung einer starken Markenidentität beeinflusst. Die Markenidentität basiert auf der Identifikation der essenziellen, wesensprägenden und charakteristischen Kernwerte einer Marke (vgl. Esch 2012, S. 79 f.). Sie kann auf der Basis der CI als grundlegendem Identitätskonzept entwickelt werden (ebenda, S. 89), welche die Werte, Merkmale und Hintergründe liefert, die das Wesen der Marke, den Markenkern ausmachen. Wie bei der CI können sich daraus in Verbindung mit der Marke Verhaltensweisen (Brand Behaviour), Kommunikationsmaßnahmen (Brand Communication) und Gestaltungskonzepte (Brand Design), welche die Markenidentität entsprechend nach außen verkörpern, entwickeln.

Markenbildung

Die **Markenbildung** ist ein außen- und innengerichteter Managementprozess mit dem Ziel, sämtliche marketingspezifischen Entscheidungen und Maßnahmen (z. B. Werbung, Kommunikation, Vertrieb) zum Aufbau einer starken Markenidentität funktionsübergreifend zu vernetzen. Sie soll eine erfolgreiche ökonomische (Marktanteil, Distributionsgrad) und psychologische (Markenbekanntheit, Markenimage) Durchsetzung auf Märkten gewährleisten (vgl. Höhne 2009:1, S. 25). Im Dienstleistungsbereich gilt es hinsichtlich Markenbildung sowie der damit verbundenen Markenführung, vor allem folgende Kriterien zu beachten (Chernatony/Segal-Horn 2003, S. 113 ff.):

1. **Fokussierung:** Bei der Darstellung von Nutzenvorteilen aus Sicht des Kunden sollte auf eine limitierte Anzahl von Markeneigenschaften zurückgegriffen werden, um so ein möglichst eindeutiges Bild zu erzeugen.
2. **Konsistenz:** Charakteristische Vorstellungen über die Marke müssen bei allen Anspruchsgruppen gleich sein.
3. **Werte:** Die Werte, welche die Marke vermitteln will, müssen sich allem voran im Verhalten der Mitglieder des Unternehmens widerspiegeln.

Bei der Bildung von Kulturmarken lassen sich insbesondere als Organisationskomponenten Werte (z. B. auf Grundlage des Mission Statements), Normen (z. B. Corporate Design und Behaviour), Handlungsweisen (z. B. Werbekampagnen, Events) sowie typische Artefakte (z. B. Architektur, Mythen, Geschichten) nutzen → **siehe auch Praxisbeispiel »Das »Hamburg Ballett John Neumeier« – Markenbildung (Branding) und Markenpersönlichkeit« (S. 117/118)**. Durch die integrative Abstimmung nach den spezifischen Markenwerten tragen diese Komponenten schließlich zu einem besonders konsistenten wie wertgeladenen und damit erfolgreichen Markenbild bei (vgl. Baumgarth 2009, S. 31 ff.). Beispielsweise steht die Marke »Documenta« für eine weltweit bekannte und prestigeträchtige sowie folgenreiche Ausstellungsreihe in Kassel mit einem Führungsanspruch bei der Vermittlung von Gegenwartskunst als grundlegendem Identitätsmerkmal. Diese Marke konnte im Lauf ihrer fünfzigjährigen Geschichte kontinuierlich ausgebaut werden.

Ferner sind die Mitarbeiter eines Kulturbetriebs wesentlich an dessen Markenbildung beteiligt, denn diese erfüllen das Markenversprechen, indem sie die Markenidentität zum Leben erwecken (Bekmeier-Feuerhahn/Trommershausen 2006, S. 220). Um ein solches markenkonformes Verhalten (Behavioral Branding) zu erreichen, ist die Einbeziehung der Mitarbeiter in den Prozess der Markenbildung unumgänglich. Idealerweise übernehmen diese die Werte der Markenidentität in ihre eigenen, persönlichen Identitäten und tragen sie so nach außen (Bekmeier-Feuerhahn/Sikkenga 2008, S. 340), wodurch darüber hinaus eine Bindung der Mitarbeiter an den Kulturbetrieb erfolgt. Diese Bindung wird als **Brand Commitment** bezeichnet.

Markenarchitektur

Die Markenarchitektur beschreibt die Wahl des Markentyps. Die Wirtschaftswissenschaft unterscheidet dabei Einzelmarken und Dachmarken. Einzelmarken kommen beispielsweise als Produktmarken oder in einem Monomarkenkonzept vor. Dachmarken hingegen sind kennzeichnend für Programm- oder Company-Markenkonzepte. Für Kulturanbieter allgemein kommen grundsätzlich beide Formen in Frage (vgl. Bekmeier-Feuerhahn/Trommershausen 2006. S. 235 f.). Die passende Strategie hängt nicht zuletzt mit der Organisationsform des Kulturbetriebs zusammen. So bieten sich Monomarkenkonzepte beispielsweise für besondere Angebote einer Organisation wie Veranstaltungsserien (z. B. Lesungen, Ferienprogramme, Filmreihen) oder bei besonderen Events an, die langfristig angekündigt und beworben werden (z. B. Blockbusterausstellungen, Starbesetzungen bei Konzerten / Opern / Theaterstücken). Klassische Dachmarkenstrategien eignen sich dagegen insbesondere z. B. für Museums-, Denkmals- oder Theaterverbünde, die innerhalb einer Region mehrere Häuser in sich vereinen.

Eine spezielle Dachmarkenstrategie stellt darüber hinaus das Corporate Branding dar, bei dem statt einzelner Produktfamilien eine Markenbildung für das Unternehmen selbst durchgeführt wird. Generell bietet dieses für Unternehmen den Vorteil, dass gegenüber häufig kurzlebigen Produktmarken eine langfristige Gedächtniswirkung mit Bezug auf das Unternehmen aufgebaut werden kann. Corporate Brands fördern so Zukunftsorientierung, rechtfertigen langfristige Marketinginvestitionen und tragen zur Bekanntheit des Unternehmens bei (Esch et al. 2006, S. 4). Diese Form des Brandings ist besonders für einzelne Kulturbetriebe relevant, bei denen so die Wahrnehmung sämtlicher Dienstleistungen sowie des kulturellen Angebots selbst direkt auf die jeweilige Einrichtung übertragen wird, wie z. B. bei den Museen der Guggenheim Foundation.

5.6.2 Markenführung

Das Nutzenpotenzial der Marke kommt erst durch eine strategische **Markenführung** zur Geltung, welche als kontinuierliche und systematische Pflege von eingeführten Marken verstanden werden kann (Haedrich/Tomczak 1996, S. 27). Bei der Markenführung kann eine **rezipientenorientierte** und eine **institutionelle Sichtweise** unterschieden werden. Die rezipientenorientierte Sichtweise versucht, die kulturelle Leistung unverwechselbar in den Köpfen der Besucher zu positionieren (Bekmeier-Feuerhahn/Sikkenga 2008, S. 339), während die institutionelle Sichtweise die Marke nach innen bei den Mitarbeitern profilieren und stärken will, um diese letztlich zu Markenbotschaftern zu machen (Esch et al. 2006, S. 79). Auf der Mikroebene kann es auch Überschneidungen zwischen rezipientenspezifischen und institutionsspezifischen Ansprachen geben: Der Mitarbeiter kann auch Besucher und/oder Förderer sein (Bekmeier-Feuerhahn/Trommershausen 2006, S. 221). Auch Freundeskreise von Theatern und Museen ermöglichen den Mitgliedern, die zuvor lediglich Besucher waren, eine stärkere Innensicht und führen dazu, dass eine einzelne Person Mitglied mehrerer Anspruchsgruppen ist.

Markenstrategien

Innerhalb des Markenführungsprozesses bestehen in Abstimmung mit den übergeordneten Zielen eines Unternehmens mehrere Möglichkeiten zur Ausrichtung der Marke:

- die Billigmarkenstrategie
- die Imagestrategie
- die Qualitätsstrategie
- die Premiummarkenstrategie.

Diese schließen an andere strategische Ausrichtungen (z. B. Ausrichtung der Marktsegmentierungsstrategie, Ausrichtung der Marktbearbeitungsstrategie, aber auch die Corporate Identity) an und schlagen sich zugleich auf instrumenteller Ebene, z. B. in der Produkt- und Leistungspolitik, Preispolitik oder Distributionspolitik, nieder (vgl. Haedrich/Tomczak 1996, S. 141 f.). Abbildung 5.11 zeigt einen Überblick über die genannten Markenstrategien und ihre Anwendbarkeit für Kulturbetriebe.

	Beschreibung	Instrumentelle Umsetzung	Beispiel für Anwendung in Kulturbetrieben
Billigmarkenstrategie	Differenzierung erfolgt vor allem über günstigen Preis.	neben niedrigen Preisen intensive Distribution, Kommunikationsschwerpunkt auf Preisvorteil.	nicht anwendbar, da homogene Produkte vorausgesetzt werden, die sich vor allem über den Preis differenzieren lassen.
Imagestrategie	Differenzierung erfolgt über besondere Profilierung, welche konkrete Bedürfnisse der Besucher/Zielgruppen anspricht	auf Imagemerkmale abgestimmte Produktgestaltung und Kommunikation.	z. B. Erlebnismuseen, welche eine interaktive Ausstellungsgestaltung besitzen und interaktive Elemente auch in der Kommunikation nutzen.
Qualitätsstrategie	Differenzierung erfolgt über Angebotsqualität.	hochwertige Angebote, selektive Distribution, Hervorhebung der Leistungsqualitäten bei der Kommunikation.	z. B. Fachbibliotheken, welche stets aktuelle Titel und sämtliche wichtige Fachzeitschriften führen und diese aktiv in ihre Kommunikation einbauen.
Premiummarkenstrategie	Differenzierung über Angebotsqualität und Exklusivität.	besonders hochwertige bzw. exklusive Angebotsbestandteile, exklusive Distribution und Hochpreisigkeit.	z. B. Staatsopern mit international bekannter Spitzenbesetzung, wichtige Namen werden offensiv kommuniziert, Karten sind nur über ausgewählte Stellen erhältlich.

Abb. 5.11: Markenstrategien

Generieren von Markenstärke

Die Einführung einer Marke geht mit der aufwandsintensiven Aufgabe einher, diese zunehmend im Sinne einer Kundenakzeptanz zu stärken und sie damit auf dem Markt zu etablieren. Starke Marken können schließlich dazu beitragen, den Wert eines Kulturbetriebs oder eines entsprechenden Angebots weniger im Sinne eines Kapitalzuwachses, sondern im Sinne von Aufmerksamkeit und Wertzumessung erheblich zu steigern (Priddat/Berg 2008, S. 30) und bieten ferner große Vorteile bei der Kommunikation (siehe Kapitel 5.6.3). Allerdings sind dieser Aufwand und die damit verbundenen Kosten vor allem dann lohnenswert, wenn eine bestimmte Markenstärke erreicht werden kann. Eine Möglichkeit für den Aufbau einer starken Marke bietet die **Customer-Based-Brand-Equity**-Strategie, die eine stufenweise Entwicklung von Identitätswerten, Markenbedeutungen, Markenverständnis und schließlich Markenbeziehungen umfasst, wie Abbildung 5.12 veranschaulicht (vgl. Keller 2003, S. 75 ff.).

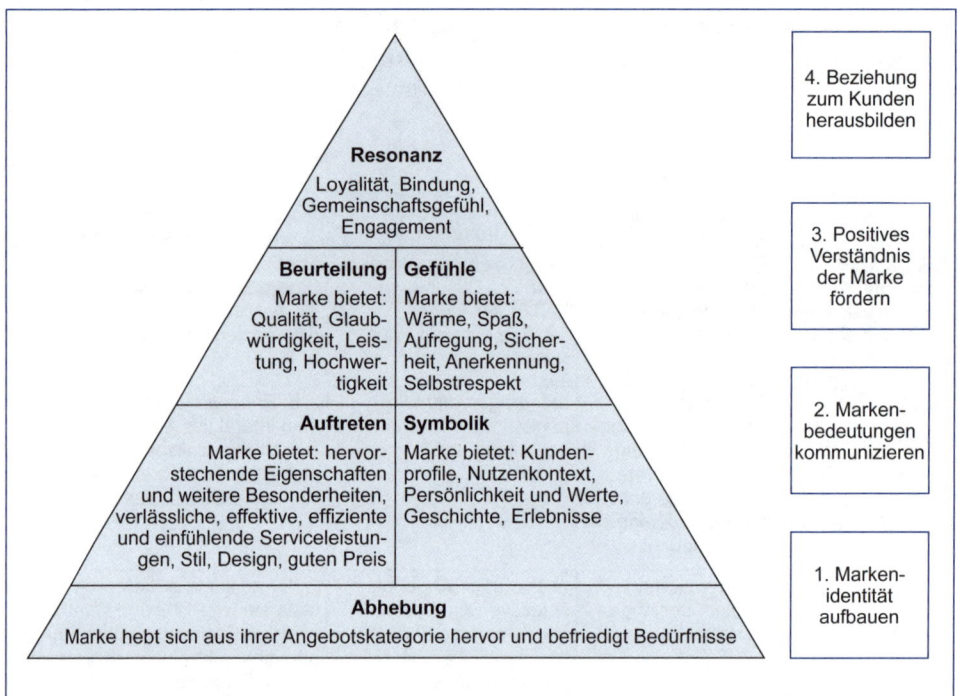

Abb. 5.12: Pyramide der Customer-Based-Brand-Equity-Strategie

Für Kulturbetriebe bedeutet diese Strategie auf der ersten Stufe zunächst die grundsätzliche Ansprache potenzieller Besucher und deren Bedürfnisse bei einer gleichzeitigen Hervorhebung der Kulturmarke gegenüber anderen Mitbewerbern. Die zweite Stufe beinhaltet dann umfassende Kommunikationsmaßnahmen, welche die Marke im Bewusstsein des Besuchers verankern und ihn identitätsbasierte, konsistente, positive Assoziationen mit dieser verbinden lassen. Hierzu lassen sich insbesondere die oben beschriebenen Organisationskomponenten nutzen, um ein einheitliches Bild vom äußeren Auftreten (Corporate Design, auf Besucher zugeschnittene Zusatzleistungen, Ausstattung, Servicekompetenzen der Mitarbeiter) und innerer Symbolik (Artefakte, Mission, Aura der ausgestellten bzw. aufgeführten Werke) zu erzeugen. Bei der dritten Stufe gilt es, die rationalen und gefühlsmäßigen Reaktionen der Besucher auf die Marke zu analysieren. Wie beurteilen diese die Wertigkeit und Leistung der verknüpften Kulturangebote bzw. des Kulturbetriebs: Halten sie die Kulturgüter und deren Vermittlung für hochwertig und bedeutsam? Wie wertschätzen sie die Serviceleistungen? Weiterhin stellt sich die Frage: Welche potenziellen Erlebnisse verbinden sie mit der Marke? Dieses Feedback vom Besucher wird schließlich im letzten Schritt genutzt, um die Beziehung zwischen Kulturbetrieb/Angebot und dem Besucher zu intensivieren. Dadurch wird die Bindung an die Marke verstärkt, was sich seitens des Besuchers in langjährigen Abonnements, Mitgliedschaften in Freundeskreisen oder sogar Förderbereitschaften niederschlagen kann. Vor diesem Hintergrund kann sich eine starke Marke im Kulturbereich auch auf andere Anspruchsgruppen wie Förderer, Sponsoren und nicht zuletzt Mitarbeiter positiv auswirken.

Beispiel

Markenbildung vs. Markenpflege der Kulturmarke »Das MoMA in Berlin«

Im Jahr 2004 wurden über 200 Werke des Museum of Modern Art, New York in der Berliner Nationalgalerie ausgestellt. Die Werke, welche zuvor nur selten als Leihgaben außerhalb von New York gezeigt worden waren, umfassten bedeutende, aber auch weniger bekannte Werke vom Expressionismus bis zur Avantgarde. Eine gezielte Kommunikationsstrategie schaffte es, die Ausstellung »Das MoMA in Berlin« weit über die Stadt- und Landesgrenzen hinaus als Kulturmarke bekannt zu machen. In der relativ kurzen Zeit der Ausstellungsdauer von sieben Monaten erreichte die Ausstellung eine Steigerung ihrer Bekanntheit von anfänglich fünf von 1.000 Befragten auf 992 von 1.000 Befragten gegen Ende der Ausstellung. Von den insgesamt 1,2 Millionen Besuchern, kamen täglich 6.500 Besucher – 2.800 mehr als erwartet. Obwohl nur vier offizielle Pressemitteilungen veröffentlicht wurden, erschienen ca. 3.600 internationale Artikel zur Ausstellung. So führten ihre Bekanntheit und eine konsistente Kommunikation bald zu Assoziationen in den Köpfen der Bevölkerung, die den Markenwerten »einmalig«, »sensationell« und »faszinierend« als positives Markenimage entsprachen, welches noch weit über die Ausstellung hinaus bestand.

Als 2011 wiederum eine Ausstellung mit Werken des MoMA in Berlin stattfinden sollte, entschied man sich jedoch bewusst gegen ein Anknüpfen an die erfolgreiche Marke von 2004. Kommunikationskonzept und Erscheinungsbild wurden komplett neu entwickelt. Die Ausstellung sollte für sich stehen und ihre Zugkraft vor allem über die Werke sowie den Namen »MoMA« entfalten. Das öffentliche Interesse und die Bekanntheit der Ausstellung waren entsprechend mit dem Vorgänger nicht vergleichbar.

MoMA-Plakate zum Ausstellungsstart: 2004 (links) und 2011 (rechts)

5.6.3 Bedeutung des Brandings für Kulturanbieter und Besucher

Marken erfüllen sowohl für das Unternehmen als auch für die verschiedenen Anspruchsgruppen verschiedene Funktionen im Sinne eines positiven Markennutzens (Bekmeier-Feuerhahn/Trommershausen 2006, S. 225 ff.), wie in Abbildung 5.13 dargestellt. Durch ein eindeutiges Profil und eine eingängige Markierung sowie eine stärkere Serviceorientierung der Einrichtungen ist somit eine Steigerung der Einnahmen möglich. Allerdings verursacht der Brandingprozess auch zusätzliche Kosten hinsichtlich des Einsatzes finanzieller, personeller sowie zeitlicher Ressourcen (ebenda, S. 231). Ferner wirkt die Marke bei fehlerhafter Markenführung schnell nicht mehr als Identifikationspool, sondern wird zu einem inhaltsarmen Reduktionsbegriff, bei dem Heterogenes homogenisiert wird, und aus welchem normative Zuschreibungen abgeleitet werden, die an die Stelle komplexer sozialer Phänomene treten (Höhne 2009:1, S. 29 f.). Planungen und Strategien zum Einsatz von Branding in Kulturbetrieben sollten insofern wohl überlegt sowie langfristig konzipiert und begleitet werden.

Funktionen der Marke aus Abnehmersicht	Beschreibung: Marken…
Risikoreduktions- und Vertrauensfunktion	■ suggerieren gleichbleibende Qualität ■ führen durch emotionale Aufladung zu Vertrauensbildung.
Orientierungs- und Entlastungsfunktion	■ befriedigen das Bedürfnis nach Eindeutigkeit vor dem Hintergrund von Informationsüberlastung und komplexerer Marktbedingungen ■ erleichtern Verarbeitung von Informationen.
Prestige- und Identifikationseffekt	■ stiften ideellen Nutzen ■ lassen sich an Lebensstile/Werthaltungen der Rezipienten (Besucher/Sponsoren/Mitarbeiter) knüpfen.
Didaktischer Effekt	■ führen Besucher zu den rezeptionswürdigen Werten hin.
Funktionen der Marke aus Anbietersicht	**Beschreibung: Marken…**
Gedächtniswirkungen	■ stärken die psychische Präsenz der Institution und sorgen somit für eine aktive Markenbekanntheit.
Selbstlegitimation	■ schaffen durch Markenbekanntheit höhere öffentliche Präsenz und erhöhen so Akzeptanz bei Bevölkerung und Behörden.
Anschlusskommunikation	■ erzeugen aufgrund hoher psychischer Präsenz einen kommunikativen Austausch unabhängig von der gezielt vermittelten Markenbotschaft.
Erzeugung von Präferenzbildung	■ erzeugen durch Vertrauenswirkungen und Qualitätswahrnehmung Präferenzen beim Nachfrager.
Profilierung und Differenzierung	■ schaffen Alleinstellungsmerkmale ■ machen das einzelne Angebot besser wahrnehmbar gegenüber anderen Anbietern des stark fragmentierten Kultur- und Freizeitsektors und sichern so Wettbewerbsvorteile.
Erschließung externer Finanzierungsquellen	■ wirken sich durch klares Profil positiv auf die Wahrnehmung durch potenzielle Spender und Sponsoren aus.
Innovationsplattform	■ bilden die Grundlage für die Entwicklung und Kommunikation neuer Angebote und Leistungen, da diese von vornherein mit deren (bekannter) Qualität assoziiert und entsprechend schneller angenommen werden.
Wertschöpfung	■ bilden wichtige (immaterielle) Vermögenswerte in Unternehmen.

Abb. 5.13: Funktionen der Marke aus Abnehmer- und Anbietersicht

Praxisbeispiel Kapitel 5.1

Metropolitan Opera New York: Kommunikation einer neuen Corporate Identity

Die Metropolitan Opera New York nahm mit der Übernahme der Intendanz durch Peter Gelb 2006 die Herausforderung an, die vormals stark elitär geprägte Kommunikation auf Basis eines Relaunches der in die Jahre gekommenen Corporate Identity an wichtigen Punkten neu auszurichten. Die Marke »Metropolitan Opera«, kurz »MET«, sollte weltweit und für alle erfahrbar den state of the art einer ganzen Kunstgattung und ein konsistentes Erscheinungsbild des Kulturbetriebs mit seinem Leistungsspektrum dokumentieren. Vieles davon wurde schnell auch jenseits der USA in der Opernwelt aufmerksam registriert. Denn Gelb verband seine neue Corporate Identity mit einer programmatisch-strategischen Neuausrichtung des Live-Entertainments, das weltumspannend kommunikativ wirksam wurde. »Rich, vibrant and contamporary, open for all« lauten die Schlüsselbegriffe aus dem Mission Statement als Bestandteil der CI. Die für die MET seit Jahrzehnten fast selbstverständliche Fokussierung auf musikalische Spitzenbesetzungen (Cast) und eine immer auch visuell eindrucksvolle Bühne sollte die Marke MET gegenüber allen Anspruchsgruppen strahlkräftig prägen. Abgeleitet vom kompromisslos auf Qualität ausgerichteten »Produkt«, also den Inszenierungen und Aufführungen, sollten alle Beteiligten diesen Premium-Anspruch im Corporate Behaviour, also in Verhalten und Ausstrahlung, widerspiegeln, als die »Metoperafamily.org«, wie die Web-Domain sinnfällig heißt. Bereits einfache Features transportieren diese Philosophie an die Öffentlichkeit: die Programmbroschüre ist kostenlos, da werbefinanziert, an kleinen Trinkwasserbrunnen kann man sich in der Pause kostenlos erfrischen, für die Medienvertreter wird kostenfrei eine komfortable Lounge mit Computeranschluss, Drinks und Canapées betrieben und im Kassen-Foyer regeln freundliche Servicekräfte das Line-up (Organisation der Besucherschlange durch Abgrenzungsbänder wie im Flughafen).

Corporate Design als Ausdruck der strategischen Zielsetzung

Intendant Peter Gelb war von Beginn seiner Amtszeit wichtig, dass sich dieser Geist auch im kommunikativen Gesicht der MET widerspiegelt. Das neue Corporate Design wurde von Paula Scher, mehrfach ausgezeichnete Kommunikationsdesignerin der renommierten Pentagram-Agentur, umgesetzt. Einfach, elegant und handwerklich-technisch perfekt: der Schrifttyp Baskerville 10 mit Zwischentitelabstufungen in Grau und Weiß sendet das Signal zeitloser Gültigkeit aus. Und viel Weiß erweckt den Eindruck einer neuen Offenheit, die die Botschaften frisch akzentuiert. Diese flankierenden, visuell-emotionalen Reize unterstreichen bei Intendant Peter Gelb die strategischen Kommunikationsziele seiner Amtszeit wie Offenheit, Transparenz, Klarheit und damit eine niederschwellige Ansprache neuer Publikumsschichten. Gleichzeitig erwies sich dieser signalisierte Freiraum als Schlüsselenergie für die neue Corporate Communication. Der Web-Auftritt kommt nun luftig und klar daher und wird nicht von zu viel Text bedrängt und durch zu viel Farbe ertränkt. Ein dynamischer Content herrscht vor, der ausgerichtet ist auf zweiseitige Kommunikation mit viel Bewegung, Klang und Bildern. So entstand eine kommunikative Offenheit, die zum neuen Charakter des Hauses passt.

Corporate Communication im Zeichen von Modernität und Offenheit

Vor allem aber prägen neben der Online-Werbung auf der eigenen Homepage oder affinen

Foto: Henry C. Brinker

Fortsetzung Praxisbeispiel Kapitel 5.1 s. nächste Seite

Fortsetzung Praxisbeispiel Kapitel 5.1

Sites und klassischer Werbung über Plakate oder Anzeigen die Below-the-Line-Aktivitäten die Corporate Communication. Tage der offenen Tür, Besichtigungstouren und die MET als Ausstellungsraum für neue Gegenwartskunst, kommunizierten das Prinzip von Modernität, Vielseitigkeit und Offenheit der MET an das Publikum. So wurden zudem starke Akzeptanzbarrieren normaler Werbung überwunden und emotionale, persönliche Kontakte ermöglicht: 78 % mehr Page Views, 60 % mehr unique Visits (Besucher). Dabei wird jede IP-Adresse nur einmal gezählt, egal wie viele Seitenabrufe oder wie viele Elemente dabei heruntergeladen werden. Der Visit beschreibt damit einen zusammenhängenden Nutzungsvorgang einer Website. Am überzeugendsten gaben 49 % mehr Verkäufe über Online-Ticketing den Entwicklern und Machern der neuen Kommunikationslinie Recht, auch wenn vieles von dieser positiven Entwicklung einer grundsätzlich sich stürmisch vollziehenden, generellen Entwicklung der Internet-Nutzung zuzuschreiben ist.

Am strahlkräftigsten war und ist vielleicht das kommerziell wie in Bezug auf PR-Effekte erfolgreiche Projekt einer weltweiten Live-Übertragung von besonderen MET-Aufführungen in technisch und gestalterisch besonders gut ausgestattete Kinosäle rund um den Globus. In Deutschland wurde es so möglich, von Lüneburg bis München Anna Netrebko in Dolby Digital mit hochauflösender Bildtechnik in verschiedenen Opernrollen als Primadonna zu erleben. So wurde eine bisher nicht gekannte Partizipationsdimension erreicht mit einer breiten Vermittlung kultureller Werte zwischen den Kontinenten. Für Peter Gelb war die Ausweitung der performativen Plattform über das Kino nicht vorrangig ein wirtschaftliches Anliegen. Vielmehr ging es dem als zielstrebig und »hart« geltenden Kulturmanager vor allem darum, Oper als Vergnügen der »Upper Class« zu demokratisieren und im Rahmen von Audience-Development-Maßnahmen die Publikumsbasis zu verbreitern. Nebenbei wurde der Gedanke einer weltumspannenden »Metoperafamily« so praktische Realität und die Begehrlichkeit für einen New-York-Besuch mit einem krönenden Abend in der MET noch einmal gesteigert. In Deutschland wurde die DVD-Aufnahme eben dieser Inszenierung mit dem »ECHO« prämiert, der höchsten Mediaauszeichnung der Klassikbranche. Vielleicht ist das auch zum Teil ein Resultat der erfolgreichen, internationalen Live-Übertragungen in die Kinosäle.

Allerdings dürfen auch die problematischen Aspekte des insgesamt gelungenen Relaunches nicht verschwiegen werden. Dadurch, dass die Messlatte durch die propagierte Offenheit und die neue Abgestimmtheit der MET-Family sehr hoch liegt, fallen Managementpatzer und Verstöße gegen das Corporate Behaviour doppelt ins Gewicht. Als Intendant Peter Gelb etwa nach Abschluss des umstrittenen »Ring«-Zyklus das »familieneigene«, illustrierte Hausmedium »Opera News« aus dem MET-Unterstützerkreis daran hindern wollte, eine etwas kritische Position zur 16-Millionen-Dollar teuren Inszenierung von Robert Lepage einzunehmen, erreichten die Erschütterungen der institutionellen Vertrauensbasis sogar die Seismographen der Weltpresse. Die »Neue Zürcher Zeitung« zitierte die Formulierung eines kritischen Bloggers vom »Mottenkugelgeruch der Oligarchie«, den Gelb nun verströme. Da ist dann auch noch so viel offenes Weiß rund um die neue Typographie machtlos. Gelb ließ den Mottenkugeleintrag entfernen.

Praxisbeispiel Kapitel 5.2

Das »Hamburg Ballett John Neumeier« – Markenbildung (Branding) und Markenpersönlichkeit

Das »Hamburg Ballett John Neumeier« gilt als eine Spitzen-Institution der Hamburger Hochkultur. Die Auslastung betrug in der Saison 2012/2013 97 %, und das bei durchaus auch »modernen« Programmen. Die Compagnie ist untrennbar verbunden mit dem Namen John Neumeier, und so wurde vom Träger in diesem Sinne folgerichtig ein Markenaufbau betrieben, der die Wahrnehmung dieser Kultureinrichtung im Zusammenhang mit dem Namen John Neumeier als ein einziges, starkes Zeichen zum Ziel hat.

Dabei profitiert die Identitätsbildung des Balletts davon, dass mit dem Tänzer und Choreografen John Neumeier eine echte Persönlichkeit die essenziellen, wesensprägenden und charakteristischen Kernwerte im Wortsinne »verkörpert«. Seine getanzten Botschaften werden als »direkt und hoch emotional« bezeichnet, aus ihnen spricht die Empathie für den Tanz und die Musik. John Neumeier hat als dienstältester Ballettchef der Welt seit seinem »Amtsantritt« in Hamburg im Jahr 1973 über 130 Ballette choreografiert. Wichtiger Ausdruck der überragenden Bedeutung John Neumeiers im komplexen Markengefüge einer bedeutenden Kulturinstitution ist die Tatsache, dass alle Rechte an den Neumeier-Choreografien weiter beim Künstler verbleiben und nicht in den choreografischen Fundus des Balletts übergehen.

Konvergenz von Künstlerpersönlichkeit und Markenpersönlichkeit prägt Markenführung

Auch Personen können Marken verkörpern. Insofern handelt es sich bei der mit unverwechselbarer Identität, künstlerischer Glaubwürdigkeit und hoher Werkstringenz zur Kulturmarke gewordenen Ballettlegende John Neumeier allein schon um eine Marke, die wiederum mit anderen affinen Marken interagieren kann. In besonderer Erinnerung ist einem internationalen Ballettpublikum dabei die Zusammenarbeit mit dem italienischen Top-Designer Giorgio Armani geblieben, der für die »Bernstein Dances« die Kostüme entwarf und so von New York bis Hamburg eine zusätzliche Medienöffentlichkeit mobilisierte, die im Zusammenhang der Gesamtkommunikation völlig neue Publikumsschichten ansprach. Auch mit der Fashion-Designerin Jil Sander arbeitete Neumeier erfolgreich zusammen. Diese Entwicklung ist von verlässlicher Nachhaltigkeit geprägt. Zu den letzten Ballett-Tagen zum 40. Dienstjubiläum John Neumeiers kamen in drei Wochen 35.000 Besucher.

Die Synthese von »Hamburg Ballett« und »John Neumeier« in der Markenbildung prägt auch die Markenführung. Sie erlaubt die kommunikative Fokussierung auf das eindeutige Bild von John Neumeier als strahlender Künstlerpersönlichkeit, gewährleistet eine hohe Konsistenz in Bezug auf die Vorstellungen von der Marke bei den Anspruchsgruppen und gibt die Maßgaben für ein Brand Behaviour vor, das sich an den Grundwerten und Qualitätsnormen des Namensgebers orientiert.

Neue Markenstärke stellt Ballettchef in den Mittelpunkt

Das neue Branding »Hamburg Ballett John Neumeier« ist eine konsequente Umsetzung der CI als grundlegendem Identitätskonzept. John Neumeier gilt innerhalb seiner Compagnie und bei einem breiten Publikum als Inbegriff des Balletts in Hamburg. Über fast 40 Jahre wurde seine Person in einer organischen Kongruenz zwischen Person und Institution zu einer unverzichtbaren Figur der CI. Der Name John Neumeier ist im Rahmen des Brandings dabei zum Teil der Wortmarke geworden. Auch die Internet-Homepage schmückt sich mit einem Neumeier-Porträt. Insgesamt konnte das Branding »Hamburg Ballett John Neumeier« erfolgreich umgesetzt werden, da Aufmerksamkeit und Wertzumessung wertsteigernd für den Kulturbetrieb verankert worden sind. Ballett-Kommunikationschefin Anna Schwan: »Die Zahl unserer Facebook-Freunde hat sich im letzten Jahr versechsfacht, wir betreiben die erfolgreichste Facebook-Seite aller deutschen Ballettensembles mit über 90.000 Postviews im

Fortsetzung Praxisbeispiel Kapitel 5.2 s. nächste Seite

Fortsetzung Praxisbeispiel Kapitel 5.2

Monat. 70 % unserer Facebook-Freunde sind unter 35 Jahre alt. Und auch unsere Auslastung kann sich sehen lassen: In den ersten vier Monaten der Spielzeit – den Kampagnenmonaten – lag sie bei 99 %.«

Markenarchitektur und Brand Extension

Für eine erfolgreiche Zukunft nicht unerheblich ist die Parallelführung unterschiedlicher Aktivitäten innerhalb der Markenarchitektur »Hamburg Ballett John Neumeier«. Das Ensemble selbst ist die Kernaktivität. Eine Vorschulklasse, die Ballettschule und das Bundesjugendballett sind zusätzlich in die Markenarchitektur des »Hamburg Balletts« integriert. Weitere Brand Extensions, also Ausweitungen der Markenaktivitäten, sind denkbar. Wechselseitig befördern diese Aktivitäten die Wahrnehmung der Dachmarke, so wie die Dachmarke mit dem Brand »John Neumeier« der Schule und dem Bundesjugendballett Rang und Namen verleiht. Ungelöst ist derzeit jedoch die Frage nach einer zukünftig erfolgreichen Kommunikation, wenn der über 70-jährige John Neumeier sich irgendwann von der Compagnie verabschiedet haben wird. Mit Pina Bausch oder Alvin Ailey gibt es jedoch Beispiele, wie auch nach der Ära der berühmten Protagonisten das Erbe mit den anhaltend positiven Kriterien und Images erfolgreich weitergeführt werden kann.

6 Der Marketingmix für Kulturbetriebe als operative Strategieumsetzung

Innerhalb der verschiedenen Bereiche des Marketingmix setzen die Kulturbetriebe die zuvor erarbeiteten Strategien und Konzepte, welche auf Grundlage der Zielplanung entstanden sind, in die Praxis um. Jeder Bereich liefert dabei eine Vielzahl an Instrumenten und Gestaltungsmöglichkeiten, welche diese Umsetzung ermöglichen. In vielen Kulturbetrieben hängt dabei die Auswahl der Instrumente oftmals nicht nur von den entwickelten Strategien, sondern auch von den finanziellen Möglichkeiten und dem in diesem Rahmen vorhandenen Budget für operative Marketingmaßnahmen ab. Viele Wirkungsbereiche wie Preispolitik, Distributionspolitik und Personalpolitik werden darüber hinaus, insbesondere bei öffentlichen Kulturbetrieben, häufig durch den Träger organisiert und somit der autonomen Gestaltung durch den Kulturbetrieb selbst teilweise entzogen.

Für nicht kommerzielle Kulturbetriebe steht daher bei der operativen Strategieumsetzung zunächst die Finanzierungspolitik im Vordergrund (Kapitel 6.1), welche verschiedene Möglichkeiten der Gewinnung interner wie externer Ressourcen umfasst. Eine wichtige Ressource stellen neben monetären Mitteln vor allem die Mitarbeiter dar. Die Personalpolitik (Kapitel 6.2) liefert hier für für den Kulturbetrieb wichtige Instrumente, um Mitarbeiterressoucen optimal zu nutzen und somit eine Basis für die weitere Marketinggestaltung zu schaffen. Eine Ebene darüber regelt schließlich die Prozesspolitik (Kapitel 6.7), ebenfalls ein dienstleistungsspezifischer Bereich, die mitarbeiterübergreifenden Abläufe bei der Leistungserstellung. Mit der grundlegenden Ausgestaltung der Serviceleistungen rund um das Kulturprodukt befasst sich die Produkt- und Leistungspolitik (Kapitel 6.3), während Preispolitik (Kapitel 6.4) sowie Distributionspolitik (Kapitel 6.5) die Bedingungen für den Erwerb des Kulturangebots festlegen. Gerade im Vorfeld des Besuchs beeinflusst wiederum die Ausgestaltung sämtlicher kommunikativer Maßnahmen im Rahmen der Kommunikationspolitik (Kapitel 6.6) in hohem Maße die Wahrnehmung der Kulturorganisation durch den Kulturkonsumenten und dessen Besuchsentscheidung. Ebenso prägend für die Wahrnehmung der Einrichtung durch den Besucher – insbesondere während des Besuchs – ist ferner die physische Gestaltung der Besuchsumgebung, mit der sich die Ausstattungspolitik (Kapitel 6.8) befasst.

6.1 Finanzierungspolitik

In sämtlichen Non-Profit-Organisationen wie etwa den öffentlichen Kulturbetrieben stellt die Finanzierungspolitik die Grundlage dar, auf der sämtliche weitere Gestaltungsmaßnahmen innerhalb des Marketingmix überhaupt erst realisiert werden können. Da eine öffentliche Kultureinrichtung i. d. R. ihre Kosten nicht durch Einnahmen decken kann, ist sie auf äußere Finanzierungsmöglichkeiten angewiesen → **siehe auch Praxisbeispiel »Zollhaus Wennigsen – Die Organisation der Finanzierungsinstrumente als Durchführungsvoraussetzung für ein denkmalschützerisches Kulturprojekt« (S. 164/165)**. Die Finanzierungspolitik sorgt insofern als Teilbereich der Marketingkonzeption eines Kulturbetriebs (siehe Kapitel 3.3) für möglichst optimale

Austauschprozesse mit der Anspruchsgruppe der Geldgeber (vgl. Bendixen 2001, S. 4), d. h. für einen diplomatischen Umgang mit vorhandenen sowie interessierten Geldgebern. Darüber hinaus befasst sich die Finanzierungspolitik mit der Erschließung ganz neuer Finanzquellen, z. B. aus eigenen Ressourcen. Entsprechend sind im Rahmen des Marketings folgende Bereiche der Finanzierungspolitik relevant (Bendixen 2001, S. 24):

- Fundraising
- Sponsoring
- Etablierung von Public-private-Partnerships
- Merchandising und Licensing
- Weitere Aktivitäten zur Erzielung neuer Erlösfelder.

Beispiel

Finanzierungsinstrumente bei Kulturbetrieben

In nicht kommerziellen Kulturbetrieben kann die Finanzierung über verschiedene Instrumente erfolgen, die sowohl interne als auch externe Ressourcen einbeziehen (in Anlehnung an Heinrichs in Klein 2011:2, S. 212). In der Praxis erfolgt die Finanzierung einer Einrichtung meist durch eine Kombination dieser Instrumente, wobei die Anteile von sehr unterschiedlichem Ausmaß sein können. Entsprechend ihrer Organisationsform (vgl. Kapitel 2.1.) gibt es somit sowohl rein privat finanzierte als auch vollständig aus öffentlichen Geldern finanzierte Kulturbetriebe sowie sehr viele Abstufungen dazwischen.

```
                        Finanzierungs-
                         instrumente
         ┌───────────────────┼───────────────────┐
Finanzierungsanteil   Eigenfinanzierungs-      Drittmittel
  des Trägers              anteil
         │                                ┌─────────┴─────────┐
         │                           öffentliche           private
    Public-                          Drittmittel         Drittmittel
    private-
   Partnership
         │
┌────────┴────────┐    ┌──────────────┐    ┌──────────────┐    ┌──────────────┐
│  Einnahmen aus  │    │ Einnahmen aus│    │institutionelle│   │   Projekt-   │
│ dem Verkauf der │    │ betriebsnahen│    │   Förderung   │   │ finanzierung │
│   Kernleistung  │    │  Strukturen  │    │ z. B. durch För-│  │  Sponsoring, │
│  (Eintrittskarten,│  │ (Vermietung, │    │ derverein oder │  │  Fundraising,│
│    Führungen)   │    │Freundeskreis etc.)│ │ Unternehmen  │   │  Stiftungen  │
└─────────────────┘    └──────────────┘    └──────────────┘    └──────────────┘

                       ┌──────────────┐    ┌──────────────┐
                       │Projektfinanzierung│ │institutionelle│
                       │ Landeszuschüsse, │ │ Finanzierung │
                       │ EU-Gelder für Pro-│ │z. B. feste Landes-│
                       │     jekte    │    │  zuschüsse für│
                       │              │    │ eine bestehende│
                       │              │    │  Einrichtung  │
                       └──────────────┘    └──────────────┘
```

6.1.1 Fundraising

Fundraising kann als systematisches Spendenmarketing verstanden werden und steht als Oberbegriff für das strategische Einwerben privater Spenden wie öffentlicher Zuwendungen. Mögliche Fundgivingbeziehungen können sowohl mit Privatpersonen als auch mit privaten wie öffentlichen Institutionen und Unternehmen erschlossen werden (vgl. Lissek-Schütz 2008, S. 499 f.).

Strategische Überlegungen umfassen dabei zunächst die Zielvorgaben. Ebenfalls sind im Vorfeld festzulegen: Umfang und Art des Bedarfs an Unterstützung (sollen monetäre Mittel oder Sachspenden eingeworben werden), die Dauer (einmalige Spende, zeitlich begrenzte Spende, unbegrenzte Spende etc.) sowie der Gegenstand der Förderung (Projekt, Bereich, Ausstattung etc.), bevor potenzielle Fundgiver gezielt angesprochen werden (vgl. Abb. 6.1). Ansprachen an Adressaten werden dabei individuell an diese gerichtet, wobei stets, neben dem Aufzeigen der Vorteile für den Förderer, die Überzeugung von den eigenen Zielen und Aufgaben im Vordergrund steht.

Privatpersonen	Institutionen (z. B. Stiftungen)	Unternehmen
▪ Vermittlung eines aus Perspektive des Adressaten überzeugenden Fördergrundes ▪ Schaffen von Identifikationsmöglichkeit	▪ Aufzeigen von Relevanz der eigenen Zielsetzung ▪ Vermittlung von Kompatibilität des Fördergegenstands mit Ausrichtung der Institution (Stiftungszweck) ▪ Beachten von Antragsmodalitäten	▪ Interesse wecken für Ziele und Aufgaben ▪ Aufzeigen von Anknüpfungen an Unternehmensziele

Abb. 6.1: Formen der Ansprache potenzieller Fundgiver

Ziel von strategischen Fundraisingaktivitäten ist dabei nicht nur das Einwerben punktueller Unterstützungen, sondern vor allem das Ausbilden langfristiger Beziehungen oder Friendraising (vgl. Günter/Hausmann 2012, S. 113, Lissek-Schütz 2008, S. 499 f., Klein 2011:2, S. 244 f). Die Förderung von Beziehungen umfasst dabei Maßnahmen der Bindung sowie der Betreuung potenzieller und vorhandener Spender, wie z. B. (Ukena 2008, S. 399):

- Schaffung kommunikativer Ereignisse (Tag der offenen Tür, Vorträge, Führungen)
- Informationsversorgung (Zeitschriften, Jahresberichte, Newsletter)
- Dankesstrategien (Dankesbriefe, telefonischer Dank, öffentliche Namensnennung)
- Angebot unkomplizierter Kontaktmöglichkeiten (Ansprechpartner vor Ort, eigene Mailadresse).

Crowdfunding

Eine weitere Variante des Fundraising stellt das Crowdfunding dar. Dabei kann zumeist über Onlineaufrufe die Spendenbereitschaft einer Vielzahl von Personen genutzt werden, um beispielsweise einzelne Projekte oder Maßnahmen zu realisieren. Als Anreize können für die Spender konkrete Gegenleistungen z. B. nach Höhe der Spende formuliert werden, die von der namentlichen Nennung bis zu persönlichen Einladungen z. B. zu Eröffnungsfeiern reichen. Bei der Kommunikation von Crowdfundingprojekten spielen Transparenz (Offenlegung von Kosten) und die Einbindung von Unterstützern in den kreativen Prozess eine große Rolle, da bei erst zu realisierenden Projekten ein besonderer Vertrauensvorschuss durch die Unterstützer erforderlich ist.

Fundraising stellt eine langfristige Aufgabe dar, deren Potenziale insbesondere in der Entwicklung besonders enger Beziehungen liegen, die entsprechend eine dauerhafte Finanzierungsgrundlage bieten können, wie Abbildung 6.2 zeigt (vgl. Lissek-Schütz 2008, S. 510, Junge 2013, S. 65).

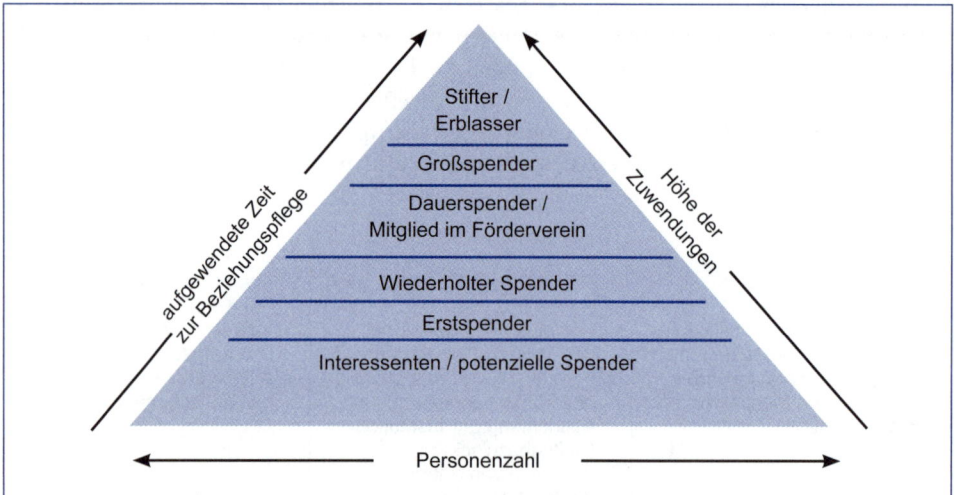

Abb. 6.2: Pyramide der Fundgiver

6.1.2 Sponsoring

Bei Sponsoring handelt es sich um die strategische Konzeption von Aktivitäten, bei denen dem Kulturbetrieb verschiedene Ressourcen, also Geld, Sachmittel, Dienstleistungen oder Know-how, durch andere Unternehmen und Institutionen bereitgestellt werden. Die Sponsoren (Unternehmen) wollen dadurch vor allem Ziele der Unternehmenskommunikation erreichen. Aus Sicht der gesponserten Kulturbetriebe steht die Erschließung neuer Finanzquellen im Rahmen eines professionellen Beschaffungsmarketings im Vordergrund.

Das Sponsoring unterscheidet sich vom reinen Kauf von Werbeflächen dadurch, dass es zusätzlich einen Fördergedanken beinhaltet. Sponsoring ist oft projektbezogen und keineswegs altruistisch. Es ist ein wirtschaftliches Geschäft und beruht auf Gegenseitigkeit (Bruhn 2010, S. 14, Bruhn 2010, S. 197). Der Arbeitskreis Kultursponsoring des Bundesverbandes der Deutschen Industrie schätzte 2010 die jährlichen Ausgaben der Unternehmen für die Kultur auf ca. 350 Millionen Euro (vgl. http://www.kulturkreis.eu, letzter Abruf 28.09.2013).

Der Begriff des »Sponserns« wird häufig auch mit »Partnerschaft« in Verbindung gebracht, wodurch verdeutlicht wird, dass hiermit eine wechselseitige Beziehung gemeint ist. Abbildung 6.3 fasst die Ziele, Aufgaben und konkrete Maßnahmen des Sponsorings aus der Sicht der Beteiligten zusammen.

Beteiligte	Gesponserte Einrichtung (Kulturbetrieb)	Sponsor (Unternehmen)
Ziele	Generierung neuer Ressourcen (Geld, Unterstützung, Sachleistung)	Positiver Imagetransfer vom Kulturbetrieb auf Unternehmen (Präsenz im kulturellen Umfeld)
	Legitimierung des Kulturbetriebs in Zeiten knapper Finanzmittel	Mitarbeitermotivation, Kundenbindung, zielgruppengerechte Kommunikation
		Zeigen von gesellschaftlicher Verantwortung
Aufgaben und Maßnahmen	Akquisition und Beziehung: Beziehungspflege zu möglichen Sponsoren	Auswahl geeigneter Kulturpartner, die es aus Unternehmenssicht zu sponsern lohnt und die inhaltlich zum Unternehmen passen
	Gezielte Auswahl von Sponsoren, die zum eigenen Kulturbetrieb passen (Größe, Ausrichtung, Werte, lokale Ansässigkeit usw.)	Planung der Kommunikationsmaßnahmen in Abstimmung mit der Kultureinrichtung
	Bereitstellen von Werbeflächen, Gestaltung der Kommunikationsmittel in Absprache mit den Sponsoren, ggf. Bereitstellung von Räumen und Infrastruktur	Z. B. werbewirksame Einbindung von Logos, Marken- oder Firmennamen in Medien wie Programmheften und Aufstellern im Foyer, Hinweise auf der Website
	Planung, Organisation, Durchführung und Kontrolle der Sponsoringaktivitäten	Kontrolle und Evaluation der Sponsoringaktivitäten

Abb. 6.3: Ziele, Aufgaben und Maßnahmen von am Sponsoring beteiligten Betrieben

Sponsoringplanung

Sponsoringaktivitäten sind insbesondere mit einem systematischen Planungs- und Entscheidungsprozess verbunden, in dem Leistungen beider Betriebe vor dem Hintergrund der jeweiligen Ziele festgelegt werden. Idealerweise werden Sponsoring-Partnerschaften und die damit verbundenen Konditionen jedoch nicht allein an den wirtschaftlichen Interessen und Zielen, sondern vor allem auf Grundlage der Gesamtausrichtung beider Organisationen und deren Übereinstimmungen ausgehandelt. Auf diese Weise können Imageübereinstimmungen gezielt genutzt und innerhalb der Sponsoringaktivitäten kommuniziert werden; negative Effekte, die durch stark divergierende Images beider Unternehmen hervorgerufen werden könnten, werden so vermieden. Die Wahl des »passenden« Sponsoringpartners ist somit für Kulturbetriebe von großer Bedeutung. Für den Sponsor ist wiederum eine umso positivere Bewertung von außen zu erwarten, je weniger dieser die eigennützigen Ziele des Unternehmens im Sponsoringprozess herausstellt. Neben der Form der Unterstützung (Geld, Sachmittel, Wissen) lassen sich Sponsoringaktivitäten auch nach der Anzahl der Sponsoren (Exklusiv- vs. Co-Sponsorships) und dem zeitlichen Bezug (Sponsoring eines Projekts vs. langfristiges Sponsoring) differenzieren (vgl. Bruhn 2010, S. 8 ff.).

Für Kulturbetriebe gilt es, zu beachten, dass die Einnahmen aus Sponsoringaktivitäten bestimmten steuerlichen Restriktionen unterliegen. So können beispielsweise bei aktiver Teilnahme der Gesponserten an den Werbeaktivitäten des Sponsors (hervorgehobene Hinweise auf den Sponsor, Verlinkung auf die Unternehmenswebsite, Firmenveranstaltung) die Einnahmen steuerpflichtig werden, während bei Danksagungen und der Verwendung des Sponsorenlogos in nachgeordneter Form im Programmheft eine Zuordnung zum ideellen Bereich, d. h. ohne steuerliche Folgen, möglich ist (Klein 2011:2, S. 233 f.).

> **Beispiel**
>
> **Sponsoring bei der Dresdner Semperoper: Deutschlands berühmteste »Brauerei«**
>
> Die Dresdner Semperoper ist das wohl bekannteste Opernhaus Deutschlands. Entscheidend für diese Bekanntheit ist eine Sponsoringpartnerschaft mit der Radeberger Exportbierbrauerei GmbH. Die Fördersumme erreicht dabei keineswegs die Millionen-Größenordnungen, liegt aber im hohen, fünfstelligen Bereich. Über die Verwendung der Gelder entscheidet die Oper. Berücksichtigt werden müssen Anzeigenvereinbarungen in Programmheften und Spielzeitpublikationen sowie im Internet.
>
>
>
> Ausschnitt Radeberger Werbespot 2013
>
> Während das Radeberger Bier sein Premium-Image durch die Semperoper stärkt, liegt die Zielsetzung der Semperoper seit Beginn der Partnerschaft im Jahr 1992 auf der Steigerung der Markenbekanntheit und der Erzeugung von Begehrlichkeit in Bezug auf die touristische Vermarktung. Hierdurch konnte eine Auslastung der Semperoper von über 90 % erreicht werden, was jährlich mehr als 300.000 Besuchern von Opernaufführungen, Ballettabenden und Konzerten entspricht. Ca. 325.000 Besucher nehmen außerdem jährlich an den bezahlten Führungen durch das prachtvolle Bauwerk teil. Während die allgemeine Markenbekanntheit von der Sponsoringpartnerschaft erheblich profitiert, zeigen sich in Bezug auf den künstlerischen Betrieb und das Angebot im Spielplan des Opernhauses jedoch Probleme, welche einer strategischen Fehlplanung in Form einer inadäquaten Partnerschaft zugeschrieben werden können. Diese betrifft vor allem den Abgleich gemeinsamer Ausrichtungen und Imagebezüge, welcher eigentlich Ausgangspunkt einer solchen Partnerschaft sein sollte. Stattdessen liegt der Partnerschaft ein starkes Imagegefälle zugrunde, welches in Bezug auf die Ansprache relevanter Zielgruppen stärker nicht sein könnte. Während Radeberger als Sponsoringgeber von den positiven Auswirkungen des Imagegefälles profitiert, macht dieses den Spielplanverantwortlichen der Semperoper zu schaffen. Kann man die Besucherfrage, ob denn in der Oper auch Bier gebraut würde, noch als hinnehmbare Kuriosität am Rande verbuchen, so sind dagegen die Konsequenzen in Bezug auf die Erwartungshaltung bei Repertoire und künstlerischer Umsetzung zunehmend problematisch. Die Werbespots suggerieren dem Fernsehzuschauer eine seichte Erlebniswelt, die das Widerspenstige und Schwierige der Kunstform »Oper«, zumal in modernen Inszenierungen, ausblendet. Reiseveranstalter berichten von Teilnehmern an Busfahrten zur Semperoper, die – einem günstigen Angebot folgend – in eine Vorstellung von Alban Bergs »Lulu« gerieten und sich schworen, nie wieder die Semperoper zu besuchen. Dabei ist davon auszugehen, dass diese enttäuschten Besucher ihre Empörung auch nicht für sich behalten, sondern zu Negativbotschaftern werden und im Freundes- und Bekanntenkreis ihrem Ärger Luft machen. Als weiterer Negativeffekt wird zunehmend beobachtet, dass die Semperoper in den Ruf einer »Touristenoper« gerät, was durch die Qualität des Angebots kaum gerechtfertigt ist.

6.1.3 Etablierung von Public-private-Partnerships

Eine Form der Finanzierung von Kulturbetrieben, welche sich zunehmend verbreitet, ist die Public-private-Partnership (PPP), bei welcher gleichermaßen öffentliche und private Mittel langfristig beteiligt sind und eine vertragliche Bindung zwischen mindestens zwei Partnern besteht. Alle Beteiligten verbindet ein gemeinsames Interesse am unterstützten Kulturbetrieb, sie verfolgen darüber hinaus aber auch eigene Ziele. Für den öffentlichen Träger der Kultureinrichtung besteht der Vorteil hier in der Generierung zusätzlicher Finanzmittel, während für den privatwirtschaftlichen Partner, ähnlich wie beim Sponsoring, der positive Imagetransfer einen zentralen Aspekt darstellt.

Eine partnerschaftliche Zusammenarbeit besteht zwischen der privaten und der öffentlichen Seite in allen Phasen der Planung und Umsetzung im Kulturbetrieb. Gegenüber dem Sponsoring ist eine PPP damit nicht nur langfristiger angelegt, der private Partner verfügt auch über ein größeres Mitbestimmungsrecht. Abbildung 6.4 verdeutlicht die Vorteile, die die PPP für alle Partner bieten kann, aber zeigt ebenso die möglichen Risiken auf (vgl. Gerlach-March 2010, S. 85 ff.).

	Vorteile	Nachteile
für beide Partner	Erreichung von sonst unmöglichen Zielen	fehlende oder asymmetrische Information
	Synergieeffekte, Ressourcenoptimierung	unterschiedliche Organisationsziele
	Planungssicherheit	Prioritäten, schlechte Kommunikation
	Risikoverteilung (Investition, potenzielle Verluste)	unbekannte Qualifikationen, fehlendes Vertrauen
	Wissenstransfer	
für den öffentlichen Partner (Kultur)	Finanzierungsentlastung, bessere Erfüllung öffentlicher Aufgaben	Verantwortungsteilung
	Professionalisierung/Optimierung	Gewährleistungspflicht
	Kostensenkung durch Wettbewerb	Verlust der Steuerungshoheit/Kontrolle
	innovative Lösungen, Effizienz durch Einführung betriebswirtschaftlicher Instrumente	verfrühte Prestigeprojekte, Zielkonflikt: Verlust der Gemeinwohlorientierung
	Investition trotz Haushaltssperre möglich	
für den privaten Partner (Wirtschaft)	neue Geschäftsfelder, Markteintritt in öffentlich dominierte Märkte	Zielkonflikt: nur begrenzte Gewinne in der Kultur; Effizienzhemmnis
	Verbesserung der eigenen Rahmenbedingungen/Nutzung der Verwaltungskapazitäten	Risiko durch höhere (Berater-)Kosten und Unsicherheit über Fortbestand der PPP
	Gewinnerzielung/sicherer Erfolg und Umsatz (öffentlicher Bedarf, kalkulierbare Gewinne)	unsichere Investitionskostenrentabilität
	Wahrnehmung als »Corporate Citizen«, Imageverbesserung	z. T. keine steuerlichen Vergünstigungen
	Erhalt finanzieller Unterstützung, bürgerschaftliches Engagement	u. U. Imageverlust und negative Resonanz hinsichtlich »Kommerzialisierung« der Kultur

Abb. 6.4: Vorteile und Nachteile von Public-private-Partnerships

6.1.4 Merchandising und Licensing

Merchandising bezieht sich auf die Verwertung und Vermarktung sämtlicher identifikationsfähiger Produkte durch einen Rechteinhaber (hier der Kulturbetrieb) und wird bereits von vielen Kulturbetrieben als feste Einnahmequelle genutzt. Der Vertrieb der Merchandisingartikel erfolgt dabei über interne Verkaufsstellen wie Museums- oder Theatershops, welche von den Kulturbetrieben direkt bzw. auch häufig durch deren Freundeskreise geführt werden. Dabei stehen die Merchandisingprodukte stets in einem direkten Zusammenhang zur Kernleistung der Einrichtung wie beispielsweise Ausstellungskataloge, Theaterführer, Poster, Postkarten, Logoartikel (z. B. Kugelschreiber), aber auch hochwertige Produkte wie Designobjekte, Modeaccessoires und Drucke. Ziel beim Merchandising ist ferner nicht nur der monetäre Erlös, sondern auch die Kundenbindung durch Identifikation über die Produkte und die damit einhergehende Steigerung des Bekanntheitsgrades der Einrichtung. So ergaben beispielsweise Besucherbefragungen in den großen Musicaltheatern in Deutschland, dass 42 % der Gäste ein Erinnerungsstück mitnehmen (Klein 2011:2, S. 219 ff.). Merchandising stellt insofern nicht nur eine Finanzierungsquelle dar, sondern trägt auch zur Markenbildung und PR der Einrichtung bei.

Licensing

Dem gegenüber steht das **Licensing**, welches die Vermarktung von Merchandisingartikeln durch einen Dritten bezeichnet. Der Rechteinhaber überträgt hierbei gegen Gebühr das Recht zur Nutzung eines vertraglich festgelegten Lizenzthemas an einen Dritten. Beispielsweise könnte ein externer Verlag einen Bildband mit Aufführungsfotografien eines Theaters herausbringen oder ein Uhrenhersteller Modelle mit dem Motiv eines Museums vertreiben. Dem Licensing liegt dabei ein konkreter Vertrag zugrunde, welcher das genaue Lizenzthema, die Produkte, die Vertragslaufzeit, das Vertragsgebiet und die Lizenzgebühr festlegt.

6.1.5 Weitere Aktivitäten zur Erzielung neuer Erlösfelder

Aktivitäten zur Erschließung neuer Einnahmequellen müssen nicht zwingend mit der Kernleistung einer Kultureinrichtung in Verbindung stehen. Neben Einnahmen, die sich direkt aus der Kernleistung ergeben wie Eintrittsgelder, Erlöse aus Führungen, Sonderveranstaltungen und Merchandising, lassen sich auch Finanzierungsmöglichkeiten aus sog. betriebsnahen Strukturen außerhalb des Kerngeschäfts erschließen. Mögliche Potenziale ergeben sich hier, wie Abbildung 6.5 zeigt, aus diversen Aktivitäten, welche auf betriebsspezifischen Ressourcen wie Räumlichkeiten, Wissen und Kommunikationsmedien des Kulturbetriebs basieren oder beispielsweise die Besuchsfrequenz der Besucher einbeziehen (vgl. Klein 2011:2, S. 218).

Aktivitäten	Beispiele
Aktivitäten, die auf dem Kern- bzw. erweiterten Angebot des Kulturbetriebs basieren	▪ Kooperationsaktivitäten ▪ Veröffentlichungen ▪ E-Commerce ▪ Fördervereine und Freundeskreise, Membership-Programme, Förderung des ehrenamtlichen Engagements
Aktivitäten, die auf der Frequenz und den Ausgaben der Besucher basieren	▪ Gastronomie-Angebote ▪ Handels- und Warenangebote
Aktivitäten, die auf dem Wissen und Know-how der Mitarbeiter basieren	▪ Beratungsdienstleistungen ▪ Trainings-, Ausbildungs-, Seminarangebote, Workshops ▪ Gastspiele, Wanderausstellungen ▪ Konzeption neuer Vermittlungsprogramme ▪ zielgruppenspezifische Angebote
Aktivitäten, die auf dem Standort und dem Raumangebot basieren	▪ Raumvermietungen für Tagungen, Seminare, Workshops, Feste, etc. ▪ Vermietung von Flächen für Werbezwecke ▪ Nutzung von Flächen für Gastronomieangebote
Aktivitäten, die auf den Werbeträgern und Medien des Kulturbetriebs basieren	▪ Anzeigenverkauf in eigenen Printmedien ▪ Akquisition von Internetwerbepartnern ▪ Social-Media-Aktivitäten, Virales Marketing ▪ Maßnahmen zur Förderung von Weiterempfehlungen

Abb. 6.5: Aktivitäten zur Erzielung neuer Erlösfelder

6.2 Personalpolitik

In Kulturbetrieben ist das Personal mit seinen Kenntnissen, Fähigkeiten und persönlichem Einsatz eine der wichtigsten Ressourcen und damit zugleich ein zentraler Faktor für den Erfolg oder Misserfolg der Organisation. In Verbindung mit dem Dienstleistungscharakter von Kulturangeboten trifft dies insbesondere auf die Mitarbeiter zu, welche in direktem Kontakt zu den Besuchern stehen. Diese prägen zu einem hohen Anteil die Wahrnehmung seitens der Besucher des Kulturbetriebs und können so mit ihrem Verhalten Einfluss auf das weitere Besuchsverhalten ausüben. Die Personalpolitik beinhaltet insofern eigene strategische Aspekte, welche sich auf die Analyse, Planung, Umsetzung und Kontrolle von Maßnahmen der Beschäftigung von Mitarbeitern sowie der Arbeitsumfeldgestaltung beziehen. (Meffert/Bruhn 2012, S. 368 f.). Da der Besucherbindungserfolg immer dann besonders hoch ist, wenn die Besucher eine persönliche (emotionale) Beziehung zum Kontaktpersonal aufbauen können (ebenda, S. 380), besteht eine besondere Herausforderung für den Kulturbetrieb darin, die (Service-)Interessen der Besucher mit den Mitarbeiterinteressen in Einklang zu bringen.

Auf operativer Ebene werden die langfristigen Strategien im Zusammenhang mit dem Personal innerhalb der Personalbestands- und -bedarfsplanung, dem Personaleinsatz sowie der Personalentwicklung umgesetzt. Diese werden dabei vor allem durch den organisationalen Kontext, der sich aus Kultur, Identität (CI), Philosophie und Zielsetzungen des Betriebs ergibt, mitbestimmt (vgl. Hentze/Kammel 2001, S. 74 ff.).

6.2.1 Personalbestandsplanung und Personalbedarfsplanung

Die Personalbestandsplanung versucht, ausgehend vom aktuellen Personalbestand, den zukünftigen Personalbestand zu ermitteln, während die Personalbedarfsplanung, ausgehend vom voraussichtlich zukünftigen Bedarf an Mitarbeitern, Anforderungen und Qualifikationen aufstellt. Im Mittelpunkt der Überlegungen steht hierbei, wie viele Mitarbeiter zu welchem Zeitpunkt und mit welcher Qualifikation erforderlich sind (Soll-Bestand). Auf der qualitativen Ebene bedeutet dies, dass diverse Anforderungsprofile für die unterschiedlichen Mitarbeiter erstellt werden müssen. Ein Ansatz der quantitativen Bestandsplanung besteht dagegen darin, das Verhältnis von festen Planstellen und frei verfügbaren Kräften soweit wie möglich zu optimieren (Rump 2001, S. 208), sodass die Basisfunktionen des Kulturbetriebs stets durch das Stammpersonal ausgefüllt werden.

Dieser Ansatz greift die Problematik der Mitarbeiterstruktur in nicht kommerziellen Kulturbetrieben auf, in denen teilweise nur wenige feste Vollzeitstellen besetzt werden können. Dort sind neben der wünschenswerten Gestaltung des Personalbestands vor allem die knappen Finanzmittel zu berücksichtigen. Je nach Arbeitsbereich gilt es dann zu ermitteln, wo kostengünstige Arbeitskräfte, wie Praktikanten, studentische Hilfskräfte oder ehrenamtliche Mitarbeiter eingesetzt werden können → **siehe auch Praxisbeispiel »Ehrenamtliche Helfer als wichtiger Bestandteil der Personalpolitik am Beispiel des Freilichtmuseums am Kiekeberg bei Hamburg« (S. 166/167)** oder auch welche Tätigkeitsbereiche ggf. nach außen abgegeben werden könnten, wie z. B. die Museumsaufsicht oder die Theatergastronomie. Bei der Planung von temporären Projekten, wie z. B. Sonderausstellungen, kann ebenfalls überlegt werden, ob hier Mitarbeiter für den Zeitraum des Projektes eingestellt werden. In der Praxis sind allerdings bei öffentlich geführten Kulturbetrieben die Gestaltungsmöglichkeiten der Personalplanung sehr eingeschränkt, da Vertragsgestaltung, Stellenplan und auch die Neubesetzung von Stellen in der Hand des Trägers liegen. Innerhalb dieser Grenzen hat die Leitung des Kulturbetriebs jedoch durchaus Möglichkeiten, auf die Personalpolitik einzuwirken.

Personaleinsatz

Beim Personaleinsatz kommen sämtliche Maßnahmen und Instrumente zur Anwendung, welche die Arbeitsorganisation, den Arbeitsplatz und die Arbeitszeiten bestimmen und gestalten (Abb. 6.6), aber auch unabhängig von der jeweiligen Tätigkeit sein können und z. B. der Beziehungsbildung dienen (Meffert/Bruhn 2012, S. 378 f.). So kann durch eine möglichst partizipative Art der Mitarbeiterführung die Mitarbeiterzufriedenheit gesteigert werden. Tätigkeitsunabhängige Maßnahmen zur Steigerung der Mitarbeiterzufriedenheit und -bindung können beispielsweise über besondere (Zusatz-)Leistungen (betriebsinternes Sportangebot, Ausflüge etc.) realisiert werden. Die Mitarbeiterzufriedenheit wirkt sich nicht nur positiv auf den Kundenkontakt aus, sondern beeinflusst ebenso die Qualität der Arbeit sowie Fehlzeiten und Stressbelastung. Zufriedene Mitarbeiter leisten entsprechend mehr und bessere Arbeit, sodass langfristig für den Kulturbetrieb die Möglichkeit besteht, Personalkosten zu senken, da die Fehlzeiten und die Fluktuationsrate abnehmen (vgl. Meffert/Bruhn 2012, S. 381 ff.).

Ein weiterer in Kulturbetrieben häufig problematischer Aspekt ist die aufgrund von zunehmender Personalknappheit erforderliche Mehrfachqualifikation von Mitarbeitern. So werden beispielsweise dem wissenschaftlichen Personal in Museen neben wissenschaftlichen Aufgaben oftmals Querschnittsaufgaben wie Marketing, Projektmanagement oder Fundraising übertragen.

6.2 Personalpolitik

	Arbeitsorganisations-bezogene Instrumente	Arbeitsplatzbezogene Instrumente	Arbeitszeitbezogene Instrumente
Bezugspunkt innerhalb der Tätigkeit	Sicherstellung eines guten, teamorientierten Arbeitsklimas	Handlungsspielraum des einzelnen Mitarbeiters in Verbindung mit seinem Arbeitsplatz	Benötigte Zeit zur (Dienst-) Leistungserstellung durch die Mitarbeiter
Maßnahmen	▪ dauerhafte Mitgliedschaft in einem Team mit regelmäßigen Kontakten ▪ teamorientierte Führung und Beurteilung ▪ Ausarbeitung und Umsetzung gemeinsamer Ziele	▪ Aufgabenerweiterung = Ausdehnung des Tätigkeitsspielraums ▪ Aufgabenbereicherung = Ausweitung des Entscheidungsspielraums um besser auf Besucherwünsche reagieren zu können ▪ Aufgabenbegrenzung = Sanktion (z. B. bei Überlastung) oder Spezialisierung	▪ Sensibilisierung für die Zeitdauer des Kunden-Mitarbeiter-Kontaktes ▪ Wahrnehmung der Serviceleistung als wesentlicher Bestandteil der Arbeitszeit ▪ Zeitflexibilität in Form von Anpassung der Arbeitszeiten an die Besonderheiten des Kulturbetriebs

Abb. 6.6: Instrumente und Maßnahmen beim Personaleinsatz

Dies führt nicht selten zu einer Überlastung, die ein professionelles Arbeiten deutlich erschwert. Neben der Förderung von erforderlichen betriebswirtschaftlichen Kompetenzen besteht als weitere Möglichkeit, diesem Problem zu begegnen, die Bildung projektbezogener Teams, welche den Einzelnen entlasten und zugleich eine interpersonelle Verständigung fördern.

6.2.2 Personalentwicklung

Zur Personalentwicklung zählen diejenigen Maßnahmen, die eine persönlichkeitsspezifische Entwicklung der Mitarbeiter fördern, um dadurch die Unternehmensziele mithilfe des Personals auf effiziente Weise zu erreichen (Meffert/Bruhn 2012 S. 381 ff.). Diese Maßnahmen beziehen sich auf kognitive Merkmale wie Kenntnisse und Fähigkeiten, affektive Merkmale wie Einstellungen und Motivation sowie konative Merkmale z. B. in Bezug auf kundenorientiertes Verhalten (ebenda).

Bei der Personalentwicklung spielt der Kompetenzbegriff eine wichtige Rolle. Die Mitarbeiter sollen durch den Erwerb oder die Veränderung von Kompetenzen auf neue Aufgaben vorbereitet und/oder für diese qualifiziert werden. Dabei handelt es sich nicht ausschließlich um fachliche Kompetenzen, sondern beispielsweise auch um Methoden-, Konzept-, soziale, emotionale und psychologische Kompetenzen. Im Museumsbereich verlangt beispielsweise die Verlagerung der Anforderungen vom Fachwissen zum Vermittlungswissen die Ausbildung bzw. die Stärkung besonders pädagogischer und psychologischer Kompetenzen.

In Anlehnung an Meffert/Bruhn (2012, S. 383) sollten Instrumente der Personalentwicklung je nach Mitarbeiter und Situation aufeinander abgestimmt sein, wobei diese mit direktem wie indirektem Bezug zum Arbeitsplatz realisiert werden können und ebenso arbeitsplatzübergreifend auf das Betriebsklima einwirken können, wie Abbildung 6.7 verdeutlicht.

Bezugsrahmen	Stellengebundene Maßnahmen am Arbeitsplatz	Stellengebundene Maßnahmen mit Bezug zum Arbeitsplatz	Stellenungebundene Maßnahmen außerhalb des Arbeitsplatzes	Stellenübergreifende Maßnahmen
Einsatzbereich	Training für Kundenkontakt	Verankerung interner Kundenorientierung	Vorbereitung auf neues Umfeld	Verbesserung des Betriebsklimas
Mögliche Maßnahmen	▪ Direkte Unterweisungen ▪ Lernen am Arbeitsplatz ▪ Job-Rotation = systematischer Arbeitsplatz-/Aufgabenwechsel	▪ Qualitätszirkel = arbeitsgruppenspezifischer Austausch von Wissen/ Kreativität ▪ Projektgruppenarbeit	▪ Vorträge ▪ Tagungen ▪ Kurse/Schulungen ▪ Workshops	▪ Mediation = Einsatz von Vermittlern ▪ Supervision = extern begleitete Analyse und Reflexion

Abb. 6.7: Maßnahmen zur Personalentwicklung

6.3 Produkt- und Leistungspolitik

In Dienstleistungsunternehmen kann die Produktpolitik innerhalb des Marketingmix als Leistungspolitik verstanden werden. Bezugnehmend auf die Kern- und Zusatzleistungen, die der Kulturbetrieb bietet, werden dabei Innovationen, Verbesserungen, Variationen und Differenzierungen der Leistungskomponenten entwickelt. Einen weiteren Schwerpunkt bildet in Bezug auf den Umgang mit Besuchern die Gestaltung der Service- und Beschwerdepolitik.

6.3.1 Kern- und Zusatzleistungen

Kulturbetriebe bieten häufig nicht nur eine einzige, sondern verschiedene Teilleistungen als Leistungsbündel an. Je dichter und unübersichtlicher der Markt ist, auf dem das Kulturgut angeboten wird, desto bedeutsamer ist es, die Einzigartigkeit oder Unverwechselbarkeit dieser Leistungsbündel zu definieren. Konstituiert wird die Einzigartigkeit dabei dadurch, inwiefern die angebotene Leistung sich gegenüber Leistungen der Konkurrenz auszeichnet und zugleich zum wahrgenommenen Kundennutzen beiträgt. Das einmalige Nutzenversprechen, welches eine Leistung bietet, wird daher auch als Unique Selling Proposition (USP) bezeichnet. Beispielsweise ergab sich bei der Ausstellung »Das MoMA in Berlin« (vgl. Beispielbox Kapitel 5.6) der USP vor allem aus der Einmaligkeit und zeitlichen Begrenztheit der Ausstellung, welche zusammen mit der Aura der Institution MoMA eine besonders hohe Nachfrage erzeugte. Aus Besuchersicht wurden für dieses einmalige Ausstellungserlebnis erhebliche Wartezeiten und körperliche Anstrengungen in Kauf genommen.

Innerhalb der Leistungsbündel von Kulturbetrieben können Kern- und Zusatzleistungen unterschieden werden. Die Kernleistung weist üblicherweise das geringste Differenzierungspotenzial auf, da alle Wettbewerber auf einem Markt diesen Basisservice erbringen müssen. In jedem

Theater wird beispielsweise als Kernleistung eine Aufführung erwartet und im Museum müssen Exponate vorhanden sein, um die Kernleistung zu erfüllen. Eine mögliche Differenzierung der Kernleistung kann auf drei Gestaltungsebenen erfolgen:

- Inhalt des Kernprodukts (z. B. Genre, Thema, Ausrichtung)
- Präsentationsform (z. B. traditionell, modern, avantgardistisch)
- produzierende Personen (z. B. Künstler, Musiker, Autoren).

Ausgehend von der Zielsetzung und Ausrichtung nicht kommerzieller Kulturbetriebe ist die Gestaltung der Kernleistung insofern eingeschränkt, als dass das Kulturprodukt nicht dem Publikumsgeschmack angepasst werden soll. Entsprechend ist auch das Nutzenversprechen bei der Kernleistung beschränkt. Daher kommen den Zusatzleistungen, welche die Kulturbetriebe anbieten, eine besondere Bedeutung hinsichtlich Differenzierung und Wertschöpfung zu, um Wettbewerbsvorteile zu sichern. So erfolgt beispielsweise seit den 1990er-Jahren eine Profilierung von Kulturbetrieben immer weniger über die künstlerischen Kerninhalte, sondern über Zusatzleistungen. Aus der Sicht der Nachfrager erhöhen die Ergänzungen den Nutzwert der Leistung. Eine Besonderheit einiger kultureller Angebote ist es, dass sie oft unterschiedliche Nachfrager ansprechen sollen, es aber nicht immer möglich ist, ein und dasselbe Leistungsangebot auf spezifische Zielgruppen zu formatieren. In diesem Fall bieten sich Zusatzleistungen als Kompromiss an.

Differenzierung von Zusatzleistungen

Eine Möglichkeit, Zusatzleistungen zu differenzieren, besteht in deren Nähe zur Kernleistung (z. B. Vermittlung kultureller Bildung, Sammeln, Aufbewahren, Forschen). So können diese entweder die Kernleistung unterstützen (**Facilitating Services**) oder von dieser weitgehend unabhängig sein (**Supporting Services**) (Grönroos 1990, S. 72 ff.):

- **Facilitating Services** sind Leistungen, welche die Kernleistung ermöglichen oder unterstützen, z. B. Verkauf von Eintrittskarten, freundliches Personal, didaktische Präsentation.
- **Supporting Services** sind Leistungen, welche nicht notwendigerweise zur Kernleistung zählen, z. B. Museumscafé, Souvenirshop, genügend Parkplätze.

Einen Überblick über einige mögliche Zusatzleistungen am Beispiel von Theatern und Museen liefert Hausmann (2005, S. 18). Abbildung 6.8 (siehe S. 132) stellt diese verschiedenen Zusatzleistungen in Bezug zur Kernleistung dar.

Eine weitere Differenzierungsmöglichkeit der Zusatzleistungen sind deren zeitliche Kriterien, was sich anhand der Besuchsprozessphasen verdeutlichen lässt. Hierbei kann in Anlehnung an den Prozesscharakter von Dienstleistungen zwischen einer Vorbesuchs-, einer Besuchs- sowie einer Nachbesuchsphase unterschieden werden.

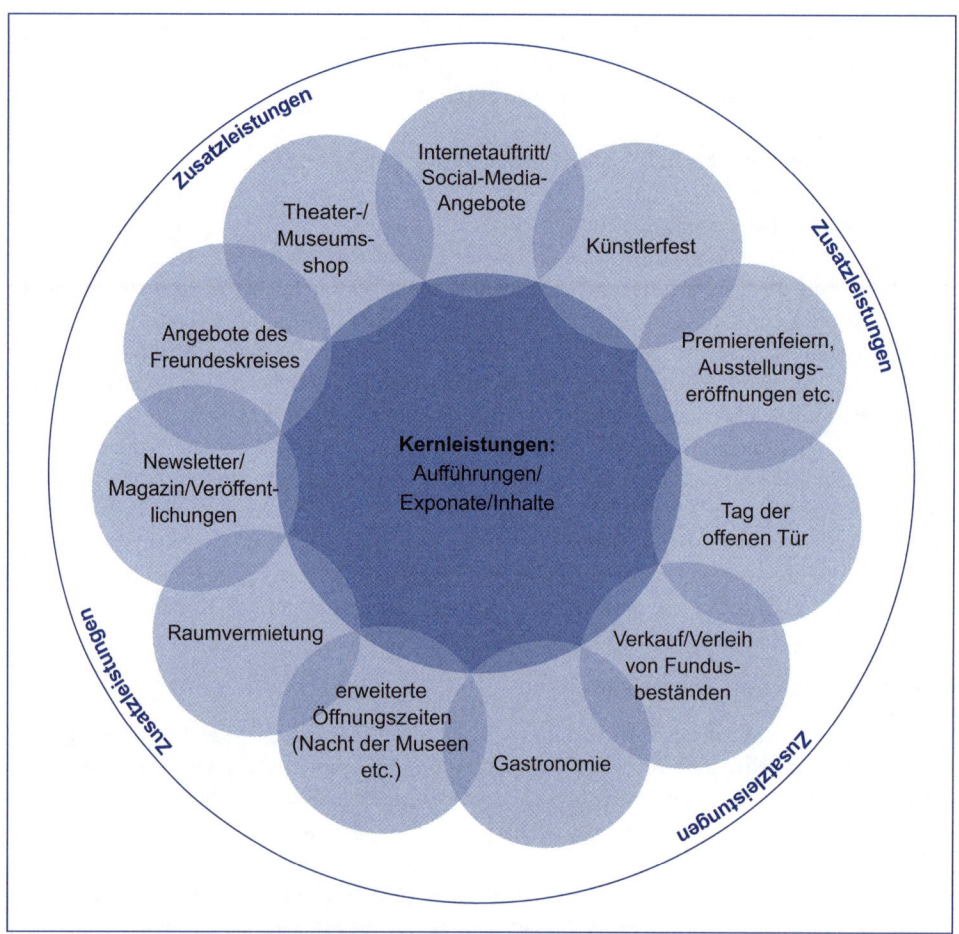

Abb. 6.8: Kernleistungen und Zusatzleistungen in Kulturbetrieben

Hausmann (2001, S. 242) stellt heraus, dass die Leistungen der Vorbesuchsphase vor allem in kommunikationsspezifischer Hinsicht wichtig sind, da sie letztlich zu einer Entscheidung für oder gegen den Besuch des Kulturbetriebs beitragen. Im Falle eines Besuchs bestätigen die weiteren Prozessphasen idealerweise die getroffene Entscheidung. Abbildung 6.9 (S. 133) zeigt beispielhafte Zusatzleistungen, die den entsprechenden Besuchsprozessphasen zugeordnet sind.

Diese Differenzierung verdeutlicht, dass Kern- und Zusatzleistungen letztlich stark zusammenhängen und vom Besucher i. d. R. als Leistungsbündel wahrgenommen werden, d. h. der Besucher bewertet seinen Aufenthalt in der Einrichtung insgesamt und nicht getrennt nach Kern- und Zusatzleistung. Ein fehlendes gastronomisches Angebot für die Theaterpause könnte so die Beurteilung des Theaterbesuchs insgesamt schwächen, obwohl die Aufführung gut gefallen hat.

6.3 Produkt- und Leistungspolitik

Besuchsprozess-phase	Leistungsmerkmale
Prozessphase »Vorbesuch«	Angebot an Informationen im Internet (eigene Homepage) und in externen Medien (Presse etc.) ▪ zu aktuellem Programm ▪ zu den Eintrittspreisen
	Erreichbarkeit ▪ Anschluss an öffentliche Verkehrsmittel ▪ Ausschilderungen ▪ Verfügbarkeit von Parkplätzen in der Nähe ▪ Öffnungszeiten ▪ Telefonische Erreichbarkeit
	▪ Erscheinungsbild ▪ erster Eindruck vom Museum ▪ Gestaltung des Eingangsbereichs
Prozessphase »Besuch«	Raumatmosphäre ▪ Beleuchtung ▪ Belüftung ▪ Sauberkeit ▪ Angebot und Qualität von Sitzgelegenheiten
	Personal ▪ Verfügbarkeit von Personal bei Fragen ▪ Freundlichkeit des Personals ▪ Informationsqualität von Aussagen des Personals
	Orientierung ▪ Angebot an Orientierungshilfen zur Raumstruktur ▪ Eindeutige Bezeichnungen von Räumlichkeiten ▪ Wegweisungen ▪ Übersichtlichkeit
	Informationen zum Kulturprodukt ▪ Lesbarkeit ▪ Informationsumfang ▪ Erklärung von Zusammenhängen
	Sanitäre Anlagen ▪ Wegweisung ▪ Sauberkeit
Prozessphase »Nachbesuch«	Gastronomie ▪ (Service-)Qualität des gastronomischen Angebots ▪ Preis-Leistungs-Verhältnis des gastronomischen Angebots
	Shop ▪ Preis-Leistungs-Verhältnis im Shop ▪ Attraktivität des Shopsortiments
	Weiterführende Informationen ▪ über die Einrichtung und ihre Aktivitäten ▪ zu Fördermöglichkeiten (Freundeskreise etc.) ▪ zu ergänzenden Freizeitangeboten in der Umgebung

Abb. 6.9: Besuchsprozessphasen am Beispiel eines Museums

6.3.2 Leistungsqualität und Kundenzufriedenheit

Das angebotene Leistungsbündel muss für die jeweilige Produktgattung charakteristische Leistungsmerkmale tragen. Zudem sieht der Verwender nur dann einen Nutzen des Leistungsangebots, wenn dessen Eigenschaften möglichst viele seiner Wünsche und Bedürfnisse befriedigen. Eng damit verbunden ist die Sicherung einer bestimmten Qualität der Leistung. Leistungsqualität beschreibt den Erfüllungsgrad eines individuellen Abnehmerbedürfnisses (Meffert et al. 2012, S. 310).

Im Gegensatz zu alltäglichen Gütern ist die Qualitätsbestimmung bei Dienstleistungen, wie sie von Kulturanbietern erbracht werden, sehr schwierig und vor allem subjektiv. Für die Beurteilung und das Marketing von Gebrauchsgütern verbreitete Qualitätsdimensionen wie Gebrauchsnutzen, Haltbarkeit und Zuverlässigkeit gibt es für Kulturleistungen in dieser Form nicht. Häufig können weder Anbieter noch Nutzer von Kulturleistungen somit eine objektive Bestimmung der Leistungsqualität vornehmen. Eine erste grobe Heuristik bietet hier die Orientierung an bestimmten Genres oder Formaten. Das Produzieren in Genres erleichtert einerseits Besuchern die Entscheidung, eine Veranstaltung oder ein Kunstereignis zu besuchen oder nicht. Andererseits werden damit allgemeine Kriterien für die Bewertung des Nutzwertes und der Qualität möglich. Diese Vorgehensweise ist jedoch noch sehr rudimentär, denn Kulturnachfrager werden die einzelnen Leistungen immer höchst unterschiedlich bewerten, abhängig von ihrem Lebens-, Kultur- und Kunstwissen sowie ihren Erfahrungen.

Eine methodisch anspruchsvollere Form der Qualitätsbetrachtung von Leistungsangeboten hat sich im Bereich der Zufriedenheitsforschung entwickelt, die eng mit der Qualitäswahrnehmung verwandt ist. Die Kundenzufriedenheit als psychologisches Konstrukt ergibt sich demnach aus der durch den Besucher wahrgenommenen Bestätigung seiner Erwartungen an das Kulturangebot hinsichtlich der Erfüllung seiner individuellen Bedürfnisse. Während eine Nichtbestätigung dieser Erwartungen entsprechend eine Unzufriedenheit mit der Leistung nach sich zieht, kann wiederum ein Übertreffen der Erwartungen im positiven Sinn auch eine Steigerung der Zufriedenheit bewirken. Entsprechend lässt sich die Kundenzufriedenheit nicht als starre Ausprägung betrachten, sondern vielmehr als abhängige Größe, welche durch verschiedene Faktoren seitens des Leistungserstellers gestaltet und beeinflusst werden kann. Nach Kanos **Mehr-Faktor-Theorie der Kundenzufriedenheit** (1984, S. 39 ff.) lassen sich dabei im Wesentlichen Basis-, Leistungs- und Begeisterungsfaktoren voneinander abgrenzen (vgl. Abb. 6.10).

Faktoren	werden erwartet	Zusammenhang mit Zufriedenheit/ Unzufriedenheit	Beispiel
Basis-faktoren	ja	Notwendig, jedoch nicht hinreichend für Zufriedenheit. Erfüllung oder Übertreffen führt NICHT zur Zufriedenheit, ABER die Nichterfüllung führt zu Unzufriedenheit	▪ Aufführung findet statt/ Es sind Originale als Exponate vorhanden. ▪ Es sind Toiletten vorhanden.
Leistungs-faktoren	ja	Bei Übertreffen der Besuchererwartungen steigt die Zufriedenheit, bei Unterschreiten der Erwartungen entsteht/ steigt die Unzufriedenheit	▪ kompetente Mitarbeiter ▪ Angebot von Führungen ▪ Beschilderung der Exponate ▪ ausführliche Programmhefte

Abb. 6.10: Basis-, Leistungs- und Begeisterungsfaktoren in Kulturbetrieben

Faktoren	werden erwartet	Zusammenhang mit Zufriedenheit/ Unzufriedenheit	Beispiel
Begeisterungsfaktoren	nein	Höchstes Potenzial zur Steigerung der Besucherzufriedenheit. Steigern den Wert der Gesamtleistung	▪ Kostenfreier Shuttleservice ▪ besonderes gastronomisches Angebot ▪ Erlebnisangebote

Abb. 6.10: Basis-, Leistungs- und Begeisterungsfaktoren in Kulturbetrieben (Fortsetzung)

Die genannten Faktoren folgen einer Hierarchie, d. h., sind die Basisfaktoren nicht gegeben, werden auch die Leistungs- und Begeisterungsfaktoren nicht wahrgenommen. Bei fehlenden Leistungsfaktoren wird sich demzufolge auch keine Begeisterung einstellen. Die Einordnung der Faktoren verhält sich jedoch dynamisch, d. h., im Laufe der Zeit entwickeln sich die Begeisterungsfaktoren zu Leistungs- und Basisfaktoren. Beim Besucher stellt sich eine Gewöhnung ein und die früheren Begeisterungsfaktoren werden zunehmend erwartet. Kulturbetriebe können dem begegnen, indem sie regelmäßig neue Anreize schaffen, die zu Begeisterung führen können und an die der Besucher noch nicht gewöhnt ist.

Ein weiterer Bezugsrahmen, in dem sich die Wahrnehmung der Faktoren bewegt, ist der zeitliche Verlauf, also die Dauer des Besuchs (vgl. Kano et al. 1984, S. 5). Wie Abbildung 6.11 zeigt, sinkt beispielsweise die Zufriedenheit je nachdem, wie viele Basisanforderungen in einem Zeitrahmen nicht erfüllt werden, während bei wachsendem Auftreten der Begeisterungsfaktoren über einen Zeitraum eine erhebliche Steigerung der Zufriedenheit bewirkt wird. Bei den Leistungsfaktoren steigt bzw. sinkt die Zufriedenheit dagegen proportional zum Grad ihrer Erfüllung. Innerhalb ei-

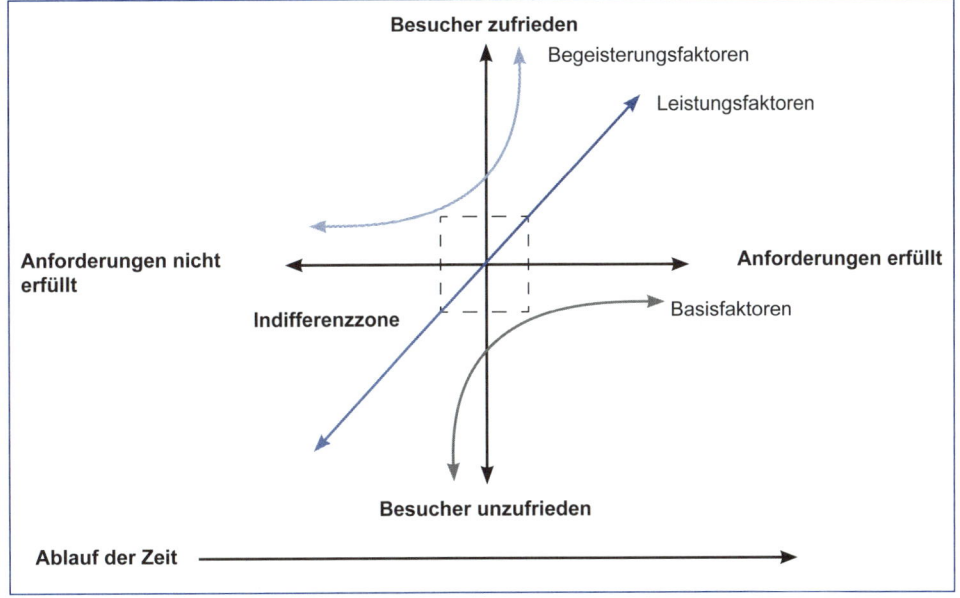

Abb. 6.11: Modell der Kundenzufriedenheit

nes bestimmten Rahmens existiert außerdem eine sog. Indifferenzzone, die eine gewisse Unentschiedenheit des Besuchers in Bezug auf erwartete Leistungen und seine Zufriedenheit diesbezüglich wiedergibt.

Studien aus dem Konsumgütermarketing zeigen, dass die Besucher immer kritischer werden. Bei diesen werden angesichts verlässlicher Qualitätsstandards im Hinblick auf die Kernleistung (funktionale Faktoren) vor allem solche Leistungsdimensionen als wichtig bewertet, die in keinem direkten Zusammenhang mit der Kernleistung des Betriebes stehen, wie z. B. die Art und Weise des Telefonkontaktes, Freundlichkeit, Höflichkeit, Auftreten, Verhalten und die Kompetenz der Mitarbeiter, Glaubwürdigkeit und Vertrauen, Kulanz, Erreichbarkeit, Verlässlichkeit usw. (vgl. Klein 2011:1, S. 453 f.). Auch im Kulturbereich ist dieser Wandel zu erkennen.

Beschwerdemanagement

Im Zusammenhang mit der Besucherzufriedenheit kommt dem Beschwerdemanagement eine große Bedeutung zu. Beschwerden können sowohl intern (von Mitarbeitern) als auch extern (von Besuchern) geäußert werden. Eine professionelle Bearbeitung von Beschwerden ist nicht zuletzt daher so wichtig, weil sich bei Nichtbeachtung der Kritikpunkte die unzufriedenen Besucher und Mitarbeiter schnell zu Negativmultiplikatoren entwickeln können. Verschiedene Untersuchungen im Bereich des klassischen Marketings haben gezeigt, dass von 100 unzufriedenen Kunden im Dienstleistungsbereich

- sich nur 4 beschweren,
- 70 bis 75 % erfahrungsgemäß kommentarlos zu Wettbewerbern übergehen,
- nur 8 bis 20 % trotz Unzufriedenheit loyal bleiben,
- jeder bis zu 12 anderen Personen von seinen Problemen und negativen Erfahrungen berichtet,
- ungefähr 85 % der Personen, deren Beschwerden schnell und unbürokratisch erledigt wurden, erneut bei dem Dienstleister kaufen.

Ein Angebot von Feedbackmöglichkeiten sowie unkomplizierte Problemlösungsstrategien sind daher von großer Bedeutung. Beschwerden können auf diese Weise durch den Kulturbetrieb aktiv eingefordert werden, um eine ständige Verbesserung der eigenen Leistung zu erreichen.

6.4 Preispolitik

Die Preispolitik befasst sich mit der Höhe der für die Leistungen von Kulturbetrieben zu entrichtenden Entgelte. Der Preis steht dabei als Entgeltfaktor dem gesamten Leistungsbündel der Einrichtungen gegenüber. Gleichzeitig stellt der Preis eine Botschaft dar und trägt zum Unternehmensimage bei, denn er beeinflusst nicht nur die Entscheidung eines potenziellen Besuchers darüber, ob er die jeweilige Leistung in Anspruch nimmt oder nicht, sondern auch dessen Auswahl innerhalb eines Angebotsumfeldes, z. B. welche Art der Führung im Museum in Anspruch genommen wird oder welche Theateraufführung besucht wird und ob weitere Zusatzangebote (Gastronomie, Merchandising) genutzt werden.

6.4 Preispolitik

Generell werden preispolitische Entscheidungen dann getroffen, wenn es um die Festsetzung eines Preises für eine neue oder einmalige Leistung und/oder um Preisänderungen geht. Letztere können aufgrund von Veränderungen in Angebot und Nachfrage, durch Aktionen der Wettbewerber oder aufgrund von Beschlüssen der Träger notwendig werden. Auch hier gilt jedoch für viele öffentliche Kulturbetriebe, dass nicht unbedingt ein autonomer Gestaltungsrahmen gegeben ist und Preisgestaltungsfragen komplett durch den öffentlichen Träger geregelt werden. Eine weitere Besonderheit und Anforderung an die Preisgestaltung für nicht kommerzielle Kulturbetriebe besteht in der Ausrichtung an sozialen und kulturpolitischen Kriterien, sodass die festzulegenden Preise nicht zu einer Gewinnerzielung beitragen können und sollen (vgl. Kapitel 2.2.2).

Preiszusammensetzung

Die Variable ›Preis‹ enthält stets drei Elemente, die bei der Entwicklung und Anwendung einer Preisstrategie eines Kulturbetriebes berücksichtigt werden: den **Produktpreis** (bzw. Preis für die Kernleistung) inkl. Steuern sowie die **Bemühungen** und **Zusatzkosten**, die der Konsument in den Erwerb eines Produktes oder die Inanspruchnahme einer Leistung investiert. Z. B. entspricht der Kauf der Eintrittskarte für einen Theaterbesuch dem Produktpreis, dazu müssen jedoch noch Bemühungen wie das Abholen der Karten, die Anreise zur Veranstaltung und das Aufbringen der Zeit, um an der Veranstaltung teilzunehmen, hinzugerechnet werden. Daneben entstehen für den Theaterbesucher Zusatzkosten für Parkgebühren oder die Nutzung des gastronomischen Angebotes in der Pause (vgl. Colbert 1999, S. 136).

6.4.1 Methoden der Preisbildung

Bei einer entsprechenden Marktausrichtung des Kulturbetriebs bezieht die Preisbildung und -kontrolle alle Marktteilnehmer (Konkurrenten, Politik, Sponsoren, Besucher etc.) ein, woraus sich der schließlich festgesetzte Preis als ein unter gegebenen Umständen bestmögliches Ergebnis aus mehreren Kompromissen ergibt (ebenda). Die Ziele und die strategische Ausrichtung des Kulturbetriebs bestimmen somit letztlich auch die Methoden der Preisbildung (vgl. Abb. 6.12).

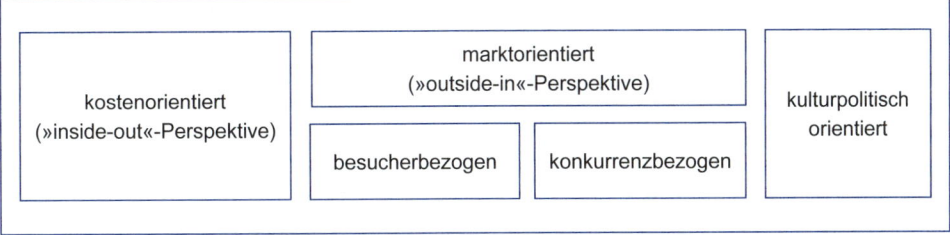

Abb. 6.12: Methoden der Preisbildung

Kostenorientierte Preisbildung

Mit dem Einsatz der kostenorientierten Preisbildung wird grundsätzlich das Ziel verfolgt, mit den Entgelten die Kosten der Leistungserstellung zu decken. Dafür ist die Kalkulation der Produktionskosten erforderlich (zu denen bei Profitbetrieben noch die Gewinnspanne addiert wird) (vgl. Colbert 1999, S. 141 f.). Die Gesamtkosten eines Produkts werden allgemein durch zwei Komponenten gebildet: die **Fixkosten** und die **variablen Kosten**. Die Fixkosten sind unabhängig von der Menge der produzierten Produkte bzw. der angebotenen Leistungen. Fixkosten sind z. B. die Gehälter der festangestellten Mitarbeiter, Versicherungen oder Raummieten. Gerade bei für den Kulturbereich typischen Dienstleistungen, die eine starke Mitarbeiterbeteiligung erfordern, sind diese Fixkosten besonders hoch.

Die variablen Kosten sind proportional zur Anzahl der hergestellten Produkte bzw. zum Leistungsumfang (ebenda S. 142). Beispiele hierfür sind höhere Kosten für das Servicepersonal bei verlängerten Öffnungszeiten oder der Zusammenhang zwischen den Material- und Druckkosten und der Anzahl der Ausstellungskataloge sowie die Gagen für Gastkünstler, die von der Anzahl der Aufführungen abhängen. Eine Schwierigkeit im Kulturbereich ergibt sich immer dann, wenn die Verkaufspreise pro Einheit voneinander abweichen, was beispielsweise bei gestaffelten Eintrittspreisen immer der Fall ist. Hier kann nur mit einem Durchschnittswert kalkuliert werden.

In Kulturbetrieben können die Kosten der Leistungserstellung vor allem im Servicebereich (Führungen, Workshops, Fachberatung, Vorträge, Vermietungsgeschäft etc.) und in Einzelfällen auch bei ausgewählten, durch hohe Besuchernachfrage gekennzeichneten Sonderausstellungen durch eine entsprechende Preispolitik gedeckt werden (vgl. ebenda S. 127 f.). Ein sehr positives Beispiel bildet z. B. die Sonderausstellung »Das MoMa in Berlin« der Neuen Nationalgalerie 2004, die aufgrund eines überwältigenden Besucherinteresses einen Überschuss von 6,5 Mio. Euro erzielte.

Konkurrenzorientierte Preisbildung

Diese Strategie orientiert sich bei der Preisfestsetzung an externen Kalkülen; sie setzt den Preis nach Analyse der Preise für Konkurrenzangebote von vergleichbaren Kultur- und Freizeiteinrichtungen fest. Beispielsweise orientierten sich öffentliche Theater früher häufig an Eintrittspreisen von Kinos. Somit wird bei diesem Verfahren den übrigen Wettbewerbern die Entscheidung über die Preisbestimmung überlassen und lediglich auf deren entsprechende Preisbestimmungen reagiert. Diese Methode ist insbesondere dann sinnvoll, wenn Konsumenten die beiden Produkte von zwei konkurrierenden Unternehmen als ähnlich wahrnehmen, wodurch der Preis zum einzigen Entscheidungskriterium für oder gegen eines der Produkte wird (vgl. Colbert 1999, S. 141). Der Einfachheit und den geringen Kosten dieser Methode steht der Nachteil gegenüber, dass die Möglichkeit der aktiven Produktpositionierung über den Preis ausgeschlossen wird (ebenda). Als nachteilig kann sich zudem erweisen, dass allein konkurrenzorientierte Preisbestimmungen weder die Kostensituation noch die Preisbereitschaften der Nachfrager hinreichend berücksichtigen. In subventionierten Kulturbetrieben ist diese Preisbildungsmethode aufgrund der geringen Wettbewerbsorientierung daher auch als Ausgangspunkt und primäre Methode von Preisfestlegungen nicht zweckmäßig. Dennoch sollten auch bei öffentlichen Kulturbetrieben die Preise der Konkurrenz mit berücksichtigt werden.

Besucherorientierte Preisbildung

Für diese Methode ist die Preisbereitschaft der Besucher für die Festsetzung von Leistungsentgelten maßgeblich. Die Preis- bzw. Zahlungsbereitschaft bezieht sich auf die grundsätzliche Bereitwilligkeit eines Nachfragers, in einer Kaufsituation für eine Leistung einen bestimmten maximalen Betrag zu zahlen. Dieser Begriffsabgrenzung gemäß stellt die Preisbereitschaft die individuelle Preisobergrenze dar. Da der maximale Preis, den ein Besucher zu zahlen bereit ist, unmittelbar mit dem wahrgenommenen Wert einer Leistung korrespondiert, kann die Preisbereitschaft entsprechend als monetärer Ausdruck des wahrgenommen Wertes einer Leistung interpretiert werden (vgl. Colbert 1999, S. 140). Bei Kulturangeboten besteht hier wiederum die Problematik, dass aufgrund des Dienstleistungscharakters eine Einschätzung des wahrgenommenen Werts erschwert ist. Durch die Immaterialität und Intangibilität von Kulturangeboten lassen sich Leistungswerte nur schlecht beschreiben und eine Angebotsqualität schlecht einschätzen. Zudem lassen sie sich aufgrund ihres überwiegend immateriellen Charakters, ohne die tatsächliche Inanspruchnahme der Leistungen, nur unter großer Unsicherheit beurteilen. Neben dem materiellen Wert kommen ferner ideelle Werte hinzu, die individuell unterschiedlich wahrgenommen werden. Eine Möglichkeit besteht hierbei darin, eine Einschätzung verschiedener Besuchersegmente als Grundlage einer besucherorientierten Preisdifferenzierung heranzuziehen (siehe Kapitel 6.4.2).

Weiterhin problematisch ist, dass die Wettbewerbssituation zwischen den verschiedenen Kulturbetrieben ebenfalls auf die Preise wirkt. Akzeptiert ein (potenzieller) Besucher nämlich einen höheren Preis und die Konkurrenten senken ihre Preise, so kann dies für einen Kulturbetrieb möglicherweise Verluste an Umsatz und Marktanteil bedeuten (ebenda S. 141).

Preiselastizität

Einen weiteren Einfluss auf die Preispolitik im Kulturbereich übt die Preiselastizität der Besucher aus. Unter einer hohen Preiselastizität versteht man, dass schon eine geringe Erhöhung der Preise einen überproportionalen Rückgang der Nachfrage bewirkt und umgekehrt eine geringe Preissenkung eine überproportional erhöhte Nachfrage erzeugt (vgl. Homburg 2012, S. 667 f.). Dabei gilt für das Verhältnis von Preis und Verkauf: Je höher der Preis, desto geringer die Anzahl der verkauften Einheiten und je geringer der Preis, desto höher die Anzahl der verkauften Einheiten. Wichtige Fragestellungen wären hier u. a. wie viele Besucher über eine Preissenkung gewonnen werden könnten bzw. wie viele aufgrund einer Preiserhöhung abwandern würden. Als elastisch wird eine Nachfrage daher dann bezeichnet, wenn sie auf eine Preisänderung überproportional reagiert. Als unelastisch wird sie hingegen dann bezeichnet, wenn sie bei einer Preisänderung relativ wenig variiert. Empirische Untersuchungen haben zum Teil gezeigt, dass die moderate Erhöhung von Eintrittspreisen im Kultursektor i. d. R. nur zu unterproportionalen Veränderungen in der Nachfrage, d. h. zu einem relativ geringen Rückgang der Besucherzahlen, führt (vgl. Colbert 1999, S. 145). Andere Untersuchungen ergeben wiederum starke Schwankungen der Preiselastizität zwischen Besuchern verschiedener Kultursparten und selbst zwischen verschiedenen Betrieben einer Kultursparte in derselben Stadt (vgl. Felton 1992). Dies zeigt, dass sich Kulturbetriebe oft individuell mit der Preiselastizität ihrer jeweiligen Besuchergruppen auseinandersetzen sollten.

Kulturpolitische Einflüsse auf die Preisbildung

Wie bereits in Kapitel 2.2 beschrieben, gestaltet sich bei öffentlichen Kulturangeboten die Preisbildung schwierig. Für Kulturgüter als meritorische Güter können so häufig keine Preise festgelegt werden, welche den tatsächlichen Marktwert dieser Güter zum Ausdruck bringen. Marktorientierte Kriterien, wie die Preiselastizität der Besucher einzukalkulieren, fällt vielen Kulturanbietern somit schwer bzw. ist so nicht möglich. Aus diesem Grund werden viele öffentliche Kulturbetriebe durch Subventionen unterstützt, sodass die Festsetzung günstiger Preise möglich ist.

Im Zuge der kulturpolitischen Vorgabe, eine solche Zugänglichkeit von Kulturgütern für »alle« zu gewährleisten, wird häufig sogar ganz auf die Erhebung von Eintrittsgeldern oder Gebühren verzichtet. Hinsichtlich der Wirkung auf bestimmte Besuchersegmente ist diese Methode jedoch nicht unproblematisch. So könnten unentgeltliche Angebote den Eindruck einer minderen Qualität erzeugen, da Preis und Angebotsqualität häufig assoziiert werden. Besonders auf Besucher, bei denen Prestigemotive beim Kulturbesuch im Vordergrund stehen, wirkt eine solche Preisbildung abschreckend. Als eine Alternativstrategie könnte ein solcher Kulturbetrieb versuchen, statt des Eintrittspreises in anderen Bereichen von Zusatzleistungen weitere Kosten für Besucher zu minimieren (z.B. das Bereitstellen entgeltfreier Theaterbusse, welche für die Besucher Transportkosten einsparen), sodass keine Barrieren für Besucher aus unteren Einkommensklassen entstehen.

6.4.2 Instrumente der Preispolitik zur Erlösoptimierung

Zur Optimierung seiner Erlöse hat der Kulturbetrieb im Rahmen der Preispolitik folgende Möglichkeiten: die **Preisdifferenzierung**, die **Preisvariation** sowie die **Preisbündelung**. Integrativität und Immaterialität von Kulturleistungen ermöglichen beispielsweise eine marktorientiere Preisgestaltung auf der Basis einer kostenorientierten Preisfindung, die dann wiederum spezifische Preisdifferenzierungen ermöglicht.

Die Preisdifferenzierung trägt dem Umstand Rechnung, dass Nachfrager auf einem Markt üblicherweise unterschiedlich hohe Zahlungsbereitschaften für die gleiche Leistung aufweisen. Ihr vorrangiges Ziel ist es deshalb, möglichst viele verschiedene Besuchergruppen zu gewinnen und dadurch die Erlöse zu steigern. Die Preisdifferenzierung kann weiterhin dazu beitragen, eine gleichmäßigere Auslastung der Kapazitäten zu erzielen. Auf diesem Weg können Leerkosten vermieden oder zumindest reduziert werden. Eine Preisdifferenzierung im Kulturbereich kann nach verschiedenen Kriterien durchgeführt werden (vgl. Hausmann 2005, S. 132 ff.), wie in Abbildung 6.13 veranschaulicht.

	Räumliche Preis-differenzierung	Zeitliche Preis-differenzierung	Besucherorientierte Preisdifferenzierung	Mengenorientierte Preisdifferenzierung
Bezug	verschiedene Ausstellungsräume/Standorte/Spielstätten	Zeitpunkt der Inanspruchnahme von kulturellen Leistungen	soziodemografische Merkmale wie Alter, soziale Stellung, auch Besucherstatus	Anzahl der nachgefragten Dienstleistungseinheiten
Anwendung	Einrichtungen, die über verschiedene Stätten/Standorte verfügen, Vermietung unterschiedlicher Räumlichkeiten	Eintrittspreise je nach Tageszeit oder Wochentagen, hierüber lassen sich auch Auslastungen steuern	bei variierender Preisbereitschaft der Besucher entsprechend der herangezogenen Differenzierungskriterien	Gruppentickets, Jahreskarten, Abonnements → Vorteil der »sicheren« Einnahmen
Beispiel	Bei den Staatlichen Museen zu Berlin beträgt der Eintrittspreis für den außerhalb gelegenen Standort Dahlem 8 Euro und für den zentralen, Standort Museumsinsel 18 Euro.	In Kinos werden häufig höhere Preise für Tage mit hoher Auslastung festgelegt (z. B. am Wochenende). Dies ist auch zum Teil im Konzertbereich der Fall.	Reduzierte Preise werden von der Mehrheit der Kulturbetriebe in Deutschland z. B. für Studenten, Kinder, Familien oder Mitglieder bestimmter Vereine angeboten.	Museumsjahreskarten, die entweder den freien Eintritt begrenzt auf eine Dauerausstellung oder den freien Eintritt für Dauer- und Sonderausstellungen zusichern

Abb. 6.13: Möglichkeiten der Preisdifferenzierung

Die Preisvariation bedeutet, dass ein Kulturbetrieb den Preis für bestimmte Leistungen innerhalb eines bestimmten kurz- oder längerfristigen Zeitraums zur bewussten Beeinflussung des Marktes anhebt oder absenkt. Kurzfristige Preisaktionen (»Sonderangebote«) im Museumsshop oder bei der Vermietung von Räumen können so die Nachfrage stimulieren und zu einer Erhöhung der Erlöse beitragen. Zwei Dimensionen bestimmen dabei die verschiedenen Optionen der Preisvariation: das generelle Preisniveau des Angebots sowie die Variabilität der Preishöhe. Abbildung 6.14 zeigt die vier Preisoptionen der Preisvariation:

	starre Preishöhe	variable Preishöhe
niedriges Preisniveau	**Diskontpreis** liegt unterhalb des durchschnittlichen Marktpreises + gewährt Zugänglichkeit für jeden - Gefahr der Assoziation mit geringer Qualität → Regionalmuseen mit sehr geringem, unentgeltlichen Eintritt	**Penetrationspreis** niedriges Preisniveau zur Produkteinführung, später Preiserhöhung + beeinflusst Akzeptanz bei Einführung neuer Angebote - problematisch bei hoher Preiselastizität der Besucher → Bei der Starttour eines Orchesters, das bei steigender Reputation in der Folgesaison die Preise erhöht
hohes Preisniveau	**Premiumpreis** liegt oberhalb des durchschnittlichen Marktpreises + bringt Leistungsführerschaft zum Ausdruck in Verbindung mit positiven Imageeffekten - Bildung von Nutzungsbarrieren für bestimmte Besuchersegmente → Opern- oder Theaterpremieren mit Starbesetzung (Auftritt als gesellschaftliches Event)	**Abschöpfungspreis** zunächst hohes Preisniveau, das nach Produktakzeptanz (vorübergehend) abgesenkt wird + ermöglicht die Abschöpfung großer Gewinnspannen - Bildung von Nutzungsbarrieren für bestimmte Besuchersegmente → Preissenkung zum Ende einer Musicalaufführung

Abb. 6.14: Optionen der Preisvariation

- Diskontpreis
- Premiumpreis
- Penetrationspreis
- Abschöpfungspreis.

Die Preisbündelung bezeichnet die Zusammenstellung mehrerer identifizierbarer Teilleistungen eines Anbieters oder mehrerer Anbieter zu einem Angebotsbündel mit Ausweis eines Gesamtpreises, wobei der Gesamtpreis unter der Summe der Einzelpreise liegt. Es kann zwischen der reinen Preisbündelung (»Pure Bundling«) und der gemischten Preisbündelung (»Mixed Bundling«) unterschieden werden (Meffert/Bruhn 2012, S. 249 f.). Im Kulturbereich kann der Einsatz der Preisbündelung dazu beitragen, die Umsatzerlöse und die sonstigen betrieblichen Erträge zu erhöhen. Im Rahmen des »Pure Bundling« kann beispielsweise ein Museum eine Gemeinschaftskarte für verschiedene Einrichtungen oder Standorte anbieten. Dabei wird nur ein Gesamtpreis ausgewiesen, es sind keine Einzeltickets für die unterschiedlichen Standorte zu erwerben (wie etwa bei der Kunsthalle Hamburg für die Galerie der Gegenwart, das Hubertus-Wald-Forum und die Dauerausstellungen in Alt- und Neubau). Im Rahmen der gemischten Preisbündelung (»Mixed Bundling«) bieten Kulturbetriebe neben einem Gesamtpaket mit dem Bündelpreis auch alle Teilleistungen zu Einzelpreisen an. Diese Form wird auch »Optional Bundling« genannt, weil dem Besucher die Entscheidung zwischen dem Kauf einer Einzelleistung und dem Leistungsbündel freigestellt wird. Gemischte Preisbündelungen erfordern häufig die Kooperation zwischen verschiedenen Kulturbetrieben bzw. mit erwerbswirtschaftlichen Unternehmen (Hotellerie, Gastronomie etc.). Einige Theater und andere Veranstalter bieten zunehmend kulturtouristische Leistungsbündel an, wobei die Eintrittskarten, Übernachtungsbuchungen und evtl. ein weiterführendes Rahmenprogramm zu einem Paketpreis angeboten werden.

6.5 Distributionspolitik

Die Distributionspolitik umfasst Maßnahmen, welche die Verteilung der Güter und Leistungen sowie den Verkauf und die Vertriebswege der Kulturgüter und Kulturleistungen betreffen. Wesentliche Distributionsinstrumente sind die **Gestaltung des logistischen Systems** und die Gestaltung der **Absatzkanalsysteme** (vgl. Meffert/Bruhn 2012, S. 343 ff.). Die Gestaltung des logistischen Systems versucht, bei dienstleistungsähnlichen Kulturangeboten die Kosten der Inanspruchnahme einer Leistung zu senken. Als zentrale logistische Aufgabe gilt hierbei die Erfüllung des raumzeitlichen Präsenzkriteriums, d. h., der Kulturbetrieb muss permanent leistungsfähig sein, da er seine Angebote nicht auf Vorrat produzieren kann. Außerdem muss der Besucher die Kultureinrichtung aufsuchen, um die Kulturleistung in Anspruch zu nehmen. Der Besucher erwirbt vom Kulturbetrieb ein Anrecht (z. B. Eintrittskarte) auf eine Leistung (z. B. Besuch einer Ausstellung, eines Konzerts, eines Theaterstücks etc.), wofür Reservierungssysteme o. Ä. eingerichtet werden müssen. Die Gestaltung der Absatzkanalsysteme zielt somit auf die Auswahl der **Absatzwege**.

6.5.1 Absatzwege

Über die Absatzwege legt ein Kulturbetrieb fest, wo und wie er seine Leistungen an die Besucher bringt. Die Gestaltung der Absatzwege umfasst weiterhin die Planung und die Koordination von Netzwerken unterschiedlicher **Absatzmittler** und **Absatzhelfer**, welche bei der Distribution beteiligt sind. Absatzhelfer, die auch als Vertriebsagenten bezeichnet werden, erbringen dabei die Dienstleistung zur Weiterleitung einer Leistung und können beispielsweise Tourismuseinrichtungen, städtische Kulturbüros oder Agenturen sein, die im Auftrag eines Kulturbetriebs Eintrittskarten verkaufen. Absatzmittler erwerben dagegen bei der Distribution das Eigentum an der Leistung, wie es bei Einzelhandelsgeschäften, z. B. Buchhandlungen oder auch Galerien, der Fall ist. Im Kulturbereich sind Absatzmittler aufgrund des Dienstleistungscharakters der Kulturangebote jedoch generell seltener anzutreffen.

Bei den Absatzwegen lassen sich eine **direkte** und eine **indirekte** Grundform unterscheiden. Daneben gibt es auch Kombinationen beider Absatzformen.

Direkte Distribution: Die direkte Distribution meint, dass die Verpflichtungserklärung zur Erbringung einer Leistung (beispielsweise die Ausgabe von Eintrittskarten) und die Erbringung der Kulturleistung (Führung durch eine Ausstellung, Theateraufführung usw.) durch den gleichen Betrieb erfolgen. Die direkte Distribution kann nochmals unterteilt werden nach einer **unmittelbaren direkten Distribution** und einer **mittelbaren direkten Distribution** (vgl. Meffert/Bruhn 2012, S. 344). Bei der **unmittelbaren direkten Distribution** erfolgt ein Eigenvertrieb durch den Kulturbetrieb. Dem Besucher wird die Leistung an zentraler Stelle zur Verfügung gestellt, beispielsweise durch eine zentrale Museumskasse. Bei der **mittelbaren Direktdistribution** wird die Leistung an unterschiedlichen Stellen angeboten, beispielsweise an zwei verschiedenen Standorten eines Museums oder an mehreren Spielorten eines Theaters. Viele Kulturbetriebe verfügten lange Zeit nicht über die ausreichenden finanziellen und personellen Ressourcen, um ihre Leistungen nicht ausschließlich direkt zu vertreiben. Dank medialer Kommunikations- und Distributionssysteme (Internet, Telefon) ist dies jedoch mit immer weniger Aufwand möglich. Als direkte Absatzwege für den Kulturbetrieb kommen neben dem Verkaufsraum (Theaterkasse o. Ä.) vor allem das Internet und ggf. auch die direkte Ansprache (face-to-face) in Frage. Das System des Ticketing kann als direkter oder indirekter Absatzkanal genutzt werden.

Indirekte Distribution: Bei der indirekten Distribution erfolgt der Vertrieb der Leistungen durch einen Absatzmittler/Absatzhelfer. Beim Vertrieb über Absatzhelfer werden häufig keine Leistungen an sich verkauft, sondern ein Leistungsversprechen (z. B. Eintrittskarten). Die Leistungsversprechen sind häufig an ein materielles Trägermedium gebunden und berechtigen den Käufer, eine bestimmte Leistung zu einem späteren Zeitpunkt in Anspruch zu nehmen. Der indirekte Vertrieb von Dienstleistungen kann entweder **mittels eines Co-Producers** oder über einen **reinen Absatzhelfer** erfolgen (vgl. Meffert/Bruhn 2012, S. 348 f.). Im Gegensatz zu reinen Absatzhelfern übernehmen Co-Producer auch einen Teil der Leistungserstellung, wie z. B. die Beratung beim Kauf von Theaterkarten. Häufig werden im Veranstaltungsbereich die Eintrittskarten durch externe Ticketing-Agenturen vertrieben. Auch bei der indirekten Distribution werden zunehmend mediale Verkaufsorgane eingesetzt. Daneben kann der Vertrieb auch über Touristik- und Wirtschaftsunternehmen erfolgen bzw. im Kunstsektor über Fachmessen, Galerien, Auktionshäuser u. a. (vgl. Ahrendt 2008, S. 214 f.). Die Hauptfunktion des Absatzmittlers/Absatzhelfers liegt darin, den Kontakt des Produzenten zu der gegebenen Anzahl von Kunden zu optimieren und so die Anstrengungen des Produzenten zu reduzieren.

Vorteile und Nachteile einer direkten bzw. indirekten Distribution sind in Abbildung 6.15 aufgeführt. Vorteile der einen Vertriebsvariante stellen dabei zugleich die Nachteile der anderen dar, was die Wichtigkeit der Ableitung von Vertriebsentscheidungen auf Basis strategischer Überlegungen nochmals deutlich macht.

	Direkte Distribution	Indirekte Distribution
Beispiel	■ Onlinekatalog der SUB Hamburg ■ Tageskasse der Semperoper ■ Radiokonzert des WDR Rundfunkorchesters	■ Gemeinsamer Verbundkatalog des Bibliotheksverbunds (GBV) ■ Ticketpool Deutschland (Onlineanbieter) ■ Konzert-CD des Rundfunkorchesters bei amazon.de
Vorteile	■ Kulturbetrieb besitzt gesamte Kontrolle über das Absatzgeschehen ■ Möglichkeit schneller Reaktion im Zuge von Veränderungen ■ Unmittelbare Kommunikation mit Abnehmer → Feedbackmöglichkeit ■ Ersparnis von Abgaben an Absatzmittler	■ Entlastung durch Übernahme von Serviceleistungen ■ Absatzmittler übernimmt Preisrisiko ■ Einsparung von evtl. Lagerressourcen
Nachteile	■ Hoher Koordinationsaufwand ■ Preisrisiko im Falle hoher Preiselastizität der Abnehmer	■ Fehlende Kontrolle z. B. über Kommunikationsinstrumente ■ Wenig Flexibilität im Falle neuer Entwicklungen ■ Zusätzlicher Kostenaufwand

Abb. 6.15: Vorteile und Nachteile direkter und indirekter Distribution

Die Auswahl von geeigneten Absatzwegen ist eng verbunden mit den jeweiligen Zielen des Kulturbetriebs. Mögliche Handlungsziele bei der Wahl und Gestaltung von Absatzwegen sind:

- das aktive Herantragen der Kulturleistung an die Zielgruppe,
- die Unterstützung des Images der Kulturleistung beim Besucher,
- den Zielgruppen den Erwerb der Kulturleistung auf die von ihnen gewünschte Art und Weise zu ermöglichen,
- den Zielgruppen angemessene Preise und Service zu bieten,
- die Absatzmittler/Absatzhelfer für die Kulturleistung und die Konditionen des Kulturbetriebs zu gewinnen sowie
- strategische Ziele zu erreichen.

6.5.2 Vertriebsstrategien

Bei strategischen Entscheidungen zum Vertriebssystem spielen auch vertragliche Bindungen eine wichtige Rolle. Anbieter haben die Möglichkeit, bei entsprechender Attraktivität ihrer Leistungen für die Vertriebspartner ihr Vertriebssystem durch vertragliche Bindungen rechtlich abzusichern und ihre eigenen Vorstellungen über die Verkaufsgestaltung durchzusetzen. In Anlehnung an klassische Marketingansätze können auch im Kulturbereich die folgenden Kategorien von Vertriebsstrategien unterschieden werden:

Die intensive Vertriebsstrategie sieht einen maximalen Vertrieb einer Leistung mittels des Einrichtens möglichst vieler Verkaufsorte (Points of Sale) vor, beispielsweise Vorverkaufsstellen für Konzertkarten, wobei jedoch keine weitergehende Differenzierung der Absatzmittler/Absatzhelfer stattfindet, da eher die Quantität des Vertriebs im Mittelpunkt steht.

Die selektive Vertriebsstrategie sucht demgegenüber eine Auswahl der Abnehmer nach festgelegten spezifischen Kriterien aus, wodurch eine Limitation der Points of Sale erreicht wird. Mit der selektiven Vertriebsstrategie verfolgen Kulturbetriebe häufig das Ziel, ihr Image zu kontrollieren und sich im Hinblick auf den Ruf und die Glaubwürdigkeit ihrer Vertriebspartner gegenüber bestimmten Anspruchsgruppen abzusichern. Dadurch, dass das Produkt oder die Leistung lediglich an einigen wenigen ausgewählten Standorten erhältlich ist, wird dem Produkt oder der Leistung ein Seltenheitswert beigemessen.

Die exklusive Vertriebsstrategie: Bei der Wahl der exklusiven Vertriebsstrategie wird der Selektionsprozess im Vergleich zur selektiven Vertriebsstrategie noch stärker betrieben. Die Produzenten suchen im Rahmen dieser Strategie zumeist selbst gezielt ihre Vertriebsagenten aus und behaften diese somit mit einer gewissen Exklusivität. Diese kann dabei mit einer erhöhten Beratungsqualität (z. B. klassische Konzerte, Oper) verbunden werden. Folglich resultiert aus der Anwendung der exklusiven Vertriebsstrategie eine Monopolstellung des ausgewählten Händlers innerhalb eines bestimmten Territoriums.

6.6 Kommunikationspolitik

Ein weiterer wichtiger Baustein im klassischen Marketingmix ist die Kommunikationspolitik. Diese umfasst Informationen und Signale eines Kulturbetriebs, die sich an relevante Zielgruppen richten und die – im Sinne des Kulturbetriebs – Meinungen, Einstellungen, Erwartungen und Verhaltensweisen beeinflussen. Die Maßnahmen der Kommunikationspolitik richten sich jeweils an bestimmte Zielgruppen, d. h., die Kommunikation erfolgt adressatenbezogen. Eine Problematik im Kulturbereich besteht darin, dass viele Betriebe oft nicht genügend Kapital zur Investition in kommunikationspolitische Maßnahmen aufbringen können, sodass ihr Handlungsspielraum und ihre Wettbewerbsfähigkeit eingeschränkt sein können, zumal Rückflüsse aus Kommunikationsinvestitionen erst nach mehreren Jahren entstehen.

Der Kommunikationsprozess

Die Voraussetzungen dafür, dass Handlungsziele der Kommunikationspolitik erreicht werden können, erschließen sich aus dem Kommunikationsprozess bzw. der qualitativen Ausprägung der am Kommunikationsprozess beteiligten Komponenten. Eine Systematik zur Beschreibung der verschiedenen Komponenten des Kommunikationsprozesses liefert die sog. Lasswellsche Formel. Diese beinhaltet:

1. **Wer** (Organisation),
2. sagt **WAS** (Kommunikation; Kommunikationsbotschaft),
3. unter welchen **BEDINGUNGEN** (Umwelt-, Wettbewerbssituation),
4. über welche **KANÄLE** (Kommunikationsmedien),
5. zu **WEM** (Zielgruppen),
6. mit welcher **WIRKUNG** (Kommunikationserfolg)?

Nach dieser Formel wird der Kommunikationsprozess von fünf Faktoren bestimmt, die gleichzeitig im Sinne der Kommunikationsziele nutzbar gemacht werden können, aber auch mögliche Fehlerquellen darstellen:

- **Kommunikationsquelle**: Der Kommunikator weist in den Augen des Empfängers gewisse Eigenschaften auf, welche die Wahrnehmung der Botschaft beeinflussen können. Ein Beispiel hierfür ist eine wissenschaftliche Bibliothek, welche allgemein als sehr glaubwürdig und vertrauenswürdig wahrgenommen wird. Es ist zu erwarten, dass ihre Informationen vorrangig von Studierenden und Forschenden beachtet und wahrgenommen werden.
- **Codierung der Botschaft**: Das, was kommuniziert werden soll, kann in sehr unterschiedlicher Weise in Signale umgesetzt werden. Dabei kann der eigentlich gewünschte Kommunikationsinhalt akzentuiert, verfärbt, aber auch verfälscht werden. O. g. Bibliothek könnte z. B. auf einen neuen Expressfernleihservice mithilfe von Plakaten aufmerksam machen. Je nach Wahl der Bilder und Texte auf den Plakaten kann diese Botschaft jedoch unterschiedlich dargestellt werden.
- **Übertragung der Botschaft:** Über bestimmte Medien wird die Botschaft zum Empfänger transportiert. Dabei können sowohl technische Störungen als auch Beeinflussungen durch die Eigenart und das Image des Mediums erzeugt werden. Darüber hinaus ist das Medium entscheidend für die Reichweite der Werbebotschaft, d. h. die Anzahl der damit ansprechbaren Kommunikationsempfänger. Bei dem obigen Beispiel ist es u. a. wichtig, wo und in welchem Umfang die Plakate ausgehängt werden. Bei der Vielzahl an unterschiedlichen Plakaten im täglichen Umfeld des Empfängers (speziell im Umfeld Universität) könnte die Botschaft leicht übersehen werden.
- **Decodierung der Botschaft**: Hierbei geht es um die Wahrnehmung und das Verständnis der Botschaft beim Adressaten, wobei sehr subjektiv geprägte, unterschiedliche Ereignisse bei objektiv gleichen Botschaften entstehen können. Im Falle der Plakate kann je nach gewählter Darstellung und Bedeutungswahrnehmung des Empfängers die Ankündigung des neuen Services durchaus unterschiedlich interpretiert werden.
- **Verhaltensänderung beim Adressaten**: Nach der Wahrnehmung kann die übermittelte Botschaft zu Änderungen von Einstellungen und Absichten beim Adressaten führen. Wie stark und auf welche Art diese ausfallen, ist wiederum sehr stark von individuellen Eigenschaften des Adressaten abhängig. Bei der Bibliothek würde dies beispielsweise die konkrete Nutzung des neuen Fernleihservices bedeuten oder auch das Einholen weiterer Informationen.

Insgesamt zeigt die Lasswellsche Formel, wie sorgfältig die Kommunikation geplant werden muss, um tatsächlich jene Wirkungen zu entfalten, die man sich von ihr verspricht (Diller 2007, S. 246 f.). In Kulturbetrieben ist zudem zu beachten, dass Adressaten und Kommunikationsziele nicht nur auf externer, sondern auch auf interner Ebene zum Tragen kommen.

6.6.1 Kommunikationsformen

Die Kommunikationsform beschreibt die Art und Weise, mit der die Kommunikationsbotschaften übermittelt werden. Abbildung 6.16 gibt einen Überblick über wesentliche Kommunikationsformen. Dabei sind die jeweiligen Pole der charakterisierenden Beschreibungsdimension gegenübergestellt.

Persönliche Kommunikation	⟷	Unpersönliche Kommunikation
direkter zwischenmenschlicher Kontakt, interaktiv, individuell auf Adressaten abgestimmt, face-to-face-Kommunikation oder telefonische Kommunikation		raum-zeitliche Trennung der beteiligten Personen, fehlender persönlicher Kontakt, Anonymität (Massenkommunikation)
Einwegkommunikation	⟷	**Zweiwegkommunikation**
Aussendung einer Botschaft ohne Feedbackmöglichkeit für den Empfänger		Adressat kann mit dem Sender der Botschaft in einen Dialog treten, z. B. durch E-Mail-Kommunikation Sonderform: Netzwerk-Kommunikation zusätzliche Beteiligung Dritter, z. B. Meinungsführer, in Online-Communities
Digitale Kommunikation	⟷	**Analoge Kommunikation**
Gesprochene und geschriebene Worte, die sich eindeutig wahrnehmen und entschlüsseln lassen		nonverbale Äußerungen, die in Verbindung mit visuellen Reizen stehen, die vielfältige Assoziationen und Emotionen hervorrufen
Sukzessive Kommunikation	⟷	**Echtzeit-Kommunikation**
Reaktion auf Botschaft erfolgt mit Zeitverzug, z. B. bei E-Mails oder postalischem Schriftverkehr		Reaktion auf Signale ist sofort möglich, z. B. im Online-Chat oder Telefongespräch

Abb. 6.16: Formen der Kommunikation

Ausschlaggebend für die Wahl einer geeigneten Kommunikationsform ist der Kommunikationsinhalt. Die Kommunikationsform bestimmt dann wiederum den Kommunikationskanal. Will z. B. ein Kommunikationspartner dem anderen exakte Daten über ein Kommunikationsobjekt zukommen lassen, z. B. Informationen über einen Förderverein, die sich an Besucher richten, so ist dies am günstigsten digital möglich. Soll umgekehrt ein Beziehungsaspekt übertragen werden, z. B. eine Abstimmung mit einem Medienvertreter, so ist eine analoge Kommunikation z. B. im Gespräch vorzuziehen. Erfordern komplexe Sachverhalte zugleich digitale und analoge Kommunikationsformen, wie z. B. beim Abschluss von Sponsoringverträgen, bedient man sich der persönlichen Kommunikation, bei der verschiedene Kommunikationsformen und -kanäle (Übertragungsstrecken) Verwendung finden.

Meinungsführer

Von besonderer Bedeutung für die persönliche Kommunikation sind Meinungsführer (Opinion Leader). Sie üben im Rahmen der interpersonellen Kommunikation einen größeren Einfluss als andere aus (Kroeber-Riel/Gröppel-Klein 2013, S. 604 f.). Im Zusammenhang mit der Kommunikation heißt dies vor allem, die Ansichten, Einstellungen und Verhaltensweisen seiner Mitmenschen zu beeinflussen. Nach der Hypothese der zweistufigen Kommunikation nehmen Meinungsführer im Prozess der Massenkommunikation eine Schlüsselstellung ein. Sie setzen sich mehr als die übrigen Gruppenmitglieder den Informationen der Massenmedien aus, bewerten und selektieren diese an den Maßstäben der Gruppennormen und geben sie über persönliche Kommunikation weiter.

Bei der Meinungsführerschaft handelt es sich um ein graduell abgestuftes und schichtinternes Konstrukt, da Meinungsführer und Meinungsfolger i. d. R. derselben sozialen Schicht angehören. Der Meinungsführer verfügt dabei zumeist über eine sehr große Anzahl an sozialen Kontakten und gibt auf dem Wege der direkten Kommunikation häufig direkte und indirekte Empfehlungen an andere Gruppenmitglieder ab. Seine Meinungsführerschaft innerhalb der sozialen Gruppe basiert dabei personenabhängig entweder auf Fachwissen, bestimmten Persönlichkeitsmerkmalen oder einem starken Informationsinteresse. Im Vergleich zu anderen Multiplikatoren, wie etwa Journalisten oder Verkaufspersonal, gibt der Meinungsführer aufgrund seiner Ansprache als Freund oder Bekannter von den Adressaten in hohem Maß als authentisch und sehr glaubwürdig eingestufte Empfehlungen ab (vgl. ebd).

Meinungsführer sind für Kulturbetriebe von besonderer Relevanz. So zeigen Studien zur Besucherforschung im Kulturbereich, dass ein beachtlicher Anteil an Besuchern aufgrund einer aus dem Freundes- und Bekanntenkreis sich für den Besuch eines Kulturbetriebs entscheidet (Sikkenga 2013, S. 41). Da Meinungsführer mithilfe von Marktforschungsverfahren identifiziert werden können – am gebräuchlichsten sind die Methode des sog. soziometrischen Tests und die Selbsteinschätzung der Befragten (vgl. Kroeber-Riel/Gröppel-Klein 2013, S. 606 ff.) – können sie im Rahmen der Kommunikation gezielt angesprochen werden.

6.6.2 Wirkungsmodelle der werblichen Kommunikation

Werbe- und Kommunikationsmittel werden darauf ausgerichtet, eine Beeinflussung der Rezipienten zu bewirken, die eine Veränderung in deren Informationswahrnehmung und -verarbeitung auslöst (vgl. Schweiger 2001, S. 149). Diese Prozesse der Werbewirkung können in Stufenmodellen oder auch mittels Dual-Process-Modellen abgebildet werden. Das bekannteste Stufenmodell, das AIDA-Modell, wurde bereits 1896 von Lewis entwickelt.

Das AIDA-Modell versucht, zu erklären, wie die Kommunikationspolitik durch komplexe psychische Prozesse ihre Wirkung entfaltet. Es geht von der Annahme aus, dass die Zielperson bei der Verarbeitung der Werbebotschaft vier Stufen durchläuft.

ATTENTION	Aufmerksamkeit
INTEREST	Interesse
DESIRE	Kaufwunsch (Besuchswunsch)/Präferenz
ACTION	Kauf (Besuch)

Werbemittel müssen demnach so gestaltet werden, dass sie zunächst einmal die Aufmerksamkeit potenzieller Besucher/Kunden auf sich ziehen, um überhaupt deren Interesse zu wecken. Erst das Interesse kann einen Kauf/Besuchswunsch auslösen, der letztlich zum Kauf bzw. zum Besuch führt. Dieser »idealtypische« Verlauf der Werbewirkung ist jedoch vielfach nicht gegeben (Kroeber-Riel/Gröppel-Klein 2013, S. 676), denn:

- oftmals handeln Besucher erst und bilden anschließend eine Einstellung.
- emotionale Prozesse werden in dem Modell vernachlässigt.
- es ist auch notwendig, zwischen High- und Low-Involvement zu unterscheiden: Stufenmodelle implizieren ein hohes Engagement der Besucher, das in der Realität nicht bei allen Adressaten zu beobachten ist.

Dual-Process-Modelle

Im Bereich der Dual-Process-Modelle, welche auch als »Alternativ-Wege-Modelle« (Kroeber-Riel/Gröppel-Klein 2013, S. 284) bezeichnet werden, zählt das von Petty und Cacioppo (1986) entwickelte Elaboration-Likelihood-Modell zu den anerkanntesten Modellen (vgl. Abb. 6.17).

Im Kern geht das Modell davon aus, dass es in Abhängigkeit des vorhandenen hohen oder niedrigen Involvements des Rezipienten sowie seiner Fähigkeit zur Informationsverarbeitung zwei unterschiedliche Arten der Verarbeitung einer kommunikativen Botschaft gibt. Im Fall von hohem Involvement wird der »zentrale Pfad« beschrieben, d. h., es findet eine eingehende Auseinandersetzung mit den Argumenten der Botschaft statt und der Rezipient macht sich ein differenziertes Bild der Sachlage. Ist der Rezipient jedoch nur gering involviert, wird die Information auf dem »peripheren Pfad« verarbeitet. Es findet nur eine sehr oberflächliche Beschäftigung mit den Inhalten statt und der Empfänger kommt eher anhand von äußerlichen Merkmalen zu seiner Einstellung. Das heißt für die Kommunikation: Bei hohem Involvement ist eine erfolgreiche Werbewirkung vor allem von der Qualität der Argumente abhängig, bei geringem Involvement des Empfängers muss die Botschaft vor allem gefallen.

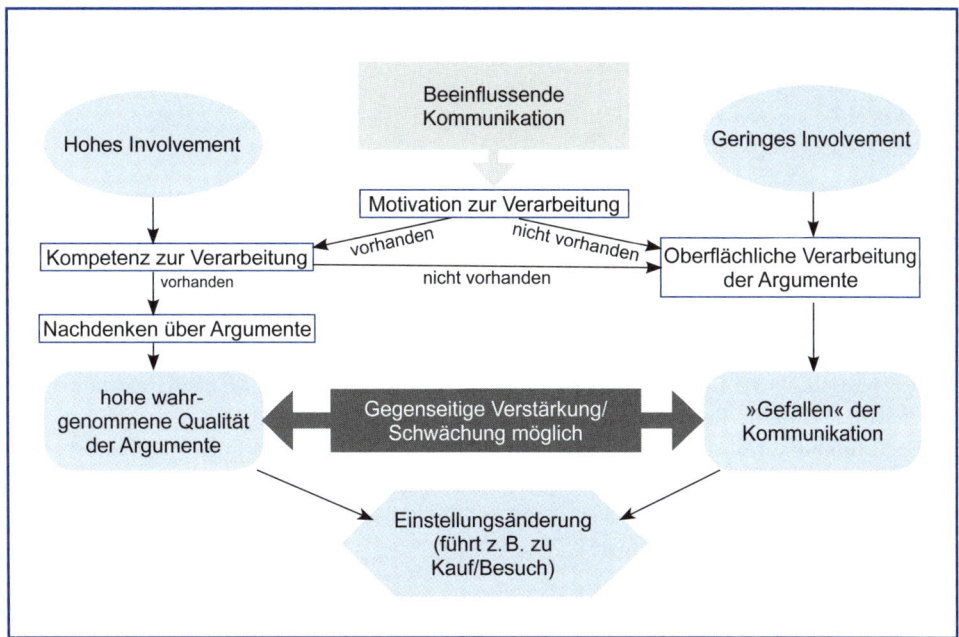

Abb. 6.17: Elaboration-Likelihood-Modell

Gerade im Kulturbereich ist davon auszugehen, dass das Involvement für Kulturangebote unterschiedlich ausgeprägt ist. Insbesondere bei der Vielzahl von gelegentlichen Kulturnutzern oder auch Nicht-Kulturnutzern ist zu erwarten, dass das Involvement eher gering ausgeprägt ist. Für den Fall der peripheren Verarbeitung von dargebotenen Informationen bieten sich im Kulturbereich u. a. die folgenden Techniken und Beispiele an, um Aufmerksamkeit zu erzeugen:

- der **Einsatz von affektiven, intensiven und kollativen Reizen** → z. B. der Bezug zu relevanten Erlebnisbedürfnissen der Besucher, wie dies zahlreiche Erlebnismuseen anbieten,
- die **Herstellung eines Alltagsbezugs** → z. B. die Anknüpfung an aktuelle gesellschaftliche Themen, wie dies häufig in der Inszenierung moderner, aber auch klassischer Theaterstücke umgesetzt wird,
- das **Hervorheben einer Zertifizierung** → z. B. die Kommunikation von Auszeichnungen, Preisen etc. in unterschiedlichen Bereichen (Innovationspreise, Öko- und Sozialauszeichnungen, Kommunikations- oder Markenawards etc.).

6.6.3 Kommunikationsinstrumente

Im Rahmen der operativen Umsetzung der Kommunikationspolitik kommen verschiedene Gruppen von Kommunikationsinstrumenten zum Einsatz. Ein Kommunikationsinstrument kann als gedankliche Bündelung ähnlicher Kommunikationsaktivitäten verstanden werden (vgl. Steffenhagen 2008, S. 131). Klassische Kommunikationsinstrumente lassen sich nach folgenden Bereichen aufteilen:

- »Klassische« Werbung
- Direktwerbung
- Onlinewerbung
- Below-the-Line-Aktivitäten
- Public Relations.

Dabei existieren innerhalb dieser Gruppen nach Diller (2007, S. 254) jeweils die folgenden vier Aktionsparameter:

1. die **Ausgestaltung** der Kommunikationsmittel (beispielsweise einer Anzeige, eines Radio-Spots usw.),
2. die Auswahl der Kommunikationsmedien hinsichtlich **Mediengattung** (»Intermediaselektion«; beispielsweise Print, Radio, Online etc.) und spezifischer Medien (»Intramediaselektion«; beispielsweise einzelne Tageszeitungen, Radiosender, Onlineportale etc.),
3. die **Kommunikationsintensität** (»Kommunikationsdruck«), die sich in entsprechenden Ausgaben niederschlägt, sowie
4. das **Timing** der Aktivitäten (wobei etwa die kontinuierliche oder die pulsierende Kommunikation unterschieden werden können).

Die einzelnen Werbeformen weisen im Hinblick auf Faktoren wie die Wirkung, Reichweite und Kostenverursachung jeweils sowohl Vor- als auch Nachteile auf, wie Abbildung 6.18 zusammenfassend zeigt.

		Positive Wirkung	Nachteile/Risiken	Gestaltungsformen	Anwendungsfelder
Klassische Werbung	Spielplan- und Einzelinserate	▪ wichtige Informationsquelle für Besucher ▪ jederzeit abrufbar	▪ kostenintensiv ▪ nicht geeignet, neue Zielgruppen zu erreichen	▪ Spielplaninserate ▪ Einzelinserate ▪ Text- und Bildinserate ▪ Coupon-Inserate zur Bestellung von z. B. Broschüren oder Eintrittskarten	Tageszeitungen, Wochenzeitungen, Gratisanzeiger, Stadt- und Stadtteilanzeiger, Publikumszeitschriften, Fach- und Verbandszeitungen
Klassische Werbung	Plakate	▪ erzielen Aufmerksamkeit/Interesse potenzieller Besucher ▪ ganzheitliche Wahrnehmung ▪ emotionale Wirkung	▪ räumliche Distanz (Wahrnehmung meist nur im Vorbeigehen/-fahren) ▪ kurze Durchschnittszeit bei Betrachtung ▪ Platz- und Informationsbeschränkung	▪ Weltformatplakate (90,5 x 128 cm) mit 75 % der Fläche mit Blickfangelementen, Bild und großer Schrift und 25 % Detailinformationen ▪ Kleinplakat, das primär auf die notwendigen Details verweist	Aushang in Läden, in öffentlichen Verkehrsmitteln, an entsprechenden Plakatwänden
Klassische Werbung	Werbeprospekte	▪ erzielen von Sympathie und Neugier ▪ hoher Informationsgehalt	▪ nur beschränkt abrufbar	▪ viele unterschiedliche Formate mit je nach Kontext variierenden Inhalten z. B. als mehrseitige Hefte oder als Leporello	Saisonprogramme für Theater oder Konzerte, Broschüren von Museen, Angebote von Musikschulen, Veranstaltungskalender und Abonnementangebote
Direktwerbung	Anschreiben	▪ ermöglicht Herstellung unmittelbarer informationeller Beziehungen	▪ hohe Kontaktkosten (Aufwand an Zeit und Mitarbeiterressourcen)	▪ Werbebriefe (Mailings)	über Besucherdatenbanken wird auf frühere Ansprachen sowie auf individuelle Besuchermerkmale zurückgegriffen (Person, besuchsbezogene Gewohnheiten, Wohnort, Familienstand, Besitzstatus etc.)
Direktwerbung	Onlineansprache	▪ Möglichkeit einer interaktiven Dialogkommunikation	▪ gezieltes Aussortieren/Filtern durch Nutzer	▪ Online-Newsletter ▪ E-Mails	
Direktwerbung	Drucksachen	▪ individuell auf Adressaten zugeschnitten		▪ Broschüren ▪ Prospekte	
Onlinewerbung	Werbeeinblendungen	▪ veranschaulichen abstrakte Informationen unter Einsatz diverser Darstellungsarten (Bild, Text, Ton, Animation, Video) ▪ Wirkungs- und Kostenvorteile	▪ medienbedingte Kontaktbarrieren	▪ interaktive Elemente ▪ Banner ▪ Interstitials = ganzseitige Werbefläche im geöffneten Fenster des Internetbrowsers	nationale wie auch internationale Verortung im Internet, Eigene Homepage sowie Webseiten von Kooperationspartnern, Sponsoren und sonstigen freiwilligen Usern

Abb. 6.18: Kommunikationsinstrumente (*Fortsetzung Seite 152*)

		Positive Wirkung	Nachteile/Risiken	Gestaltungsformen	Anwendungsfelder
Below-the-line-Aktivitäten	Social Media	▪ beziehen den Nutzer als einen Teil der Online-Community aktiv mit ein ▪ zielgruppenspezifisch	▪ gebunden an Abruffrequenz der Nutzer ▪ Aufwand: erfordert ständige Pflege	▪ Facebook ▪ Twitter ▪ Blogs ▪ Foren etc.	direkter Kontakt zu verschiedenen Anspruchsgruppen (Besucher, Sponsoren, Förderer) unter den Nutzern
	Events	▪ können starke Imageeffekte auslösen ▪ erlebnisorientierte Ansprache	▪ hoher Planungsaufwand ▪ hohe Kosten	▪ Marketingevents ▪ angebotsspezifische Events ▪ Kooperationsevents	an ausgewählte Adressaten (Besucher, Sponsoren, Meinungsführer) Kommunikationsinhalte erlebnisorientiert vermitteln
	Partnerschaften	▪ Profitieren von Imageeffekten des Partners ▪ Ansprache neuer Zielgruppen möglich	▪ Probleme bei Imagewandel des Partners ▪ negative Einflusseffekte	▪ Sponsoring ▪ Kooperationen	Vertragliche Vereinbarungen zwischen Partnern sichern Umfang und Art der Kommunikationsaktivitäten, von denen beide profitieren

Abb. 6.18: Kommunikationsinstrumente

»Klassische« Werbung

Werbung kann als ein zentrales und eins der wichtigsten Kommunikationsinstrumente der Kommunikationspolitik bezeichnet werden. Werbung wird immer für ein bestimmtes Medium entwickelt und kann entweder an die Masse der (potenziellen) Besucher (Massenwerbung) oder aber an ein spezifisches Publikum (gezielte Werbung) bis zum einzelnen Besucher gerichtet sein.

»Klassische« Werbung verwendet für die ziel- und marktadäquate Verhaltenssteuerung von (potenziellen) Besuchern Massenkommunikationsmittel wie Inserate, Plakate, Prospekte (vgl. Fischer 2001, S. 324 ff., Diller 2007, S. 256 ff.). Die Werbung in Massenmedien kann insbesondere sinnvoll für den Aufbau der Bekanntheit und des Images eingesetzt werden, jedoch besitzt die Werbebotschaft unabhängig von ihrem jeweiligen Transportmedium nur eine endliche Lebensdauer.

Direktwerbung

Bei der Direktwerbung handelt es sich um eine persönliche Kommunikation, die an einen bestimmten Empfänger oder eine Empfängergruppe gerichtet und auch individuell auf diese zugeschnitten ist. Diese Individualisierung bzw. Personalisierung kann beispielsweise im Rahmen des sog. Databasemarketings durch Besucherdatenbanken ermöglicht werden, mit deren Hilfe auf individuelle Besuchermerkmale (Alter, Besuchsgewohnheiten, Wohnort, Familienstand etc.) zurückgegriffen werden kann.

Es lassen sich Formen der Direktwerbung unterscheiden, die den Rezipienten passiv ansprechen, z. B. bei Anschreiben und Werbebriefen oder ihm aktive Reaktionsmöglichkeiten bieten, z. B. über Gutscheine, Rückantwortkarten oder E-Mail-Antwortmöglichkeiten. Insbesondere bei Onlineformen der Direktwerbung besteht so die Möglichkeit einer interaktiven Dialogkommunikation. Hinsichtlich des Dienstleistungscharakters von Kulturbetrieben eignen sich Formen der Direktwerbung, bestimmte Besucherzielgruppen gezielt über bestimmte Angebote zu infomieren und so die Informationsunsicherheit und die Risikowahrnehmung zu minimieren. Weiterhin erhält ein Kulturbetrieb über entsprechende Rückmeldungen von Besuchern genauere Hinweise auf deren Präferenzstrukturen, was bei der Gestaltung von Zusatzleistungen nützlich ist. Trotz ihrer Effektivität erfordert die individuelle Besucheransprache die kontinuierliche Pflege einer Besucherdatenbank und damit einen besonderen Aufwand an Zeit und Mitarbeitereinsatz.

Onlinewerbung

Eine weitere, neuere Form der Werbung ist heute die Onlinewerbung. Zu den typischen Erscheinungsformen gehören hier Werbebanner, Werbebuttons, Pop-up-Fenster oder die sog. Interstitials, die hauptsächlich auf externen Webseiten platziert werden. Dabei ist jedoch die Gefahr vorhanden, dass bei Internetusern, die einer internsiven, interferierenden Onlinewerbung ausgesetzt sind, Reaktanz hervorgerufen wird. Gerade für Kulturbetriebe mit knapper Finanzierung ist daher ein Kosten-Nutzen-Abgleich der beim Internetnutzer eher unbeliebten Werbeeinblendungen abzuwägen.

Inwieweit unternehmensspezifische Webseiten zum Bereich der Werbung hinzugezählt werden können, hängt vor allem von deren inhaltlicher und kommunikativer Gestaltung ab. Die eigene Homepage bietet jedoch in jedem Fall für Kulturbetriebe gute Möglichkeiten, um Veranstaltungshinweise (z. B. eine Sonderausstellung, Vorstellungspreviews, Events), Angebotshighlights (z. B. Mitwirkung bekannter Künstler, berühmte Werke, Neuerscheinungen) oder Servicehinweise (z. B. erweiterte Öffnungszeiten, Preisnachlässe, Kooperationen) gezielt zu platzieren. Jegliche Onlinewerbung ist natürlich stets abhängig von der Abruffrequenz der Nutzer und schließt somit auch nicht alle potenziellen Besucherkreise ein.

Below-the-Line-Aktivitäten

Während die o. g. Kommunikationsinstrumente von Rezipienten bewusst als Werbung wahrgenommen werden, werden die sog. »Below-the-line-Aktivitäten« von der Zielgruppe im Regelfall nicht als Werbeaktivitäten erkannt. Ihr großer Vorteil besteht darin, dass sie somit die Akzeptanzbarrieren herkömmlicher Werbung durchbrechen können und dadurch häufig starke Imageeffekte auslösen, auch weil sie Besucher auf einer emotionalen Ebene ansprechen (vgl. Diller 2007, S. 259). Typische Below-the-Line-Aktivitäten für Kulturbetriebe können beispielsweise Events, Sponsoring und Kooperationen oder auch Social-Media-Aktivitäten sein. Diese zählen immer dann als Below-the-Line-Aktivitäten, wenn sie als Meta-Ereignisse konzipiert werden, bei denen eine werbliche Ansprache nicht unmittelbar zu erkennen ist.

In letzter Zeit kommt den **Events** zunehmend eine zentrale Rolle zu. Der Schwerpunkt liegt hier in der Inszenierung einer Veranstaltung oder Aktion, bei der unternehmens- bzw. angebotsspezifische Kommunikationsinhalte erlebnisorientiert vermittelt werden (Zanger 2001, S. 439 f.). Bei Kulturbetrieben ist dieser kommunikationsspezifische Hintergrund bei der Konzeption eines

Events jedoch häufig auch mit der Kulturleistung selbst verbunden (z. B. bei der Veranstaltung der »langen Nächte...«).

Social-Media-Plattformen gewinnen darüber hinaus für Kulturbetriebe zunehmend auch als Kommunikationsinstrument an Bedeutung. Diese können, wie eigens inszenierte Events, genutzt werden, um neue, dialogorientierte Kommunikationswege und Möglichkeiten der emotionalen (Besucher-)Bindung aufzuzeigen (vgl. Zanger 2001, S. 439 f.).

Beispiel

Informationsüberlastung und Informationsangebot der Medien

Der Begriff der Informationsüberlastung kennzeichnet den Anteil der insgesamt angebotenen Informationen, der von den Empfängern nicht beachtetet wird (vgl. Kroeber-Riel et al. 2013, S. 161). Ursache hierfür ist das rasante Wachstum des Informationsangebotes, welches die Zunahme des Informationskonsums weit übertrifft. In den letzten zwei Jahrzehnten ist das Informationsangebot jährlich um 8 bis 9 % gestiegen, der Informationskonsum aber kaum mehr als 3 %. In Deutschland werden weniger als 2 % der angebotenen Informationen genutzt. Die wachsende Informationsüberflutung führt zu einem Abstumpfen gegenüber den dargebotenen Informationen, d. h., das Informationsinteresse lässt nach, die Informationen werden flüchtiger und vor allem bruchstückhafter aufgenommen. Die Informationsüberlastung ist zwar gesamtgesellschaftlich betrachtet »relativ unproblematisch« (Kroeber-Riel/Esch 2001, S. 649), dennoch stellt sie auf der Ebene des einzelnen Informationsangebotes (wie z. B. einer einzelnen Anzeige oder eines Fernsehspots) ein wichtiges betriebswirtschaftliches Problem dar, weil mit der zunehmenden Informationsüberlastung auch die Informationskonkurrenz wächst. So wird es für einzelne Anbieter immer schwieriger und auch teurer, den Adressaten ihre Informationen zu vermitteln (ebenda). Das hat zu entsprechenden Anpassungsprozessen in der Kommunikation geführt. Diese lassen sich an den Veränderungen des Medienstils in den letzten Jahrzehnten ablesen (Kroeber-Riel et al. 2013, S. 23 ff.):

(1) Die sprachlichen Informationen werden so gestaltet, dass sie leichter aufgenommen werden können (kürzere Sätze, konkretere Ausdrucksweise).

(2) Sprachliche Informationen werden in zunehmendem Maße durch Bilder ersetzt. Der Anteil visueller und akustischer Reize an der Informationsvermittlung nimmt ständig zu.

(3) Die Informationen werden in allen Medien aktivierender dargeboten, denn in der wachsenden Informationskonkurrenz können sich nur solche Informationen durchsetzen, die stärker aktivieren als die konkurrierenden Informationen. Diese allgemeine Informationsüberlastung macht auch vor dem Kultursektor nicht halt. Betrachtet man einmal die stetig steigende Anzahl an Kultureinrichtungen, so ist dies nicht verwunderlich. Für die Jahre 2010/2011/2012 wurden in Deutschland

- 140 öffentliche und 200 private Theater,
- 129 Opern-, Sinfonie- und Kammerorchester,
- 6.304 Museen (2011),
- 67.755 jährliche Theateraufführungen und
- 4.617 Kinosäle (2012).

gezählt (vgl. Institut für Museumsforschung 2012, Theaterstatistik 2010/11, FFA 2012). Diese Zahlen verdeutlichen, dass das Angebot sehr groß und mitunter unübersichtlich ist. Das Angebot wird von anspruchsvollen Konsumenten zunehmend als austauschbar empfunden. Die Informationsüberlastung steht somit dem Bedürfnis nach Orientierung und der Suche nach etwas »Besonderem« gegenüber.

Public Relations (Öffentlichkeitsarbeit)

Neben absatzorientierten Instrumenten der Kommunikationspolitik bietet außerdem die Öffentlichkeitsarbeit PR eine wichtige Möglichkeit der Publikumsansprache für Kulturbetriebe. Mithilfe von PR-Maßnahmen versuchen Kulturbetriebe, sich gezielt und möglichst vertrauensvoll in der

Öffentlichkeit zu positionieren und dadurch ein positives Image aufzubauen. Dies geschieht vor allem über gezielte Pressearbeit sowie Beziehungspflege zu Vertretern bestimmter Teilöffentlichkeiten. Teilöffentlichkeiten stellen dabei bestimmte Anspruchsgruppen innerhalb der PR-Arbeit dar, welche bei Kulturbetrieben z. B. Besucher, mögliche Sponsoren, Geldgeber oder Kooperationspartner sein können. Gerade bei Dienstleistungsbetrieben wie Kulturbetrieben ist dies von großer Bedeutung, um so durch gezielte Informationsstreuung Legitimation für ihre Aktivitäten in der Öffentlichkeit zu fördern. Eine strategische Planung ist hierbei von Bedeutung, die darüber entscheidet, welche Informationen einen Nachrichtenwert aufweisen und was die Medienvertreter interessieren könnte. Für die PR von Kulturbetrieben nennt Mandel (2009, S. 13 ff.) spezifisch die Aufgabenbereiche:

- Vertrauensaufbau und Schaffung eines Markenimages, das für hohe Qualität steht
- Über das Kulturangebot informieren und zu dessen Nutzung motivieren
- Differenzierte Publikumsansprache
- Vermittlung zwischen Kulturschaffenden und Kulturvermittlern
- Umsetzen kulturpolitischer Ziele der Partizipation
- Diskussionsanstöße für Kunst und Kultur liefern
- Kommunizieren kultureller Werte und zu einer allgemeinen Sympathie für Kultur beitragen.

Zu beachten ist aber auch bei der Öffentlichkeitsarbeit ein hoher Aufwand an zeitlichen und personellen Ressourcen, da hierbei eine permanente Beziehungspflege zu relevanten Anspruchsgruppen, insbesondere Medienvertretern, erforderlich ist.

Integrierte Kommunikation

Aufgrund der immensen Aufwendungen für die Kommunikationspolitik sollten Kulturbetriebe vermehrt das Erreichen von Synergieeffekten anstreben, welche durch integrierte Kommunikationsmaßnahmen entstehen können. Ziel ist es, alle Maßnahmen inhaltlich, formal, medial und zeitlich so aufeinander abzustimmen (vgl. Abb. 6.19), dass ein konsistentes Erscheinungsbild des Kulturbetriebs und seiner Leistungen vermittelt wird → **siehe auch Praxisbeispiel »Aufbau der Elbphilharmonie-Konzerte ohne Elbphilharmonie: mit integrierter Kommunikation zum Erfolg« (S. 168-170)**.

Sämtliche Formen der Integration können dabei eine horizontale sowie eine vertikale Richtung annehmen und können sich auf einer interinstrumentellen sowie einer intrainstrumentellen Ebene befinden. Eine horizontale Integration bezieht sich auf die Anpassung der Kommunikationsmaßnahmen an die Zielgruppen innerhalb einer Marktstufe (z. B. Besucher, Sponsoren oder Behörden). Gleichzeitig sollte in vertikaler Richtung marktstufenübergreifend für eine Durchgängigkeit der kommunikativen Ansprache gesorgt werden. Übergreifend ist dabei auf interinstrumenteller Ebene für eine Abstimmung sämtlicher Kommunikationsmaßnahmen wie z. B. der Kommunikationspolitik sowie der Corporate Communication zu sorgen. Weiterhin sind für eine effektive Wirkung sämtliche Kommunikationsinstrumente mit den einzelnen Kommunikationsmaßnahmen abzustimmen (Bruhn 2013:1, S.102 ff.).

Die Voraussetzungen für die Integration der Kommunikationsprozesse bilden die vorhergehenden Definitionen strategischer Kommunikationsziele, die aus der CI (vgl. Kapitel 5.5) eines Kulturbetriebs abgeleitet werden, sowie die Möglichkeit und der Wille der verantwortlichen Mit-

Integrationsformen			Gegenstand	Ziele	Hilfsmittel	Zeitbezug
inhaltliche Integration	Integrationsrichtung: horizontal & vertikal	Integrationsebene: interinstrumentell & intrainstrumentell	Thematische Abstimmung der Inhalte	Konsistenz, Eigenständigkeit, Kongruenz	Einheitliche Botschaften, Argumente, Bilder	Langfristig
formale Integration			Einhaltung einheitlicher Gestaltungsprinzipien	Präsenz, Prägnanz, Klarheit	Einheitlichkeit von Markennamen, Schrift, Logo, Layout, Farben	Mittel- bis langfristig
zeitliche Integration			Zeitliche Abstimmung der Planungsperioden	Konsistenz, Kontinuität	Einsatzplanung, Timing	Kurz- bis mittelfristig

Abb. 6.19: Formen der integrierten Kommunikation

arbeiter zur Abstimmung und Koordination der Kommunikationsaktivitäten. Entsprechend wird dieses Erscheinungsbild durch die Gesamtheit der Kommunikationsmittel (Corporate Communication), das visuelle Erscheinungsbild des Kulturbetriebs (Corporate Design) und durch den öffentlichen wie internen Auftritt der Funktionsträger des Kulturbetriebs (Corporate Behaviour) geprägt. Für Maßnahmen der integrierten Kommunikation gilt nach Bruhn (ebenda): Je besser die Integration funktioniert, desto effektiver und effizienter können auch die Kommunikationsziele erreicht werden.

6.7 Prozesspolitik

Die Prozesspolitik befasst sich mit der Gestaltung relevanter Abläufe, die zur Leistungserstellung im Kulturbetrieb notwendig sind. Dazu zählen alle zur Aufgabenerfüllung wichtigen räumlichen, zeitlichen und auch mengenmäßigen Strukturierungen. Prozesse sind flexible Gebilde und müssen regelmäßig überprüft und ggf. angepasst werden. Vor einer Anpassung oder Umstrukturierung sollten Prozesse zunächst erkannt und untersucht werden, um sie anschließend optimal an bestehende und zukünftige Bedingungen anzupassen. Ein gutes Prozessmanagement trägt somit dazu bei, die Arbeitsabläufe der Organisation effizienter zu gestalten. Die Prozessgestaltung ist zielorientiert und umfasst alle an der Leistungserstellung und Leistungsverbreitung beteiligten Vorgänge. Im Dienstleistungsbereich verfolgt die Prozesspolitik im Wesentlichen folgende Ziele (vgl. Homburg 2012, S. 1139):

- Fehlerfreiheit von Prozessen
- Effektivität von Prozessen
- Effizienz von Prozessen
- Anpassungsfähigkeit von Prozessen
- Schnelligkeit von Prozessen.

Für den zeitlichen Faktor bedeutet dies z. B., dass die Wartezeiten nicht zu lang sein dürfen. Der Prozess sollte zügig und gleichzeitig fehlerfrei möglich sein. Dennoch sollte noch eine gewisse Flexibilität vorhanden sein, um auf kurzfristige Änderungen und/oder Kundenwünsche reagieren zu können. Eine gute Prozesspolitik führt auf diese Weise letztlich zu einer gesteigerten Kundenzufriedenheit und -bindung (vgl. Busch et al. 2008, S. 899 f.).

Die Prozesspolitik wirkt dabei intern im Kulturbetrieb, wobei durch eine Prozessoptimierung letztlich eine höhere Leistungsfähigkeit des Kulturbetriebs erreicht werden soll. So verbinden Prozesse die Organisationsstrukturen des Kulturbetriebs und durchlaufen diese in einer zeitlichen Reihenfolge. Dies bedeutet, dass intern eine Beziehung zwischen Nachfragern und Leistungserstellern entsteht, beispielsweise fragen die Kuratoren einer Ausstellung Leistungen der Öffentlichkeitsarbeit nach. Neben den internen Prozessen muss darüber hinaus auch eine Orientierung an den übergreifenden Geschäftsprozessen erfolgen. Ein anspruchsgruppenorientiertes Prozessmanagement erweist sich für die meisten Organisationen als sinnvoll. Dabei fordert Bruhn (2012, S. 407 f.) für den Bereich des Dienstleistungsmarketings, dass der Prozess unter der Maßgabe der Leistungserwartung des (externen und internen) Kunden stehen muss.

Der Kundenprozess umfasst somit Abläufe die vor und/oder nach der eigentlichen (Kern-) Leistungserstellung liegen (Reservierung, Kundenpflege). Die Prozesspolitik stellt dabei durch ihre Aktivitäten die Qualität der Leistung sicher. In öffentlichen Kulturbetrieben bestehen häufig gerade im Bereich der Implementierung von Prozessen bezüglich der Besucherorientierung und des Informationstransfers Defizite. So werden besipielsweise Handlungsziele, aber auch wesentliche Identitätsmerkmale zum Teil nicht genügend kommuniziert, wodurch in der operativen Umsetzung häufig Ablauffehler und Verzögerungen entstehen.

6.7.1 Qualitätsmanagement

Eine Möglichkeit zur Verbesserung von Prozessabläufen stellt das **Qualitätsmanagement** dar. Sämtliche Prozesse, die sich im Zuge des Erstellungsprozesses der Dienstleistung ergeben und dabei eine Integration des externen Faktors beinhalten, werden als Schwerpunkte des Qualitätsmanagements betrachtet. Dabei soll durch die Gestaltung eines Qualitätmanagementsystems die Qualitätsfähigkeit eines Betriebs ermöglicht und sichergestellt werden (vgl. Meffert/Bruhn 2012, S. 225 f.). Wie bei der Marketingkonzeption baut sich ein Qualitätmanagement in Kulturbetrieben nach vier Phasen auf, in denen die Qualitätsfähigkeit hergestellt wird:

- Analyse der Qualität der Kulturleistung (Informationsgewinnung)
- strategische Ableitung und Planung von Qualitätsstrategien und Qualitätszielen (Ausrichtung)
- operative Durchführung der Qualitätsmaßnahmen (Umsetzung)
- Kontrolle der Qualitätsfähigkeit (Controlling).

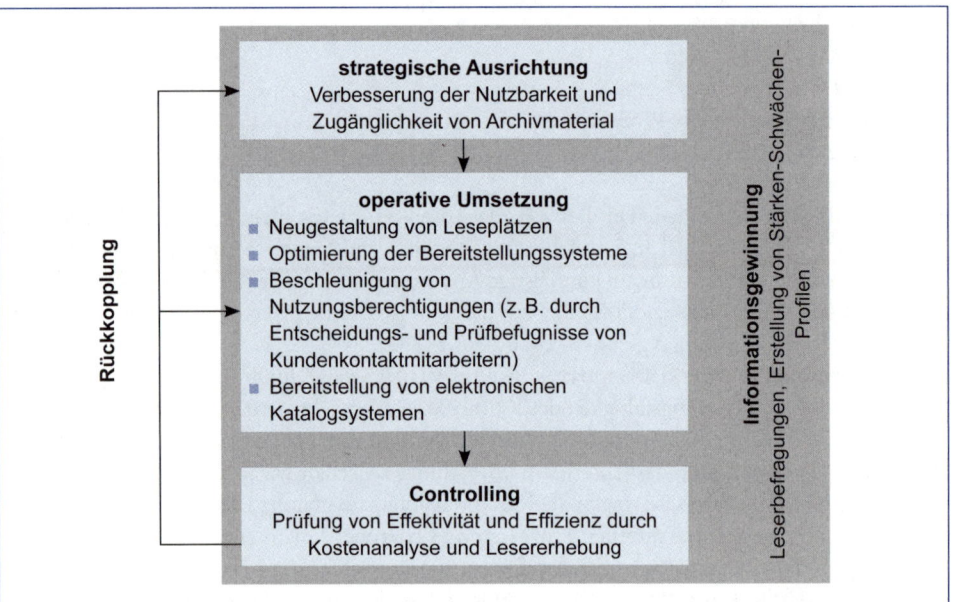

Abb. 6.20: Konzeption eines Qualitätsmanagementsystems am Beispiel eines Archivs

Während Planung, Durchführung und Kontrolle beim Qualitätsmanagement als revolvierender Ablauf zu verstehen sind, kommen Aspekte der Analyse in jeder Phase zum Einsatz. Abbildung 6.20 zeigt die Konzeption eines Qualitätsmanagementsystems am Beispiel eines Stadtarchivs.

Total Quality Management

Für die Herstellung einer größtmöglichen Fehlerfreiheit innerhalb von Prozessen der Dienstleistungserstellung ist weiterhin der Ansatz des **Total Quality Managements** zu nennen. Dieser stellt insbesondere die Verantwortung sämtlicher Mitarbeiter innerhalb eines Betriebs für die Qualitätskontrolle in den Vordergrund und implementiert die Aufnahme der Qualität als übergeordnetes Unternehmensziel. Das weiterführende Ziel dieses Ansatzes ist dabei die nachhaltige Erzeugung von Kundenzufriedenheit (Meffert/Bruhn 2012, S. 184). Aus der Bezeichnung »Total Quality Management« leiten sich folgende Maßgaben dieses Ansatzes für Kulturbetriebe ab:

- **Total:** Einbeziehung aller Mitarbeiter, Ressourcen, Partner, Besucher, die an dem Erstellungsprozess der Kulturleistung beteiligt sind.
- **Quality:** Der Erstellungsprozess der Kulturleistung wird konsequent an den Qualitätsanforderungen interner wie externer Anspruchsgruppen orientiert.
- **Management:** Die Dienstleistungsqualität wird auch im Management in Form eines partizipativ-kooperativen Führungsstils übernommen.

6.7 Prozesspolitik

Diese Maßgaben ergeben wiederum eine Gruppe von Wirkfaktoren, welche die Umsetzung der Qualitätsherstellung zielgerichtet steuern. Diese Faktoren schließen identitätsstiftende, konzeptualisierende Fähigkeiten von Führungskräften, das zu entfaltende Potenzial von Mitarbeitern, zielgerichtete Konzepte und Strategien, die Pflege externer Partnerschaften und die Bereitstellung von Ressourcen ein. Zusammen liefern diese Faktoren einen Input, der über die innerbetrieblichen Prozesse ergebnisgerichtet umgesetzt wird (Bekmeier-Feuerhahn/Sikkenga 2008, S. 346).

> **Beispiel**
>
> **Qualitätsmanagement in Museen**
>
> 2007 ergab eine Befragung von 143 deutschen Museen (mit mehr als 50.000 Besuchern pro Jahr) zur Umsetzung von Maßnahmen des Qualitätsmanagements bezüglich des Markenführungsprozesses, dass über drei Viertel der Häuser (83,1 %) von sich selbst behaupteten, sich mit Markenbildungsmaßnahmen auseinanderzusetzen (Bekmeier-Feuerhahn 2009). Bei der Bewertung der einzelnen Qualitätsfaktoren zeigte sich jedoch, dass eine entsprechende Umsetzung des Markenführungsprozesses im Bereich Prozessqualität und Mitarbeitereinbeziehung nur bei knapp der Hälfte der Museen erfolgt. Dies zeigt, dass in Museen zwar ein allgemeines Bewusstsein, jedoch vielfach noch keine Professionalisierung bei strategischen Steuerungsprozessen vorhanden ist.
>
>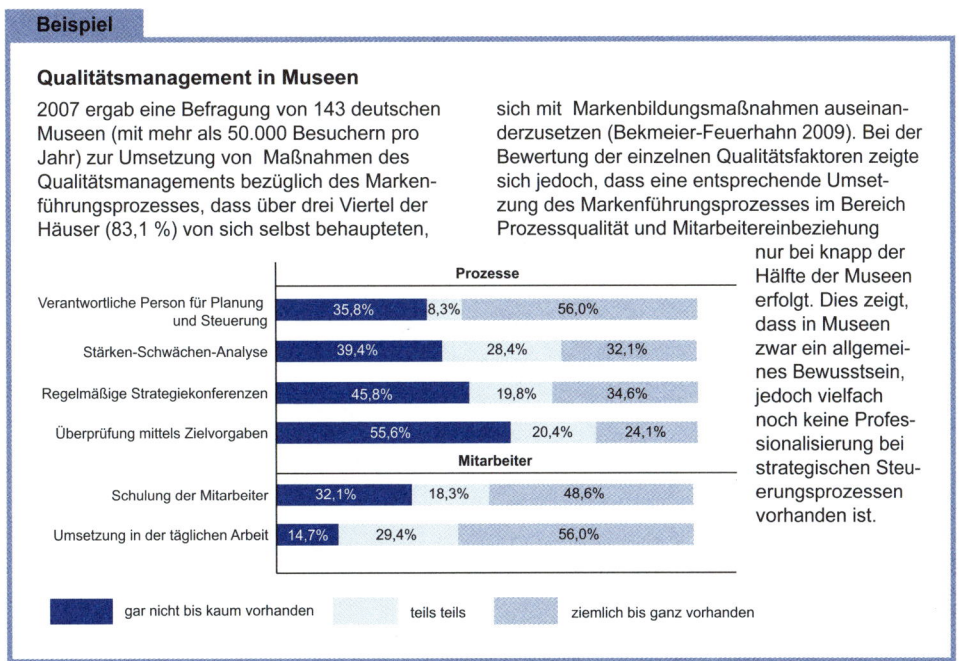

6.7.2 Business Process Reengineering (BPR)

Zum Hinterfragen der vorhandenen Strukturen und Leistungen bzw. zu deren Anpassung eignet sich in Kulturbetrieben der Ansatz des Business Process Reengineering (BPR), dessen Komponenten Abbildung 6.21 zeigt (vgl. Westermann 2008, S. 327). Während die traditionelle Organisationslehre die vertikale Gliederung des Unternehmens (Abteilungen mit spezifischen unterschiedlichen Kompetenzen und Wirkungsbereichen) betont, unterstreicht die Prozessorientierung im Sinne des BPR eine horizontale, auf den Kundenwunsch gerichtete, Sichtweise (vgl. ebenda S. 328 f.). Die notwendige Arbeitsteilung innerhalb der Organisation muss also so organisiert werden, dass für den Kunden möglichst keine Widerstände im Ablauf spürbar werden. Die Schnittstellen zwischen den Funktionsbereichen sollen also funktionieren und dürfen keine Lücken darstellen, da es sonst zu hohen Informations- und Zeitverlusten sowie zu Bearbeitungsfehlern und somit letztlich zu einem unbefriedigenden Endergebnis kommt. Die Aufgaben, Kompetenzen und Verantwortungsbereiche müssen deckungsgleich (kongruent) sein.

Ein Besucher, der vom Kulturbetrieb Informationen erfragt, darf so beispielsweise nicht von

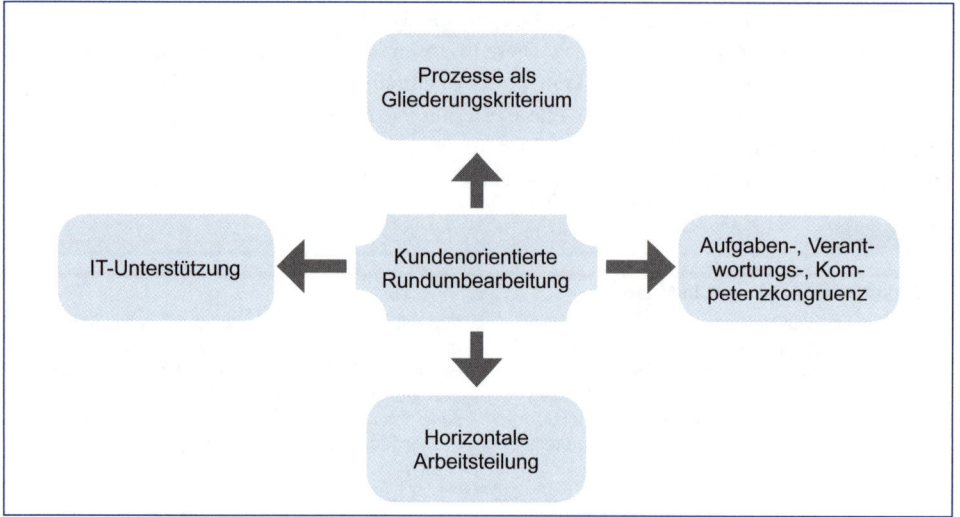

Abb. 6.21: Schema des Business Process Reengineering

verschiedenen Abteilungen widersprüchliche Aussagen erhalten. Zur weiteren Prozessoptimierung werden zusätzlich neue Informationstechnologien (IT-Unterstützung) eingesetzt.

6.8 Ausstattungspolitik

Die Ausstattungspolitik umfasst die Gestaltung der sichtbaren (greifbaren) Elemente bei der Erstellung kultureller Dienstleistungen. Hierzu zählen das Gebäude des Kulturbetriebs selbst mit seinen spezifischen äußeren und inneren Merkmalen, aber auch Einrichtungselemente, Dekoration, Installationen, Fahrzeuge, Uniformen etc. Der Bereich der physischen Ausstattung als Marketinginstrument hat im Dienstleistungsbereich eine besonders hohe Relevanz, da der Kunde (in den meisten Fällen) zur Wahrnehmung einer bestimmten Leistung den Ort aufsuchen muss, an dem diese angeboten wird. Die Ausstattung kann somit selbst Bestandteil der Leistung sein, hat aber in jedem Fall einen repräsentativen Charakter. Gegenüber Wettbewerbern bietet die Ausstattung ferner eine weitere Möglichkeit zur Differenzierung der eigenen Leistung.

6.8.1 Funktionsbereiche

Bei der Ausstattungspolitik lassen sich die Funktionsbereiche **Kapazitätsmanagement** und **Imagetransfer** unterscheiden. Im Dienstleistungsmarketing ist dabei Letzteres von besonderer Bedeutung (vgl. Bruhn/Meffert 2002, S. 19).

Das Kapazitätsmanagement dient der permanenten Bereitstellung von benötigten Ressourcen. Das bedeutet für Kulturbetriebe beispielsweise die Sicherstellung, dass stets genügend Sitzmöglichkeiten, Informationsmaterialien, Beschilderungen oder technische Elemente wie Audioguides, Besucherrechner etc. für die Besucher, aber auch Arbeitsplatzmobiliar, Arbeitsrechner, Telefone etc. für die Mitarbeiter zur Verfügung stehen.

Der Imagetransfer bezieht sich auf das Erscheinungsbild und die Qualität der Ausstattung. Die Möglichkeit, die kulturelle Dienstleistung greifbarer zu machen, wird hier besonders deutlich. Maßgaben bei der Konzeption von Gestaltungselementen im Sinne eines Imagetransfers stellen hierbei das Corporate Design im Rahmen der CI sowie ggf. die Brandingstrategie des Kulturbetriebs dar. Die Ausstattung eines Hauses repräsentiert somit durch seine Verfügbarkeit, Gestaltung und Atmosphäre einen sichtbaren Qualitätsindikator für die sonst immaterielle wie intangible Dienstleistung (vgl. Homburg 2012, S. 979, vgl. Busch et al. 2008, S. 899) und kann somit die Entscheidung zum Besuch des Kulturbetriebs mit beeinflussen. Das räumliche Umfeld und die Atmosphäre, auch vor und nach der eigentlichen Leistung, haben dabei einen entscheidenden Einfluss auf das Besucherurteil. So ist beispielsweise in einem Theater für die Besucherwahrnehmung relevant, wie das Foyer, der Zuschauersaal und auch die Waschräume ausgestattet sind. Dazu zählt auch die Beschilderung der Plätze. Auch die Funktionalität bei der Gestaltung des Kulturbetriebs wie z. B. Einlasssysteme, Qualität der Sitze, die allgemeine Übersichtlichkeit der Räume sowie die Barrierefreiheit sind im Rahmen der Ausstattungspolitik zu berücksichtigen.

6.8.2 Architektur

Neben der Inneneinrichtung und -gestaltung trägt die Architektur einen wichtigen Teil zum Imagetransfer bei der Ausstattungspolitik bei. Das Umfeld gehört im Kulturbereich zwar nicht zwingend zur Kernleistung, stellt aber einen wichtigen Aspekt dar, um ein ganzheitliches, stimmiges Bild der Organisation nach außen zu tragen.

Corporate Architecture

So beinhaltet die CI nicht nur das Corporate Design, sondern auch die Corporate Architecture. Diese geht über die Grundanforderungen an das Gebäude (Bauqualität, Nutzbarkeit) hinaus und verfolgt mehrere Aufgaben (vgl. Messedat 2005, S. 12):

- das Gebäude entsprechend der Identität des Nutzers (Kulturbetrieb) zu gestalten,
- eine Aussage zum (Kultur-)Produkt zu machen,
- Wiedererkennungscharakter zu besitzen,
- einer Grundidee zu folgen oder
- ein Wertesystem bis hin zu einem bestimmten Lebensgefühl zu vermitteln.

Damit das Erscheinungsbild für den Besucher glaubhaft ist, sollten Inhalt und Auftreten des Kulturbetriebs zueinander passen. Dieser erste Eindruck entsteht durch die primär sichtbaren Elemente, weshalb der physischen Ausstattung ein besonderes Augenmerk gilt (vgl. ebenda). Als Abbildung der Unternehmensidentität können das gestaltete Umfeld und insbesondere die Architektur Unternehmensleitsätze ausdrücken, Assoziationen zum Unternehmensinhalt hervorrufen, das Produkt an sich abbilden sowie markentypische Wertvorstellungen vermitteln (vgl. Abb. 6.22).

Form der Identitätsabbildung	Beispiel
Ausdruck von Unternehmensleitsätzen	historische Gebäude von Theatern, Museen, Universitäten, die als ›Bildungstempel‹ nach klassichen Vorbildern gestaltet sind
Assoziationen zum Unternehmensinhalt	historische oder naturkundliche Museen, deren Grundriss einer Entwicklungslinie entsprechend der chronologischen Themenvermittlung folgt
Architektur als Abbild des Produkts	Schlossmuseen, Freilichtmuseen oder Industriemuseen, deren Architektur den musealen Inhalt verkörpert
Kommunikation von Markeninhalten	Museen, Bibliotheken etc., die Offenheit und Besucherorientierung auch über transparente Fassaden und offene Grundrisse kommunizieren

Abb. 6.22: Abbildung von Unternehmensidentität durch Architektur

So bezieht beispielsweise die Guggenheim Foundation die Architektur ihrer Häuser (u. a. New York, Bilbao und Venedig) aktiv in ihr Mission Statement und ihre Kommunikationspolitik mit ein (vgl. http://www.guggenheim.org letzter Abruf 02.03.2011). Die exzeptionelle Architektur der Guggenheim-Museen hat sich dabei aus Besuchersicht als bekanntes Markenzeichen etabliert. Weitere Beispiele für Architektur als Markenzeichen von Kulturbetrieben sind die Semperoper in Dresden, die Oper in Sydney, das Jüdische Museum in Berlin, der Louvre sowie das Centre Pompidou in Paris, das Wiener Opernhaus oder die Elbphilharmonie in Hamburg.

Erlebnischarakter von Architektur

Design und Architektur schaffen zudem spezifische Erlebniswelten. Im Zusammenhang mit der zunehmenden Erlebnisorientierung der Besucher kommt dem eine besondere Bedeutung zu. Das Genießen von besonderer Architektur stellt beispielsweise sogar ein eigenes Motiv für den Museumsbesuch dar (vgl. Kirchberg 2004, S. 309 ff.), wobei grundsätzlich eine moderne, erlebnisorientierte Museumsgestaltung von allen Besuchergruppen bevorzugt wird (vgl. Terlutter 2000). Abbildung 6.23 zeigt verschiedene Erlebnismechanismen, welche bei der architektonischen Gestaltung umgesetzt werden können (vgl. Mikunda 2007, S. 28 ff.).

Architektur als Kernprodukt

Für eine Reihe von Kulturbetrieben gehören die Architektur und teilweise auch weitere Ausstattungselemente zum kulturellen Kernprodukt, wie es bei Freilichtmuseen, Schloss- und Burgmuseen sowie vielen Gedenkstätten der Fall ist. Auch bei vielen Institutionen mit einer langen Geschichte ist die Architektur bereits als identitätsstiftendes Element in deren Historie verankert und damit direkt mit dem Kulturbetrieb verknüpft. In diesem Sinne stellt die Imagewirkung, welche mit der Architektur verbunden ist, jedoch auch ein überdauerndes, starres Konstrukt dar. D. h. eine Neuausrichtung des Kulturbetriebs wäre mit erheblichen Kommunikationsaufwendungen verbunden, um dieses Image zu verändern. Entsprechend werden Neueröffnungen und Umstrukturierungen von Kulturbetrieben auch häufig mit Eingriffen in die Architektur des Gebäudes verbunden, die von Anbauten über Umbauten und leichte Modifikationen bis hin zum Neubau

6.8 Ausstattungspolitik

	Beschreibung	Konzept	Wirkung
Landmarks	spektakuläre (Außen-) Konzepte mit Wahrzeichencharakter	Außergewöhnlichkeit: Gestaltung von Architektur als Symbol, Merkzeichen, Botschaft oder Rätselhaftes	wirken vor allem auf emotionaler wie kognitiver Ebene, erzeugen Aufmerksamkeit
Malling	inszenierte Promenade	Führung: Einbindung klarer Routen für Besucher unter Berücksichtigung der sich dabei entwickelnden Eindrücke	Ansprache der Sinne des Besuchers sowie aktive Einbindung, erzeugen »Wohlfühlcharakter«
Concept Line	einheitliche »emotionale Klammer«	Ganzheitlichkeit: zentrales Thema als Gestaltungsgrundlage für alle (Funktions-)Bereiche	ganzheitliche Wahrnehmung, sorgt für lange Verweildauer
Core Attraction	Neugier- und Verblüffung stiftendes zentrales Merkmal	Spannung: besondere Attraktion/überraschende Effekte mit Erinnerungs- und Weitersag-Potenzial	spricht kognitive Prozesse an, erzeugt Spannung und Begeisterung

Abb. 6.23: Erlebnismechanismen bei der Gestaltung von Architektur

reichen können. Diese Wirkung von Architektur und Ausstattung im Sinne eines Imagetransfers verdeutlicht die Wichtigkeit einer überlegten Planung bzw. Mitbestimmung von den Verantwortlichen des Kulturbetriebs im Zuge architektonischer Maßnahmen, welche häufig zunächst von externer Seite initiiert werden. Denn längst wurde die Architektur speziell von Kulturbetrieben auch als Standortfaktor und entsprechendes Kommunikationsmittel seitens der Kulturpolitik und des Stadtmarketings erkannt.

> **Beispiel**
>
> **Die Architektur des jüdischen Museums Berlin als identitätsspezifisches Erlebnis**
>
> Das jüdische Museum Berlin zeigt, wie Architektur einen wesentlichen Bestandteil der Identität eines Kulturbetriebs von vornherein prägen kann. Entworfen von Daniel Libeskind, erfüllt insbesondere der 2001 fertiggestellte Neubau eine symbolische wie auch erlebnisorientierte Funktion und trägt somit das Wesen und die Mission des Museums nach außen.
> Seine Form, eine zick-zack-förmige Figur, die von einer geraden, jedoch mehrfach gebrochenen, Achse durchbrochen wird, bildet spannungsreiche Raumsituationen, die durch undurchsichtige Wege, surreale Momente, Leerstellen und Sackgassen gekennzeichnet sind. Diese Figur symbolisiert damit zum einen den wendungsreichen Verlauf jüdischer Geschichte, welche ebenso durch Krieg und Holocaust durch Leerstellen und Irrwege geprägt ist. Zum anderen verleiht diese Raumstruktur dem Gebäude einen besonderen Erlebnischarakter, der den Besucher überrascht, aktiviert sowie kognitiv und emotional einbindet. Bereits einige Monate vor der Eröffnung und der offiziellen Einrichtung der Ausstellung zog das Museum 350.000 Besucher an. Die Architektur wurde zu einem Markenzeichen des Museums, welches auch strategisch kommuniziert wird, indem der Gebäudegrundriss z. B. auch einen wesentlichen Bestandteil des Logos ausmacht.
>
>
>
> Museumslogo mit Grundrissform des Neubaus

Praxisbeispiel Kapitel 6.1

Zollhaus Wennigsen – Die Organisation der Finanzierungsinstrumente als Durchführungsvoraussetzung für ein denkmalschützerisches Kulturprojekt

Das Zollhaus Wennigsen als Gebäude stammt aus dem Jahr 1822. Zwischen 1829 und 1830 entstand eine neue »Amts- und Kohlestraße«, wo das später sogenannte »Alte Zollhaus« steht. Die Zölle wurden für eine befestigte Straße erhoben, über die vorrangig die Steinkohle aus der Kohlegrube im Deister transportiert wurde.

2012 wurde zum Erhalt des Zollhauses ein dreigliedriges Nutzungskonzept als Zentrum für kulturelle Bildung entwickelt, das wesentlich vom eingetragenen Verein »Die Kulturmacher« getragen wird:

1. eine »Phänothek«, wo Jugendliche kreativ gestalten, Naturforschung betreiben und in einer »Lehr-Mühle« den Weg vom Korn zum Brot nachvollziehen können,
2. ein »Zentrum für kulturelle Erwachsenenbildung«, wo Vereine wie der »Hermannshof Völksen« Veranstaltungen abhalten,
3. Event-Location zur freien Nutzung für kulturnahe Zwecke gegen Mietzahlung.

2009 ergab ein Gutachten auf Empfehlung der Denkmalschutzbehörde eine Kostenschätzung zur Sanierung und zum Ausbau des Alten Zollhauses Wennigsen. Die Kosten zur Gebäudesanierung betragen danach etwa 570.000 Euro. Um die Finanzierung sämtlicher Sanierungsmaßnahmen und des Betriebs der Einrichtung nach der Sanierung zu sichern, kommen vielfältige Finanzierungsinstrumente in Frage.

Hier bestand zunächst die Möglichkeit, durch die Einrichtung einer Jugendbauhütte den Eigenfinanzierungsanteil zu erhöhen und so in den gewährleistungsfreien Gewerken erhebliche Mittel einzusparen. Die veranschlagte Bausumme wird als Projektfinanzierung aus öffentlichen sowie privaten Drittmitteln von Stiftungen und Sponsoren aufgebracht.

Betriebskosten	
Personalkosten (240 Stunden/Monat)	30.000 Euro
Honorare für Künstler und Dozenten	18.000 Euro
Marketingkosten für alle Angebote	6.000 Euro
Betriebskosten	12.000 Euro
Projektleitung und Management (80 Stunden/Monat)	24.000 Euro
Gesamtkosten ohne LNK/MwSt.	90.000 Euro
zzgl. LNK und MwSt. (pauschal 20 %)	16.000 Euro
Gesamt	106.000 Euro
Finanzierung Betriebskosten	
Eintritte Kleinkunstbühne	5.000 Euro
Gastronomie/Vermietung	10.000 Euro
Workshops Erwachsene	8.000 Euro
Fundraising/Sponsoring	13.000 Euro
Workshops Kitas/Schulen	10.000 Euro
Bürgerstellen der Agentur für Arbeit und Einrichtung Einsatzstelle Jugendbauhütte im Gegenwert (inkl. LNK)	40.000 Euro
Betriebskostenfördermittel MWK NDS	20.000 Euro
Gesamteinnahmen/Zuschüsse p. a.	106.000 Euro
Kostenschätzung Gebäudesanierung Rohbau	
Abbruch- und Maurerarbeiten	130.000 Euro
Zimmerer- und Trockenbauarbeiten	58.000 Euro
Dachdeckerarbeiten	25.000 Euro
Tischlerarbeiten	41.000 Euro
Haustechnikarbeiten	41.000 Euro
Innenausbau, Estrich, Böden	38.000 Euro
Außenanlage	5.000 Euro

Fortsetzung Praxisbeispiel Kapitel 6.1

Sanierung Anbauten	70.000 Euro
Planung und Bauleitung	70.000 Euro
Gesamtkosten netto	**478.000 Euro**
zzgl. 19 % MwSt.	92.000 Euro
Gesamt	570.000 Euro
Gegenfinanzierung Investitionskosten	
Einnahmen Fördermittel	150.000 Euro
Einnahmen Stiftungsmittel	360.000 Euro
Sachleistungen Unternehmer	30.000 Euro
Einnahmen aus Fundraising/Sponsoring	30.000 Euro
Gesamtzuschüsse brutto	**570.000 Euro**
Inneneinrichtung Ausstattung für kulturpädagogische Arbeit	
Phänothek – 4 Erfahrungsräume à 20.000 Euro	80.000 Euro
Mobiliar Erdgeschoss (Stühle/Tische etc.)	12.000 Euro
Büro Obergeschoss (Mobiliar/Technik etc.)	12.000 Euro
Planung und Management	16.000 Euro
Gesamtkosten netto	**120.000 Euro**
zzgl. 19 % MwSt.	23.000 Euro
Gesamt	143.000 Euro
Finanzierung Inneneinrichtung	
Einnahmen aus Fördermitteln	65.000 Euro
Einnahmen aus Stiftungsmitteln	65.000 Euro
Einnahmen aus Fundraising/Sponsoring	13.000 Euro
Gesamtzuschüsse brutto	**143.000 Euro**

Gegenrechnung von Kosten und Einnahmen verschiedener Finanzierungsquellen

Ausstattung und Einrichtung

Die Aufwendungen für Ausstattung und Mobiliar bei Kauf aller Objekte betragen rund 143.000 Euro, die ebenfalls als projektbezogene Drittmittel durch Spenden erbracht werden. Ein Großteil der Inneneinrichtung sowie der Einrichtungs- und Ausstellungsgegenstände wird auch durch die Jugendbauhütte als Eigenleistung oder andere Träger realisiert, sodass diese Summe nur einen kalkulatorischen Rahmen darstellt.

Betrieb

Für eine nachhaltige Existenzsicherung sind die Betriebskosten noch wichtiger als Bau- und Sanierungskosten. Laut Business-Plan fallen 106.000 Euro pro Jahr an. Bewirtschaftungsaufwendungen mit Abgaben, Versicherungen, Marketing und Werbung etc. sind ebenso berücksichtigt wie Künstlerhonorare und Personal. Die Einnahmen aus dem Verkauf von Kernleistungen wie Eintritten und Workshops sowie aus Drittmitteln im Zuge von Fundraising, Sponsoring und institutioneller Finanzierung ergeben einen ausgeglichenen Haushalt. Bei der institutionellen Finanzierung handelt es sich um öffentliche Zuschüsse in Höhe von 20.000 Euro durch das Niedersächsische Ministerium für Wissenschaft und Kultur. Für einzelne Vorhaben wie Jubiläumsveranstaltungen oder Fachtagungen und Jugendcamps können zusätzlich weitere Landeszuschüsse oder EU-Fördergelder zur Projektfinanzierung beantragt werden.

Ab 01.12.2012 übernehmen die »Kulturmacher e.V.« alle vertraglich geregelten Rechte und Pflichten – die eigentliche Sanierung des Gebäudes soll spätestens im Sommer 2015 abgeschlossen sein, sodass das »Zentrum für kulturelle Bildung« zum Schuljahr 2015/16 seine Arbeit aufnehmen kann. Ab dem dritten Quartal in 2013 werden die Kulturmacher im Zollhaus Wennigsen ein in dieser Form konkurrenzfreies Kulturformat realisieren.

Praxisbeispiel Kapitel 6.2

Ehrenamtliche Helfer als wichtiger Bestandteil der Personalpolitik am Beispiel des Freilichtmuseums am Kiekeberg bei Hamburg

Das herausragende Engagement der zahlreichen ehrenamtlichen Helfer des Fördervereins des Freilichtmuseums am Kiekeberg e.V. wurde 2007 von der Landesregierung Niedersachsen, den VGH-Versicherungen und den Sparkassen mit dem Niedersachsenpreis für Bürgerengagement ausgezeichnet. 2012 erhielt er die bundesweite Auszeichnung »Kultur-Förderverein des Jahres« mit dem Kulturmarken-Award 2012. Eine teamorientierte Führung und die erfolgreiche Umsetzung gemeinsam definierter Ziele machten diese Leistung möglich. Über 200.000 Besucher nehmen jährlich das Angebot aus kulturellen Veranstaltungen, Aktionstagen, Handwerksvorführungen und Kursen im Freilichtmuseum am Kiekeberg und seinen Außenstellen wahr. Diese Herausforderung kann das feste Mitarbeiter-Team mit etwa 15 Beschäftigten nicht alleine bewältigen. Bei nahezu allen Projekten und Veranstaltungen sind die Betreiber auf ehrenamtliche Mitarbeiterinnen und Mitarbeiter angewiesen. Diese werden ebenso aktiv in Planungs- und Konzeptionsprozesse einbezogen wie ihre lohnbeziehenden Kollegen.

dene Schulungsmaßnahmen am und außerhalb des Arbeitsplatzes. Die Sachbearbeiterin ist über E-Mail und Telefon für die Freiwilligen erreichbar und wirbt in Eigenpublikationen, online, in regionalen Zeitungen und auf Veranstaltungen um weitere Unterstützer.

Foto: Freilichtmuseum am Kiekeberg

Ehrenamtliche Helfer als interne Anspruchsgruppe

Über 270 ehrenamtliche Helfer aus dem Kreis des Fördervereins sind vor oder hinter den Kulissen des Freilichtmuseums und seiner Außenstellen aktiv, pro tausend Besucher ist rechnerisch mindestens ein ehrenamtlicher Helfer erforderlich, wie die Ermittlung der Zeitdauer des Kunden-Mitarbeiter-Kontaktes ergab. Insgesamt entspricht das mobilisierte Volumen der freiwilligen Leistungen durch ehrenamtliche Mitarbeiter jährlich mindestens 300.000 Euro, wenn man marktübliche Dienstleistungskosten als Bezugsgröße ansetzt.

Sie alle bilden eine interne Anspruchsgruppe, die wichtige Ressourcen zur Leistungserstellung liefert und gleichzeitig eigene Anspracheinmöglichkeiten benötigt. Eine eigene Personalsachbearbeiterin kümmert sich ausschließlich um die Organisation und Rekrutierung von freiwilligen Helfern und organisiert stellengebun-

Nutzung und Steuerung individueller Kompetenzen beim Personaleinsatz

Die wichtigsten Einsatzbereiche zeigen, wie differenziert die freiwilligen Leistungen angelegt sind und welche auch ungewöhnlichen, mehrfachen Qualifikationen abgefordert werden: Zum Einsatzfeld Museumsladen gehören die Betreuung des Ladens, das Beraten und Kassieren. Beim Restaurieren von historischen Geräten sind besondere Kenntnisse von Schmieden, Ingenieuren etc. gefordert, z. B. beim Zerlegen, Entrosten, Besorgen von Original-Ersatzteilen oder Nachfertigen von vergriffenen Ersatzteilen, Inbetriebnehmen und Überholen für TÜV-Prüfungen. Zahlreiche Aktionstage erfordern wiederum den Einsatz bei Verkauf, Ticketing und Logistik. Weiterhin werden der Museumsbauernhof Wennerstorf (Service im Hofcafé, Verkauf von Eintrittskarten), das Mühlenmuseum Moisburg und das Feuerwehrmuseum Marxen ebenfalls betreut

Fortsetzung Praxisbeispiel Kapitel 6.2

und mit unterschiedlichen Dienstleistungen versorgt.

Bei dieser Aufgabenvielfalt wird die Schnittstelle von haupt- und ehrenamtlicher Arbeit im Freilichtmuseum am Kiekeberg als besonders wichtig eingestuft: Jeder Hauptamtliche ist so für die Arbeitsmöglichkeit und -unterstützung der Ehrenamtlichen zuständig. Haupt- und Ehrenamtliche arbeiten Hand in Hand ohne Hierarchien und lernen voneinander. In Bezug auf die Arbeitsorganisation spielt so die Mitgliedschaft in einem Team z. B. der Museumsladen-Mannschaft oder der Grill-Mannschaft an bestimmten Aktionstagen eine wichtige Rolle.

Im Museumsladen und bei Aktionstagen, bei der Betreuung von museumspädagogischen Veranstaltungen, sowie der Restaurierung von Gerätschaften ist sowohl Spezialisierung als auch Aufgabenbegrenzung zum Überlastungsschutz der Mitarbeiter gefragt. Dies zeigt sich sowohl in den Arbeitsbereichen, als auch im Umfang der Arbeitsstunden: Von einer regelmäßigen wöchentlichen Arbeitszeit von acht Stunden (z. B. ein Tag im Museumsladen), einem Einsatz von je einem Tag pro Woche im Sommer in den Gärten bis zu speziellen Einzeleinsätzen, die regelmäßig, aber nur wenige Stunden im Jahr benötigen, reicht das Zeitspektrum. In anderen Bereichen werden die Aufgaben der Mitarbeiter erweitert oder bereichert. Im Zeitungsarchiv reicht das Spektrum von einfachem Ausschneiden und Aufkleben bis zur direkten Ablage und eigenständigen Recherchen. Für Artikelserien in regionalen Zeitungen findet wiederum eine Bereicherung über eine Rohdatenzulieferung hinaus über gemeinsame Kritik an bestehenden Texten bis hin zum selbstständigen Kontakt zu Mitarbeitern, Info-Recherche und Schreiben von Artikeln statt.

Wissenstransfer als Basis der Personalentwicklung

Maßnahmen der Personalentwicklung beginnen bereits am ersten Arbeitstag. Dazu gehören die Einweisung in den Kundenkontakt und die Ausrichtung auf eine grundsätzliche Besucherorientierung. So steht für den ersten Einsatz ein »Kümmerer« vor Ort zur Verfügung, der einen neuen Mitarbeiter einweist und sich um ihn kümmert. Jeder lernt an seinem Arbeitsplatz, aber auch an anderen Arbeitsplätzen, um eine Vernetzung und ein übergreifendes Kiekeberg-Wissen zu schaffen. Dadurch wird auch eine große Informationszuverlässigkeit hergestellt. In verschiedenen Arbeitsbereichen findet aus diesem Grund auch eine Job-Rotation statt, z. B. im Museumsladen: Verkauf, Beratung, Nachfüllen der Regale, Auspreisung und Staubwischen. Auch zwischen den Bereichen findet bei Interesse eine Job-Rotation statt, sofern Wissensstand und körperliche Eignung gegeben sind.

Weiterqualifikation und Betreuung in Richtung von Kompetenzsteigerung erfolgt mit direktem Bezug wie außerhalb des Arbeitsplatzes durch den Erwerb von Zertifikaten und den Besuch entsprechender Seminare. Regelmäßige Fortbildungen werden zum Umgang mit Kunden oder zum Umgang mit Journalisten angeboten sowie Hygieneschulungen, Schulungen zu Inhaltsstoffen und zur Arbeitssicherheit. Beispielhaft sind die FU Berlin mit dem Weiterbildungsmodul »Museumsmanagement« zu nennen, die Teilnahme an Fachtagungen der Pausanio-Akademie Köln oder am jährlich stattfindenden KulturInvest-Kongress in Berlin. Allgemeine Schulungen finden zur Arbeit des Museums und dessen Außenstellen, zu neuen Produkten und zur Arbeit mit Ehrenamtlichen statt.

Regelmäßige Treffen und eine Feedback-Kultur bieten zudem die Möglichkeit, sich anonym oder namentlich über Feedback-Bögen oder in Vier-Augen-Gesprächen bei der Ehrenamtlichen-Betreuerin über die Arbeit zu äußern.

Praxisbeispiel Kapitel 6.3

Aufbau der Elbphilharmonie-Konzerte ohne Elbphilharmonie: mit integrierter Kommunikation zum Erfolg

Die Elbphilharmonie-Konzerte als performative Umsetzung des Konzepts eines metropolitanen Konzerthaus-Leuchtturms standen von Beginn an vor besonderen Herausforderungen bei der Markenkommunikation. Ohne dass der eigentliche Namensgeber, das Konzerthaus der »Elbphilharmonie« in der Hamburger Hafen-City, selbst schon vorhanden gewesen wäre, musste die Konzeption der Marke »Elbphilharmonie-Konzerte« so erfolgen, dass das spektakuläre Haus, obwohl Baustelle, und seine Faszination durch den Entwurf der Architekten Herzog und de Meuron auf die zu etablierende Konzertreihe abstrahlt. So wurde bereits 2008 eine Konzertsaison abseits und doch in Verbindung mit der physischen Stätte »Elbphilharmonie« geplant, welche insbesondere mithilfe integrierter Kommunikationsmaßnahmen dennoch ein strategisches Konzept zur Präferenzbildung umsetzen konnte. Wichtigstes Kriterium bei allen Programmangeboten: Der unbedingte Premium-Anspruch bei der Qualität analog zur Architektur des Bauwerks.

Das Angebot der Elbphilharmonie soll im Wettbewerb der Metropolen in der ersten Liga spielen und möglichst an markanten Punkten die Wettbewerber aus München, Brüssel, London oder Wien übertreffen. So werden allein über die Hamburger Orchester mit Thomas Hengelbrock (NDR), Geoffrey Tate (Hamburger Symphoniker), Kent Nagano (Philharmoniker Hamburg) und dem jungen Nachwuchsstar Simon Gaudenz (Hamburger Camerata) künftig vier namhafte Dirigenten regelmäßig in der Elbphilharmonie dirigieren. Die Abstimmung und Ausrichtung sämtlicher Kommunikationsmaßnahmen sollte diese Premium-Perspektive aufgreifen, visualisieren und nachhaltig beim Publikum verankern.

Elbphilharmonie als Gestaltungsprinzip für Kommunikationsformate

Um die »Elbphilharmonie-Konzerte« im Corporate Design möglichst eng mit dem Bauwerk »Elbphilharmonie« zu verzahnen, wurde eine ungewöhnliche Maßnahme gewählt, die so noch nie zuvor bei einer Kultureinrichtung umgesetzt wurde: Das Leitsystem der Elphilharmonie (allgemeine Beschilderung, Piktogramme, Besucherführung) und die Kommunikationsmaßnahmen weisen von der Typo bis zu den Farben das gleiche Corporate Design auf. Ruedi Baur, ein ausgewiesener Schweizer Kommunikationsdesigner, hatte in Abstimmung mit den Architekten Herzog und de Meuron und der städtischen REGE-Baugesellschaft den Auftrag für ein architekturgebundenes Corporate-Design-Konzept erhalten. Dieses sollte zunächst das innere Leitsystem der Elbphilharmonie sowie die sonstige »Sprache« des Gebäudes über Schriften, Formen und Farben umfassen. Die Marketingabteilung der Elbphilharmonie entschied daraufhin, auch die Ankündigungsplakate, die Broschüren und den Webauftritt für die Konzerte von Ruedi Baur in Anlehnung an die CI-Sprache des Bauwerks entwickeln zu lassen. So wurde eine sich überlagernde Silhouetten-Schrift zum Charakteristikum der Markenkommunikation der Elbphilharmonie-Konzerte (http://www.youtube.com/watch?v=r1JLA4ru24s). Und zwar mit der Option, künftig eine animierte Schrift anwenden zu können, bei der sich die überlagernden Typo-Umrisse bewegen, gleichsam als eine Reverenz an den Klang und die Musik als eigentlicher Kommunikationsinhalt.

Zauberwort »Elbphilharmonie«: ein Qualitätsversprechen für das Programm

Die Strategiefestlegung, schon vor der Fertigstellung des spektakulären Elbphilharmoniebaus in der Hafencity die »Elbphilharmonie-Konzerte« als Veranstaltungskonzept aus der Taufe zu heben, erforderte eine gut durchdachte, zeitliche Abstimmung von Programm und Kommunikationsmaßnahmen, welche über die gesamte Saison ein kontinuierliches Bild der Konzertreihe vermitteln sollte. Die zeitlich an den Saisonhöhepunkten ausgerichtete Planung wurde über eine Synopsen-Grafik, die die Kommunikationsmaßnahmen auf die Saison projiziert, ständig aktualisiert und an die Mitarbeiter kommuniziert (siehe Abbildung

Fortsetzung Praxisbeispiel Kapitel 6.3

S. 170). Megaposter an der Laeiszhalle und der Baustelle, Freecards an zielgruppenrelevanten Locations wie Restaurants und Hotels, Tageszeitungsbeilagen, Aktionen wie das Branding von City-Rikschas oder City-Light-Plakatkampagnen: So konnten schnell die laufenden Klassik-Konzerte in der städtischen Laeiszhalle mit dem Namen »Elbphilharmonie« als Zauberwort aufgeladen werden. Umgekehrt beseelte die Konzertsaison gleichsam mit musikalischen »Live-Acts« das laufende Bauvorhaben. Neben dem Schauspielhaus und der Fabrik wurde auch Kampnagel mit in die Planung der Saisonkonzerte als Aufführungsstätte einbezogen, neue Formate sollten das junge Publikum in eher klassikferner Umgebung ansprechen. Außerdem entstanden spezielle Angebote für Open-Air-Ereignisse, etwa auf den Magellan-Terrassen. Im Rahmen des Programmangebots der Elbphilharmonie-Konzerte wurden außerdem schon früh »Baustellen-Konzerte« ins Leben gerufen, um die Magie des Bauwerks schon im Rohzustand auf die Konzertsaisons abfärben zu lassen und die kalte Baustelle im rohen Zustand unbearbeiteten Betons und offener Stahlträger mit Musik »aufzuwärmen«. Wie die Baustellenführungen wurden auch musikalische Projekte auf der Baustelle schnell zu gesellschaftlichen Ereignissen ersten Ranges.

Am besten lässt sich die Strategie einer Ausweitung der Spielstättenauswahl als »atmende Saison« bezeichnen. Die Elbphilharmonie-Konzerte atmen gleichsam ihr Programmangebot in die Stadt aus, um irgendwann das dort gewonnene Publikum beim »Einatmen« als Stammbesucher zu begrüßen und den eigentlichen Elbphilharmonie-Konzerten an der geplanten Original-Spielstätte zuzuführen. Durch die Verzögerungen bei der Fertigstellung der Elbphilharmonie lassen sich erst 2017 und in den Folgejahren die Maßnahmen auf ihren endgültigen Erfolg überprüfen. Schon jetzt zeigt sich, dass spezielle Veranstaltungen für ein neues, kulturinteressiertes Publikum wie ein Orchester-Karaoke auf Kampnagel (Junge Symphoniker Hamburg) und musiktheatrale Performances im Schauspielhaus (John Malkovic) »ausverkauft« melden und ihr Publikum begeistern.

Fortsetzung Praxisbeispiel Kapitel 6.3 s. nächste Seite

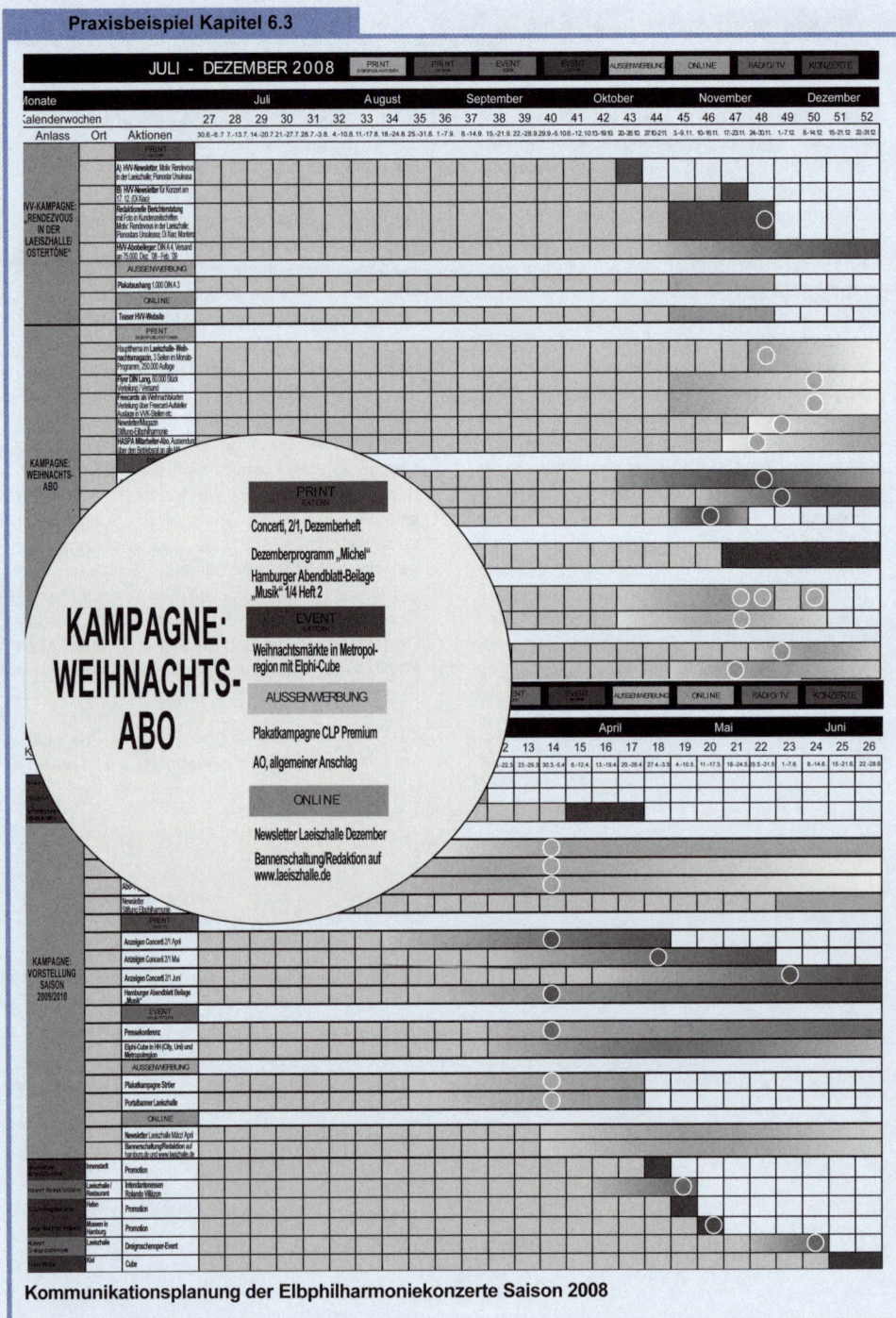

Kommunikationsplanung der Elbphilharmoniekonzerte Saison 2008

7 Ausblick: Kulturmarketing als ganzheitlicher Marketingprozess – der Case »Konzerthaus Berlin«

Das Lehrbuch hat es immer wieder aufgezeigt: Kulturmarketing muss sich im Wesentlichen mit zwei gegensätzlichen Rahmenbedingungen auseinandersetzen. Auf der einen Seite stehen die spezifischen Bedingungen des künstlerisch geprägten Angebots der institutionellen Akteure auf dem Kulturmarkt, auf der anderen Seite konkurrieren die vielfältigen Angebote des Freizeitmarkts in hartem Wettbewerb ebenfalls um Aufmerksamkeit und Zeit der relevanten Zielgruppen.

Marketingaktivitäten aus einem »Bauchgefühl« heraus arbeiten nach dem Zufallsprinzip. Dagegen wird ein strategisches Kulturmarketing ganzheitlich und strukturell ausgerichtet und ebnet so einen systematischen Weg zum Erfolg. In der Konzeptionsphase ist jede Konzeptionsebene sorgfältig zu bearbeiten, mit den Entscheidungen der vorhergehenden Ebenen abzustimmen und darauf aufbauend iterativ zu entwickeln. Dies darf nicht als einseitiger Top-down-Ablauf geschehen, sondern muss als interaktiver Prozess gestaltet werden, bei dem Wechselwirkungen zwischen den einzelnen Stufen zu berücksichtigen sind (vgl. Kapitel 3). Erst diese Vorgehensweise gestattet eine optimale Abstimmung zwischen Zielen, Strategien und operativen Maßnahmen und ermöglicht eine effektive Einwirkung auf das Marktgeschehen. Viele Kulturbetriebe betrachten diese systematische strukturelle Ausrichtung allerdings noch immer als Hürde und setzen ganzheitliche Marketingkonzeptionen in der Praxis oftmals nicht ein.

Das abschließende Kapitel erläutert daher anhand des aktuellen und gleichermaßen erfolgreichen Beispiels der Neupositionierung der Marke »Konzerthaus Berlin«, wie der Prozess einer solchen ganzheitlichen Abstimmung von Konzeptionsebenen konsequent umgesetzt werden kann. Geprägt von einer strategischen Ausrichtung illustriert der Case, wie auch traditionsorientierte Häuser sich einem erweiterten Publikum im zunehmend wettbewerbsintensiven Kulturmarkt stellen können, ohne ihre Authentizität zu verlieren.

7.1 Strategische Planung als Erfolgsfaktor – ein neuer Auftritt für das Konzerthaus Berlin

Seit 2009/2010 leitet der Musikwissenschaftler Professor Dr. Sebastian Nordmann als Intendant das traditionsreiche Konzerthaus Berlin. Bereits zu Beginn seiner Intendanz wurden die Grundlagen für einen umfassenden Markenprozess gelegt und mittels einer Studie zur Positionierung und Neuausrichtung sowie zur Weiterentwicklung des Marketings die notwendigen Weichen gestellt. Die Entscheidung, den neuen Gesamtauftritt 2012/13 – und damit zum Start des neuen Chefdirigenten Iván Fischer – zu entwickeln, fiel bereits Ende 2010.

Seitdem ist viel geschehen: Mit ungewöhnlichen Formaten, wie z. B. Espresso-Konzerten, Nach(t)gesprächen, Mozart-Matineen oder einem speziellem Junior-Programm schlägt das Konzerthaus Brücken zwischen Mensch und Musik und eröffnet dem Publikum neue Sichtweisen und

2009	2010	2011	2012	2013
Sebastian Nordmann wird neuer Intendant	BCG-Studie zu Vision und Positionierung, Weiterentwicklung des Marketings	Erstellung Briefingdokument für neue Agentur	Die Abobroschüre: erste Umsetzung im neuen Design noch vor Launch	Imagekampagne
	Implementierungsplan	Start des Auswahlprozesses	Vorstellung des neuen Auftritts zur Saisoneröffnung-PK im Mai	
	Entscheidung, zur Saison 2012/13 neuen Gesamtauftritt zu launchen	Beginn der Zusammenarbeit mit MetaDesign	Einführungskampagne Iván Fischer	
	Investitionsplanung	Strategische Neupositionierung	Implementierung neuer Markenauftritt in sämtlichen Medien	
	Einführung neuer Konzertformate und Serviceoptimierungen		Einführung Konzerthaus Card	
			Festivalkommunikation	

Abb. 7.1: Ein langfristig geplanter Prozess – der neue Auftritt des Konzerthauses Berlin

faszinierende Momente. Es ist also unumgänglich, diesen neuen Geist in einem Markenauftritt, der deutlich macht, welche Faszination in der Musik und der Annäherung an sie liegt, nach außen zum Tragen zu bringen.

7.2 Zielsetzung und kommunikative Herausforderung der Neupositionierung

Die strategische Ausrichtung des Konzerthauses wurde im Rahmen eines Markenklärungsworkshops unter Beteiligung aller Entscheider aus Intendanz und Direktion (Geschäftsführender Direktor, Programm- und Orchesterdirektor sowie Leitung Marketing, Öffentlichkeitsarbeit und Technik) definiert und die Neupositionierung erarbeitet. Sie diente als Grundlage für einen Markenauftritt, der die Menschen in einer attraktiven und eigenständigen Art und Weise emotional anspricht und auf das Konzerthaus und die Musik neugierig macht. Ein Problemvertiefungsprozess und eine genaue Analyse der kommunikativen und visuellen Istsituation schafften die Voraussetzungen, um zielgerichtet Lösungen zu entwickeln, die der Idee und dem künstlerischen Gesamtkonzept einen adäquaten Ausdruck verleihen.

Wie so viele Institutionen aus dem Bereich der Hochkultur haben insbesondere Opern- und Konzerthäuser mit der Situation zu kämpfen, dass der Altersdurchschnitt kontinuierlich steigt und insbesondere junge Menschen für das Thema begeistert werden müssen. Dabei gilt es, alte Glaubensgrundsätze aufzubrechen und neue Zugänge zur klassischen Musik zu schaffen. Ein Blick

7.2 Zielsetzung und kommunikative Herausforderung der Neupositionierung

Abb. 7.2: Das alte Erscheinungsbild

auf das Abo-Publikum machte die Problematik recht deutlich. Dem Konzerthaus Berlin haftete ein unnahbares und steifes Image an.

Neue Zielgruppen und ein jüngeres Publikum mussten gezielt an das Konzerthaus herangeführt werden. Parallel diente der Markenentwicklungsprozess dazu, alle Medien und Kanäle zu überprüfen und zielgruppenadäquat und fokussiert einzusetzen. Infolge der Neupositionierung sollte der kommunikative Fokus stärker auf das Image gelegt werden. Neben mehr Anreizen für Nichtabonnenten und Neukunden sollte dem Orchester eine eigenständige kommunikative Plattform geboten werden, die auf der einen Seite eine bestimmte Eigenständigkeit gewährleistet und dabei gleichzeitig auf das Konzerthaus als Ganzes einzahlt. Insbesondere die Social-Media-Kanäle sollten Anreize für dialogorientierte und integrative Kommunikation mit Mehrwert bieten.

7.3 Die Macht des Visuellen und die Macht der Sprache: der Übersetzungsprozess

Bilder sind in unserer Kultur allgegenwärtig und nicht selten auch überbordend. Kaum eine Information kommt heute ohne visuelle Übersetzung aus. Die Macht des Visuellen beruht dabei auf der Tatsache, dass komplexe Inhalte und Informationen schneller transportiert werden. Bilder schaffen einen unmittelbaren Zugang, sind einprägsamer und besitzen eine hohe Glaubwürdigkeit, und dies nicht nur in der Kommunikation nach außen. Veränderungs- und Entwicklungsprozesse müssen von innen nach außen getragen werden. Dabei übernimmt die bildhafte, sinnliche Dimension eine zentrale Aufgabe. Mittels des Bildes können Zielsetzungen anschaulich werden, kann eine gemeinsame Vorstellung von der Zukunft entstehen und somit Dritten gegenüber vermittelt werden. Ein inneres Vorstellungsbild von der Zukunft, in der sich die Idee manifestiert, ist zentrales Steuerungsinstrument gerade in Veränderungsprozessen, um einen erfolgreichen Weg in die Zukunft zu bahnen.

So gab das Visuelle auch im Rahmen der Workshops entscheidende Impulse und wichtige Hinweise auf die Sichtweise und Vorstellung der Verantwortlichen des Konzerthauses. Um das Selbstverständnis und die jeweils eigene Sicht auf die Dinge herauszuarbeiten und zu klären, wurden in einem ersten Schritt ganz persönliche Vorstellungen von der Zukunft des Konzerthauses visualisiert und erläutert. Die Gesamtschau dieser individuellen Einschätzungen ergab einen ersten Eindruck vom Entwicklungspotenzial des Hauses. Diese Vorstellungen von der Zukunft bildeten den Auftakt, um in der Folge unternehmensspezifische Besonderheiten weiter herauszuarbeiten und zu konkretisieren. In einer Werte- und Kommunikationspyramide wurden Begriffe und Adjektive, die das Selbstverständnis und die Haltung zum Ausdruck bringen, gemeinsam herausgearbeitet. Dabei wurden Werte wie »mutig«, »mitreißend« und »anfassbar« identifiziert. Schnell wurde deutlich, dass dem Aspekt »Nähe« eine zentrale Rolle zukommt, um all das, was im Verborgenen schlummert, sichtbar und wahrnehmbar werden zu lassen.

Unwiederbringliche Momente werden möglich, wenn die Konzertbesucher in die Musik und das Geschehen involviert werden. Spaß und Begeisterung entstehen durch Nähe und das unmittelbare Erleben, das Verständnis schafft und neugierig macht. Der Umstand des Erlebens, des Dabeiseins wird für die zukünftige Positionierung eine tragende Säule darstellen. Und auch hier zeigt sich die Notwendigkeit, dass die inhaltliche und konzeptionelle Ausrichtung des Hauses diesem Anspruch Rechnung tragen muss, um kein falsches Versprechen oder auch falsche Erwartungen zu erzeugen. Unbenommen muss das konkrete Erlebnis das einlösen, was Auftritt und Kommunikation versprechen.

Im weiteren Verlauf wurden die Bedeutungshintergründe der gemeinsam erarbeiteten Merkmale präzisiert, um so den Fokus auf das Wesentliche zu richten. Auch hier bot die Übersetzung in eine sinnlich wahrnehmbare Dimension die entscheidende Grundlage. Bilder, welche die zuvor bestimmten Werte und Merkmale symbolisch übersetzten, gewährleisten, ein tieferes, gemeinsames Verstehen. Sie brachten das zukünftige neue Selbstverständnis des Konzerthauses zum Ausdruck. Denn Merkmale wie »lebendig« oder »überraschend«, die sich ohne nähere Beschreibung nicht wirklich präzise fassen lassen, erhalten auf diese Weise klare Konturen. Das Spiegeln in eine emotionale, anschauliche Dimension macht Haltung und Selbstverständnis nachvollziehbar und begreifbar. Schritt für Schritt erschloss sich das Bild, die Idee von der Zukunft. Die künftige Positionierung wurde nicht nur in abstrakten Begriffen formuliert, sondern wurde sukzessive erfahrbar und damit vorstellbar.

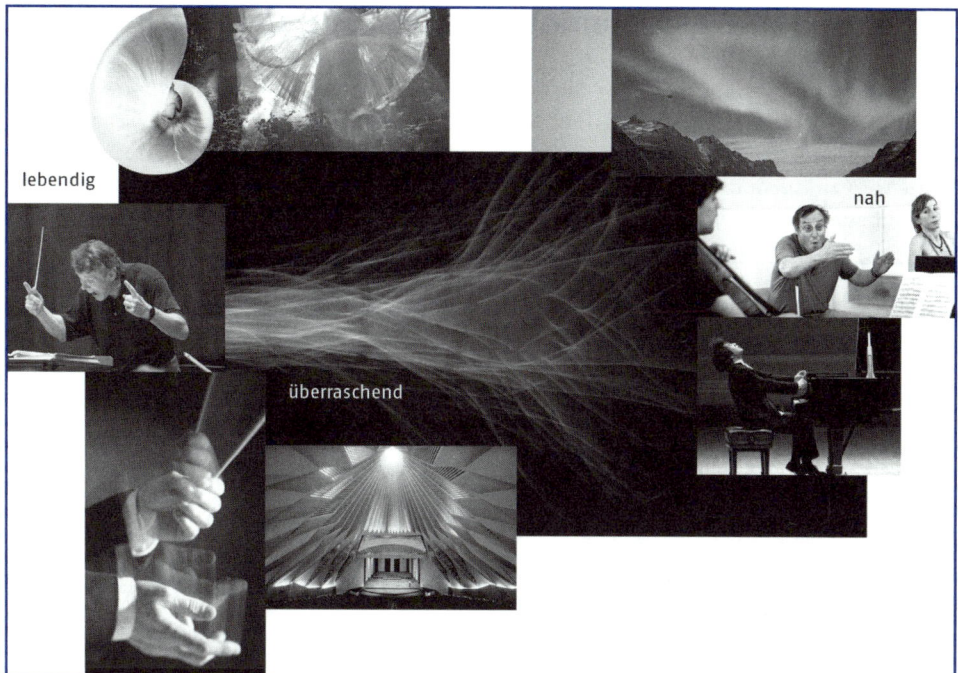

Abb. 7.3: Übersetzung der wesentlichen Werte mittels Bildern

Die gemeinsam entwickelte Leitidee versammelt all jene Aspekte, die zum Ausdruck bringen sollen, was das Selbstverständnis und das Profil des Hauses künftig ausmachen soll. Sie beschreibt die inhaltliche Ausrichtung und bringt sie auf den Punkt:

»Hier wird klassische Musik wieder zu einem lebendigen Ereignis – indem wir das Herz berühren, die Seele bewegen und den Geist entfesseln.«

7.4 Von der Strategie zum Markenauftritt: die Gestaltung der Marke Konzerthaus Berlin

Die Vermittlung und der Zugang zur klassischen Musik sind die zentralen Aspekte, die sich wie ein roter Faden durch die gesamte Kommunikation ziehen: Broschüren, Plakate, Flyer, Website und Anzeigen demonstrieren die neue Ausrichtung des Hauses. Alle Kommunikationsinstrumente sind inhaltlich und konzeptionell aufeinander abgestimmt: Internetauftritt, Social-Media-Aktivitäten und Zeitungsbeilagen in Publikums- und Fachmedien wurden visuell und kommunikativ so aufbereitet, dass künftig all die wunderbaren Geschichten der klassischen Musik, die die Menschen berühren und verzaubern, in überraschender Weise erzählt werden. Zum Leitmotiv des neuen Markenauftritts wurde es, »Geschichten mit Musik zu erzählen«.

7.5 Von den Basiselementen zum Gesamtauftritt

Wie die verschiedenen Instrumente eines Orchesters ein stimmiges Ganzes bilden, so spielt auch beim neuen Markenauftritt alles zusammen: Stil und Struktur, Ausdruck und Botschaft, Farbe und Form, Bildsprache und Bildaussage, Text und Typografie. Der Blick für das Ganze und auf das Ganze wird zu einem immer entscheidenderen Kriterium, damit alle Elemente des Auftritts und der Kommunikation harmonisch ineinandergreifen.

Abb. 7.4: Das neue Konzerthaus-Logo

- Das Logo stellt eine evolutionäre Weiterentwicklung des ursprünglichen Konzerthaus-Logos dar. Die abstrahierte Note steht symbolisch für den programmatischen Schritt in Richtung Zukunft und unterstreicht die inhaltliche Neuausrichtung. Das Symbol, das auch schon ein Kernelement des Konzerthaus-Auftritts vor der Überarbeitung war, wurde beibehalten und überarbeitet. Prägnanter, zeitgemäßer und vielseitig einsetzbar, bildet es ein Kernelement des neuen Erscheinungsbildes. Die Wortmarke »Konzerthaus Berlin« wurde in das Bildzeichen integriert und in zwei Schriftarten, einer klassizistischen Antiqua und einer modernen Grotesk gesetzt, die Tradition und Moderne gleichermaßen verkörpern.
- Die beiden Schriften, Kepler und Knockout, ermöglichen ein Spannungsfeld, das auf der einen Seite Progressivität und andererseits die Traditionsverbundenheit des Hauses zum Ausdruck bringt. Um das nötige Gleichgewicht und eine breite Anwendungsvielfalt zu ermöglichen, kommen beide Schriften gleichberechtigt in der Kommunikation zum Einsatz. Allein durch die Wahl der Schrift, Grotesk oder Antiqua, ergeben sich gestalterische Schwerpunkte in der Charakteristik der Aussage.
- Mittels eines schillernden Farbraums, der an das faszinierende Phänomen des Wetterleuchtens erinnert, begleiten farbliche Stimmungsbilder die Botschaften und Aussagen auf Plakaten, Flyern, Broschüren, Foldern und den digitalen Medien.
- Eine Bildsprache, die im Kern auf die Werte des Konzerthauses einzahlt und die Idee, ein lebendiges Ereignis zu vermitteln, emotional und sinnlich transportiert sowie Nähe und Authentizität vermittelt.

Abb. 7.5: Eine Säule der Marketingstrategie – der Chefdirigent Iván Fischer

Im lebendigen Zusammenspiel übermittelt jedes Element einzelne Facetten der Positionierung und bringt sie unverwechselbar zum Ausdruck. Weder Uniformität noch beliebige Vielfalt, sondern ein prägnantes, vielseitig einsetzbares visuelles Instrumentarium gewährleistet eine lebendige, themen- und medienadäquate Darstellung aller Kommunikationsmittel. Das flexible Gestaltungskonzept sowie ein »Leitfaden zum Komponieren von Texten« sichern die marken- und zielgruppengerechte Ansprache über alle Kanäle hinweg.

7.6 Iván Fischer, Symbol der Neuausrichtung

Im Mittelpunkt des kommunikativen Markenauftritts und der Einführungskampagne steht der neue Chefdirigent Iván Fischer. Der Ungar zählt weltweit zu den visionärsten und erfolgreichsten Orchesterleitern. Er startete 2012/2013 als neuer Chefdirigent des Konzerthauses Berlin. Seine Leidenschaft für Musik und die unnachahmliche Art, sie mit anderen zu teilen, unterstreicht die Neuausrichtung und das neue Selbstverständnis in unverwechselbarer Weise. Diese Stilistik wird in der Kampagne aufgegriffen und macht die Dialogbereitschaft und die lebendige Auseinandersetzung mit den Themen der klassischen Musik in überraschender und faszinierender Weise nachvollziehbar und nahbar. Der Claim »Fischer kommt an. Stimmt an. Regt an.« spiegelt die unaufgeregte und gleichzeitig spielerische Leichtigkeit wider, die Iván Fischer kennzeichnet und in der unmittelbar zum Ausdruck kommt, wofür das Konzerthaus Berlin künftig steht.

Die programmatische Öffnung des Konzerthauses, vorangetrieben durch Sebastian Nordmann, wird durch die Person Iván Fischer inhaltlich und konzeptionell fortgeführt. Die Einführungskampagne stellt Fischer nicht nur als neuen Chefdirigenten vor, sondern auch als Geschichtenerzähler, der den direkten Kontakt zu den Besuchern sucht. Mit ungewöhnlichen Impulsen und poetischen Bildern hebt die Kampagne den intelligenten Witz, der die Persönlichkeit Fischers ausmacht, hervor und rückt gleichzeitig die Offenheit des Hauses in den Vordergrund.

7.7 Die Säulen der Marketingstrategie

Ob Festivalkommunikation, Imagekampagne oder die Konzerthaus Card, das Konzerthaus Berlin will mit überraschenden Maßnahmen und ungewöhnlichen Formaten neue Zugänge und Perspektiven auf die faszinierende Welt der Klassik ermöglichen. Die Öffnung des Hauses soll nicht nur über den roten Teppich und geöffnete Türen symbolisch transportiert werden, sondern im unmittelbaren Erleben im Hause selbst und in dessen Inszenierung nach außen ganz konkret Räume öffnen und damit zur Stärkung der Marke Konzerthaus Berlin und des Markenversprechens beitragen. Themenauswahl und die Art und Weise, in der das Konzerthaus über die Dinge spricht, müssen schlüssig ineinandergreifen.

Ziele der neuen Imagekampagne sind unter anderem die Fortführung und Weiterentwicklung der Einführungskampagne Iván Fischers sowie die gezielte Nutzung der Festivals als imageträchtige Veranstaltungen des Konzerthauses. Über relevante und einzigartige Botschaften soll die Marke weiter aufgeladen werden, um Aufmerksamkeit und Interesse für die neue Saison zu wecken. Ganz im Sinne der Marke lautet die kommunikative Klammer: »überraschend anders«. Über eine konzerthaus-spezifische Frage-Antwort-Mechanik sollen Interesse geweckt und Antworten gegeben werden. Über QR-Codes wird eine Verknüpfung und Weiterführung zu den digitalen Medien geschaffen und so eine flexible und modulare Gestaltung der unterschiedlichen Medien und Formate möglich.

Die Konzerthaus Card soll als zentrales Marketing- und Kundenbindungsinstrument bestehende Kunden enger an das Haus binden, auf Veranstaltungen neugierig machen und Besucher zu langfristigen Fans machen. Rabattierung, Stammkundenerweiterung und eine engere Integration der Abonnenten sowie regelmäßige Kommunikationsanlässe mit dem Stammpublikum werden gezielt mit Service- und »Can't buy«-Angeboten, wie beispielsweise einer limitierten Sonder-CD, gekoppelt.

7.8 Fazit: ohne klare Strategie kein klares Profil

Kulturinstitutionen haben die schwierige Aufgabe, mit einem äußerst geringen Budget auf sich aufmerksam zu machen. Es gilt, ein Maximum mit den zur Verfügung stehenden Mitteln zu erreichen. Dies gelingt nur, wenn Kommunikation und Gestaltung aus einer Hand kommen und sie Ergebnis eines strategischen Prozesses sind, dessen Basis die Klärung der zentralen Idee, der Werte und des Inhaltes sind, um die es im Kern geht.

Für Kulturschaffende immer noch ein ungewöhnlicher Gedanke, aber angesichts der zunehmend schwierigeren Rahmenbedingungen, in denen sich Kulturinstitutionen behaupten müssen, bedarf es eines ebenso strategischen Vorgehens, wie es Wirtschaftsunternehmen und Marken schon lange praktizieren müssen, wollen sie nicht im Trubel eines sich ständig wandelnden und überbordenden Kommunikationsumfeldes untergehen. Unbestritten, Inhalte und Themen sind andere und entsprechend müssen sie auch anders aufbereitet werden. Entscheidend ist allerdings, dass diese Themen aus einer ganzheitlichen und kommunikativen Perspektive gedacht und entwickelt werden. Die Kernfrage lautet immer: Was kommt bei denen an, die ich erreichen möchte? Denn nicht selten herrscht eine Diskrepanz zwischen dem, was von den Verantwortlichen in der Kommunikation über Kulturinstitutionen angestrebt wird, und dem was tatsächlich bei den Menschen ankommt.

Um sich als Marke zu positionieren, die Menschen attraktiv finden, Vertrauen aufbaut und langfristig bindet, reicht es nicht aus, ein ansprechendes Logo zu kreieren oder schöne Plakate zu entwerfen. Der Aufbau einer Marke erschöpft sich nicht in der Gestaltung der Geschäftsausstattung oder der gängigen Kommunikationsmittel. Die entscheidende Frage ist: Welche Inhalte sollen sichtbar und erlebbar werden? Was ist das Selbstverständnis? Welches sind die Ziele und Botschaften, die das Unternehmen, die Institution oder das Haus vermitteln möchte? An welchen Werten sollen sich die Mitarbeiter orientieren? Worin unterscheidet sich das Haus von anderen? Was macht das Unternehmen oder die Institution besonders und einzigartig?

Bei der Entwicklung des neuen Markenauftritts für das Konzerthaus Berlin war das Mitdenken der kommunikativen Dimension von Anfang an Bestandteil des Prozesses, um die Neuausrichtung und die Strategie des Hauses zum Tragen zu bringen. Wichtig war hierbei, dass die Verantwortlichen gleich zu Beginn sehr klar formulierten, welche Idee hinter der Einrichtung steckt, was das Faszinierende, das besondere Erlebnis an ihr ist. Wenn es gelingt, die Begeisterung der Beteiligten für das Thema herauszuarbeiten und dies mittels Kommunikation erlebbar zu machen, trägt dies entscheidend zum Erfolg der Marke bei.

Ein Aufwand, der lohnt – denn Kulturinstitutionen, die in die Entwicklung und Implementierung ihrer Marke investieren und eine gezielte Kommunikationsstrategie entwickeln, investieren in ihre Zukunft. Für das Konzerthaus Berlin hat sich diese Investition bereits ausgezahlt und in einer Einnahmesteigerung von über 11 % und einer um 6 % gesteigerten Gesamtauslastung im Saisonvergleich niedergeschlagen.

Gerade in Zeiten knapper Budgets wird es für Kulturschaffende zukünftig immer wichtiger, einen Blick für das Ganze über die Inhalte und die Programmgestaltung hinaus zu entwickeln und die Dinge in ihrem Wirkungskontext zu betrachten. Je kleiner das Budget, desto entscheidender ist die Ausrichtung, desto präziser und gezielter muss der Einsatz der Mittel sein und desto stringenter müssen visueller Auftritt und Kommunikation ineinandergreifen. Die aktuellen kulturpolitischen Debatten machen zudem deutlich: In Zukunft wird es immer wichtiger sein, Themen aus dem Kulturbereich einer breiten Öffentlichkeit zugänglich zu machen und damit ihre gesellschaftliche

Relevanz zu verdeutlichen und zu unterstreichen. Dies erhöht die Notwendigkeit, einen Dialog mit der Öffentlichkeit in eigener Sache zu betreiben, und dies nicht nur über altbekannte Kanäle, sondern gerade auch in massenwirksamen Formaten. All dies umzusetzen bedeutet vor allem, alte Glaubensgrundsätze zu hinterfragen und den Mut aufzubringen, neue Wege zu gehen und alte Zöpfe abzuschneiden, ganz im Sinne von: Weniger ist mehr.

Case und Text: Uli Mayer-Johanssen, MetaDesign Berlin

7.9 Einordnung Case Konzerthaus Berlin

Das Beispiel der Neupositionierung beim Konzerthaus Berlin veranschaulicht noch einmal sowohl die organisations- und marktspezifischen Rahmenbedingungen als auch den Prozess einer strategischen Marketingkonzeption in einem Kulturbetrieb. Das Konzerthaus Berlin stellt hier einen klassischen Non-Profit-Kulturbetrieb dar, bei dem zunächst Sachziele wie die Vermittlung klassischer Musik über Formalzielen wie dem Wirtschaftlichkeitsprinzip stehen (vgl. Kapitel 1). Gerade die Integration dieser beiden Zielbereiche in das Management von Kulturinstitutionen stellt aus Sicht vieler Betriebe einen Reibungspunkt dar. Beim Konzerthaus Berlin wurden sie dagegen von Beginn an eng miteinander verknüpft. Besucherentwicklung und Profilbildung stehen hier sowohl für das Sachziel der Musikvermittlung als auch für eine wirtschaftliche Formalzielebene und zeigen, dass eine beiderseitige Integration auch als Chance für Synergien verstanden werden kann.

Als Marktakteur steht das Konzerthaus insbesondere am Standort Berlin einer breiten Konkurrenz gegenüber. Diese bestimmt sämtliche Wettbewerbsebenen: innerhalb einer Produktkategorie zu anderen Konzertanbietern, übergreifend zu anderen Kultursparten wie Museen und Theatern sowie zu zahlreichen Freizeit- und Unterhaltungsanbietern wie Sportevents, Shoppingcentern, Gastronomie etc. (vgl. Kapitel 2).

Gerade um sowohl Besucher, bereits existierende und auch potenzielle Interessengruppen zu erreichen, musste das Konzerthaus ein differenziertes, Aufmerksamkeit generierendes Angebot schaffen und dieses entsprechend kommunizieren. Die ideologische Grundausrichtung bei der Erstellung der dafür notwendigen Marketingkonzeption entsprach dabei der einer kritisch-reflektiert integrierenden Haltung gegenüber Kulturmarketing. Entsprechend bestand das primäre Ziel in der Beeinflussung der Marktakzeptanz der Konzerthausangebote und nicht in einer marktgerechten Umgestaltung oder einer Entwicklung abgekoppelter Kommunikationsmaßnahmen (vgl. Kapitel 3).

Auf Konzeptionsebene spiegelt die Leitidee bzw. das Mission Statement der lebendigen Vermittlung von Musik vor allem emotionaler Ebene die übergeordneten Ziele des Konzerthauses wider. Der beschriebene Workshop zur Herausstellung wesentlicher Identitätsbegriffe und -attribute zeigt eine Möglichkeit auf, wie auf dieser Basisebene alle wichtigen Entscheider einer Institution gemeinsam an dem Findungsprozess einer konsistenten Identität beteiligt werden. Die strategische Bedeutung eines eindeutigen, differenzierten und langfristigen Leitbilds oder Mission Statements wird von vielen Kulturinstitutionen und insbesondere intendanzgeführten Theatern, Opern- und Konzerthäusern noch immer unterschätzt. Beim Konzerthaus Berlin wird dagegen die grundlegende Bedeutung dieses Konzeptionsschritts für Markenbildung und Kommunikationspolitik deutlich. Die übergreifende Beteiligung sämtlicher Führungsebenen des Konzerthauses zeigt außerdem einen Weg auf, grundlegende Identitätswerte von der Intendanz als alleinigem Träger abzukoppeln und so langfristig zu stabilisieren.

Beim Konzerthaus Berlin bauen auf diesen übergeordneten Identitätszielen differenzierte und zunehmend konkrete Handlungsziele wie Publikumsentwicklung sowie ein verstärkter Publikumsdialog auf. Bei der Positionierungsanalyse wurde die Analyse relevanter Leistungseigenschaften berücksichtigt und das Angebot in einem ersten Schritt erweitert. Hand in Hand konnten in einem iterativen interaktiven Prozess die Ziele präzisiert (vgl. Kapitel 4) und die Identitätsmerkmale bestimmt werden. Daraus wurde die Strategie der Markenbildung abgeleitet, die diese Identitätsmerkmale der Konzerthausmarke nach außen trägt. Im Rahmen einer klaren Imagestrategie sind Angebote und Erscheinungsbild des Hauses auf diese Identitätsmerkmale abgestimmt (vgl. Kapitel 5). Innerhalb der Leistungspolitik entwickelten die Geschäftsführer in enger Absprache mit der Intendanz zielgruppenspezifische Zusatzleistungen wie die Espresso-Konzerte, die Nach(t)-gespräche oder das Junior-Programm. Auf Distributionsebene wurde mit der neu entwickelten Konzerthaus Card ein weiteres innovatives Instrument zur Besucherentwicklung geschaffen. In besonderer Weise wird am Beispiel des Konzerthauses die Bedeutung von stringenten Kommunikationsmaßnahmen aufgezeigt. Die systematische inhaltliche wie auch formale Abstimmung dieser Aktivitäten ermöglicht eine integrierte Kommunikation über sämtliche Medien und sämtliche Kanäle und visualisiert so in prägnanter Form die Markenidentität (vgl. Kapitel 6).

Alles in allem verdeutlicht das Beispiel in anschaulicher Weise, wie institutionelle und marktspezifische Rahmenbedingungen sowie Konzeptionsebenen beim Kulturmarketing aufeinander aufbauen, zugleich ineinander übergehen und damit innerhalb eines strategischen Konzeptionsprozesses ständig präsent sind. Dies macht auch das Verständnis von Kulturmarketing als ganzheitlichem Managementkonzept aus, das den gegenwärtigen und zukünftigen Anforderungen an Kulturbetriebe erfolgreich begegnen kann.

Literaturverzeichnis

Ahrendt, Bernd (2008): Distributionspolitik. In: Geyer, Hardy (Hg.): Kulturmarketing. München [u. a.]. S. 205-217.

Allaire, Yvan; Firsirotu, Mihaela E. (1984): Theories of organizational culture. In: Organization Studies, Jg. 5, H. 3, S. 193-226.

Ansoff, Harry Igor (1966): Management-Strategie. München.

Baumgarth, Carsten (2009): Brand Orientation of Museums: Model and Empirical Results. In: International Journal of Arts Management, Jg. 11, H. 3, S. 30-45.

Becker, Jochen (2013): Marketing-Konzeption. 10. Aufl. München.

Bekmeier-Feuerhahn, Sigrid (2007): Museumsbranding in Deutschland. Empirische Studie der Universität Lüneburg (Mai 2007).

Bekmeier-Feuerhahn, Sigrid (2009): Museum als Marke – Identitätsverlust oder Erfolgsstrategie? In: Höhne, Steffen; Ziegler, Ralf Philipp (Hg.): Kulturbranding II : Konzepte und Perspektiven der Markenbildung im Kulturbereich. Leipzig. S. 73-100.

Bekmeier-Feuerhahn, Sigrid; Sikkenga, Jörg (2008): Transformationsprozesse im Kulturbereich: Museen auf dem Weg zur Marke – Eine empirische Studie. In: Bouncken, Ricarda et al. (Hg.): Steuerung versus Emergenz. Wiesbaden. S. 333-366.

Bekmeier-Feuerhahn, Sigrid; Trommershausen, Anke (2006): Kulturbranding. Lassen sich Kulturinstitutionen zu Marken aufbauen? In: Strebinger, Andreas et al (Hg.): Werbe- und Markenforschung. Meilensteine – State of the Art – Perspektiven. Wiesbaden. S. 213-244.

Bendixen, Peter (2001): Allgemeine Grundlagen des Kulturmanagements. In: Bendixen, Peter (Hg.): Handbuch Kultur-Management. Die Kunst, Kultur zu ermöglichen. Stuttgart. Nr. 15 (2001), S. 1-33.

Berg, Karen van den; Priddat, Birger (2008): Branding Museums-Marketing als Kulturproduktion – Kulturproduktion als Marketing. In: John, Hartmut; Günter, Bernd (Hg.): Das Museum als Marke. Branding als strategisches Managementinstrument für Museen. Bielefeld. S. 29-48.

Beyme, Klaus von (2012): Kulturpolitik in Deutschland: Von der Staatsförderung zur Kreativwirtschaft. Wiesbaden.

Birkigt, Klaus; Stadler, Marinus M.; Funck, Hans Joachim (2002): Corporate Identity: Grundlagen, Funktionen, Fallbeispiele. 11. Aufl. München.

Blackwell, Roger D.; Miniard, Paul W.; Engel, James f. (2006): Consumer behavior. 10. Aufl. Hinsdale.

Blättel-Mink, Birgit; Hellmann, Kai-Uwe (Hg.) (2010): Prosumer revisited. Zur Aktualität einer Debatte. Wiesbaden.

Blome, Constantin (2007): Öffentliches Beschaffungsmarketing: Ein Kennzahlensystem für das Vergabemanagement. Wiesbaden.

Bödrich, Diane (2007): Jugend – Eine relevante Zielgruppe für das Theater, Hamburg: Diplomarbeit Leuphana Universität Lüneburg.

Bronder, Christoph (1993): Kooperationsmanagement. Unternehmensdynamik durch strategische Allianzen. Frankfurt/Main [u. a.].

Bruhn, Manfred (2007): Mensch im Marketing. Der Benefit eines qualitativen Beziehungsmarketing. Vortrag im Rahmen des 7. Seeländer Marketing-Events in Biel-Bienne am 26. April 2007.

Bruhn, Manfred (2010): Sponsoring. Systematische Planung und integrativer Einsatz. 5. Aufl. Frankfurt/Main.

Bruhn, Manfred (2012): Marketing für Nonprofit-Organisationen. Grundlagen – Konzepte – Instrumente. 2. Aufl. Stuttgart.

Bruhn, Manfred (2013:1): Kommunikationspolitik. Systematischer Einsatz der Kommunikation für Unternehmen. 7. Aufl. München.

Bruhn, Manfred (2013:2): Relationship Marketing. Das Management von Kundenbeziehungen. 3. Aufl. München.

Bruhn, Manfred; Meffert, Heribert (2002): Exzellenz im Dienstleistungsmarketing: Fallstudien zur Kundenorientierung. Wiesbaden.
Busch, Rainer; Fuchs, Wolfgang; Unger, Fritz (2008): Integriertes Marketing. Strategie, Organisation, Instrumente. 4. Aufl. Wiesbaden.

Colbert, François; Nantel, Jacques (1999): Kultur- und Kunstmarketing. Ein Arbeitsbuch. Wien [u. a.].
Colbert, François (2008): Der Kulturbetrieb – ein Systematisierungsvorschlag. In:Klein, Armin (Hg.) Kompendium Kulturmanagement. Handbuch für Studium und Praxis. 2. Aufl. München. S.11-17.
Cornelsen, Jens; Müller, Iris (2001): Meinungsführer (Opinion Leader). In: Diller, Hermann (Hg.): Vahlens großes Marketinglexikon. 2. Aufl. München. Bd. 2, S. 1115-1117.

Dauschek, Anja (2001): Museumsmanagement. Amerikanische Strategien in der deutschen Diskussion. Ehestorf.
Deutscher Bühnenverein (2013): Theaterstatistik 2011/12. Online verfügbar unter: http://www.buehnenverein. de/de/publikationen-und-statistiken/statistiken/63.html?cmsDL=90aea30110ae98e62 b190b2f20f26758. zuletzt geprüft 28.11.2013.
Deutscher Kulturrat e.V.: Konjunkturprogramm: Kulturfinanzierung mittelfristig in Gefahr. Deutscher Kulturrat fordert Kulturpolitiker des Bundes und der Länder zum Handeln auf. Pressemitteilung vom 13.01.2009. Berlin. Online verfügbar unter http://www.kulturrat.de/pdf/1469.pdf, zuletzt geprüft am 05.09.2013.
Diller, Hermann (2001): Visual merchandising. In: Diller, Hermann (Hg.): Vahlens großes Marketinglexikon. 2. Aufl. München. Bd. 2, S. 1819.
Diller, Hermann (2007): Grundprinzipien des Marketing. 2. Aufl. Nürnberg.
Dreyer, Matthias (2007): Demographischer Wandel und kulturelle Infrastruktur: Auswirkungen und Handlungsansätze. Online verfügbar unter http://hdl.handle.net/10419/22471. zuletzt geprüft 09.09.2013
Dreyer, Matthias; Wiese, Rolf (Hg.) (2006): Museum und Personal. Ehestorf.

Esch, Franz-Rudolf (2012): Strategie und Technik der Markenführung. 7. Aufl. München.
Esch, Franz-Rudolf; Tomczak, Torsten; Kernstock, Joachim; Langner, Tobias (2006): Corporate Brand Management. Marken als Anker strategischer Führung von Unternehmen. 2. Aufl. Wiesbaden.

Falk, John H. (2009): Identity and the museum visitor experience. Walnut Creek, California.
Faßnacht, Martin (1996): Preisdifferenzierung bei Dienstleistungen. Implementationsformen und Determinanten. Wiesbaden.
Felton, Marianne V. (1992): On the assumed inelasticity of demand for the performing arts. In: Journal of Cultural Economics, Jg. 16, H. 1, S. 1-12.
Filmförderungsanstalt (2012): Programmkinos in der Bundesrepublik Deutschland und das Publikum von Arthouse-Filmen im Jahr 2011. Online verfügbar unter http://www.ffa.de/start/download. php?file=publikationen/Programmkinos2011.pdf, zuletzt geprüft am 28.09.2013.
Fischer, Walter Boris (2001): Kommunikation und Marketing für Kulturprojekte. Bern [u. a.].
Föhl, Patrick; Glogner-Pilz, Patrick (Hg.) (2011): Das Kulturpublikum. Fragestellungen und Befunde der empirischen Forschung. 2. Aufl. Wiesbaden.
Frey, Bruno S.; Pommerehne, Werner W. (1993): Musen und Märkte. Ansätze zu einer Ökonomik der Kunst. München.

Geppert, Kurt (1992): Kultur als Wirtschaftsfaktor in Berlin. Eine Studie des Deutschen Instituts für Wirtschaftsforschung DIW im Auftrag der Senatsverwaltung für Kulturelle Angelegenheiten. Berlin.
Gerlach-March, Rita (2010): Kulturfinanzierung. Wiesbaden.
Gerybadze, Alexander (2004): Technologie- und Innovationsmanagement. Strategie, Organisation und Implementierung. München.

Geyer, Hardy (2008): Kommunikationspolitik. In: Geyer, Hardy (Hg.): Kulturmarketing. München [u.a.]. S. 229-246.
Geyer, Hardy (2008): Kulturbezug des Kulturmarketing. In: Geyer, Hardy (Hg.): Kulturmarketing. München [u.a.]. S. 3-11.
Grimm, Cornelia (2001): Messen und Ausstellungen. In: Diller, Hermann (Hg.): Vahlens großes Marketinglexikon [in zwei Bänden]. 2. Aufl. München. Bd. 2, S. 1120-1123.
Grönroos, Christian (1990): Service Management and Marketing. Managing the Moments of Truth in Service Competition. Lexington [u.a.].
Grönroos, Christian (2000): Service Management and Marketing. A Customer Relationship Management Approach. 2. Aufl. Chichester [u.a.].
Günter, Bernd (2001): Kulturmarketing. In: Tscheulin, Dieter K.; Helmig, Bernd (Hg.): Branchenspezifisches Marketing. Grundlagen – Besonderheiten – Gemeinsamkeiten. Wiesbaden. S. 331-349.
Günter, Bernd; Hausmann, Andrea (2012): Kulturmarketing. 2. Aufl. Wiesbaden.

Hansen, Klaus P. (2011): Kultur und Kulturwissenschaft. Eine Einführung. 4. Aufl. Tübingen.
Hasitschka, Werner (2007): Kulturbetriebe. In: Köhler, Richard; Küpper, Hans U.; Pfingsten, Andreas (Hg.): Handwörterbuch der Betriebswirtschaft. 6. Aufl. Stuttgart. Sp. 1014-1048.
Hausmann, Andrea (2001): Besucherorientierung von Museen unter Einsatz des Benchmarking. Bielefeld.
Hausmann, Andrea (2005): Theater-Management. Grundlagen, Methoden und Praxisbeispiele. Stuttgart.
Hausmann, Andrea (2006): Preispolitische Optionen zur Erlösoptimierung von Museumsbetrieben. In: Zeitschrift für öffentliche und gemeinwirtschaftliche Unternehmen (Journal for Public and Nonprofit Services), H. 3, S. 241-258.
Hausmann, Andrea; Körner, Jana (Hg.) (2009): Demografischer Wandel und Kultur. Wiesbaden.
Hausmann, Andrea (2009): Implikationen des demografischen Wandels für das Marketing von Kultureinrichtungen. In: Körner, Jana; Hausmann, Andrea (Hg.): Demografischer Wandel und Kultur. Wiesbaden.
Hellmann, Kai-Uwe (2010): Prosumer Revisited: Zur Aktualität einer Debatte. Eine Einführung. In: Blättel-Mink, Birgit; Hellmann, Kai-Uwe (Hg.): Prosumer Revisited. Zur Aktualität einer Debatte. Wiesbaden.
Hentze, Joachim; Kammel, Andreas (2001): Personalwirtschaftslehre. Bd. 1 – Grundlagen, Personalbedarfsermittlung, -beschaffung, -entwicklung und -einsatz. 7. Aufl. Stuttgart.
Herger, Nikodemus (2004): Organisationskommunikation. Beobachtung und Steuerung eines organisationalen Risikos. Wiesbaden
Hill, Elizabeth; O'Sullivan, Catherine; O'Sullivan, Terry (2003): Creative arts marketing. 2. Aufl. Amsterdam [u.a.].
Hilke, Wolfgang (1989): Dienstleistungs-Marketing: Banken und Versicherungen - freie Berufe - Handel und Transport - nicht-erwerbswirtschaftlich orientierte Organisationen. Wiesbaden.
Hirschman, Elizabeth C. (1983): Aesthetics, Ideologies and the limits of the marketing concept. In: The Journal of Marketing, Jg. 47, H. 3, S. 45-55.
Höhne, Steffen (2009:1): Kulturbranding – zwischen inhaltsarmer Reduktion und kommunikativer Praxis. Konzeptuelle Überlegungen zu einem aktuellen Phänomen. In: Höhne, Steffen; Ziegler, Ralf Philipp (Hg.): Kulturbranding II: Konzepte und Perspektiven der Markenbildung im Kulturbereich. Leipzig. S. 25-36.
Höhne, Steffen (2009:2): Kunst- und Kulturmanagement. Eine Einführung. Paderborn.
Holland, Heinrich (2001): Katalog. In: Diller, Hermann (Hg.): Vahlens großes Marketinglexikon [in zwei Bänden]. 2. Aufl. München. Bd. 1, S. 738-740.
Hollerweger, Eva; Nachbagauer, Andreas (2003): Künstlerische Dienstleistungen im Dritten Sektor. Teil 2. Ausgangslage: Dritter Sektor in Österreich. Institut für interdisziplinäre Nonprofit Forschung an der Wirtschaftsuniversität Wien. Online verfügbar unter http://www.equal-artworks.at/wp-content/uploads/2003/11/studie_teil2.pdf, zuletzt geprüft am 08.09.2013.

Homburg, Christian (2012): Marketingmanagement. Strategie, Instrumente, Umsetzung, Unternehmensführung. 4. Aufl. Wiesbaden.

Hood, Molly G. (2004): Staying away. Why people choose not to visit museums. In: Gail Anderson (Hg.): Reinventing the museum. Historical and contemporary perspectives on the paradigm shift. Lanham, Md.; Walnut Creek. S. 150-157.

IBM Medienstudie 2008. Online verfügbar unter http://www-05.ibm.com/de/media/downloads/medienstudie-2008.pdf, zuletzt geprüft am 08.09.2013.

Institut für Museumskunde (Hg.) (2003): Statistische Gesamterhebung an den Museen der Bundesrepublik Deutschland für das Jahr 2002. Heft 57. Online verfügbar unter http://elib.zib.de/museum/ifm/mat57.pdf, zuletzt geprüft am 08.09.2013.

Institut für Museumskunde (Hg.) (2004): Statistische Gesamterhebung an den Museen der Bundesrepublik Deutschland für das Jahr 2003. Heft 58. Online verfügbar unter http://elib.zib.de/museum/ifm/mat58.pdf, zuletzt geprüft am 08.09.2013.

Institut für Museumskunde (Hg.) (2005): Statistische Gesamterhebung an den Museen der Bundesrepublik Deutschland für das Jahr 2004. Heft 59. Online verfügbar unter http://elib.zib.de/museum/ifm/mat59.pdf, zuletzt geprüft am 08.09.2013.

Junge, Robert (2013): Potenziale und Chancen von Crowdfunding für Kulturbetriebe: Ein kulturwissenschaftlicher Ansatz. Hamburg.

Kano, Noriaki et al. (1984): Attractive quality and must-be quality. Hinshitsu: The Journal of the Japanese Society for Quality Control (Vol. 14, No. 2), S. 39-48.

Keller, Kevin Lane; Bliemel, Friedhelm; Kotler, Philip (2007): Marketing-Management. Strategien für wertschaffendes Handeln. 12. Aufl. München [u. a.].

Keuchel, Susanne (2009): »Kultur für alle« in einer gebildeten, ungebundenen, multikulturellen und veralteten Gesellschaft? Der demografische Wandel und seine Konsequenzen für die kulturelle Partizipation. In: Körner, Jana; Hausmann, Andrea (Hg.): Demografischer Wandel und Kultur. Wiesbaden.

Keuchel, Susanne; Larue, Dominic (Zentrum für Kulturforschung, ZfKf) (2012): Das 2. Jugend-Kultur-Barometer: »Zwischen Xavier Naidoo und Stefan Raab...«. Bonn.

Kirchberg, Volker (2000): Die McDonaldisierung deutscher Museen. In: Tourismus Journal 4 (1), S. 117–144.

Kirchberg, Volker (2004): Lebensstil und Rationalität als Erklärung des Museumsbesuchs. In: Robert Kecskes, Michael Wagner und Christof Wolf (Hg.): Angewandte Soziologie. Wiesbaden, S. 309–328

Kirchberg, Volker; Zembylas, Tasos (2010). Arts Management: A sociological inquiry. In: The Journal of Arts Management, Law and Society, Jg. 40, H. 1, S. 1-5

Klein, Armin (2011:1): Kultur-Marketing. 3. Aufl. München.

Klein, Armin (2011:2): Der exzellente Kulturbetrieb. 3. Aufl. Wiesbaden.

Koch, Anne (2002): Museumsmarketing. Ziele, Strategien, Maßnahmen. Bielefeld.

Kösters, Winfried (2011): Weniger, bunter, älter: den demografischen Wandel aktiv gestalten. 2. Aufl. München.

Kotler, Philip (1988): Marketing management. Analysis, planning, and control. 6. Aufl. Englewood Cliffs, New Jersey.

Kotler, Philip; Bliemel, Friedhelm (2006): Marketing-Management. Analyse, Planung und Verwirklichung. 10. Aufl. München.

Kroeber-Riel, Werner; Gröppel-Klein, Andrea (2013): Konsumentenverhalten. 10. Aufl. München.

Kroeber-Riel, Werner; Esch, Franz-Rudolf (2001): Informationsüberlastung. In: Diller, Hermann (Hg.): Vahlens großes Marketinglexikon. [in zwei Bänden]. 2. Aufl. München. Bd. 1. S. 648–651.

Last, Anne-Kathrin (2008): Präferenzerfassung für öffentliche Güter am Beispiel des Lüneburger Kulturangebots. In: Schöning, Stephan; Richter, Jörg; Wetzel, Heike; Nissen, Dirk (Hg.): Mittelstand 2008 – Aktuelle Forschungsbeiträge zu gesellschaftlichen und finanzwirtschaftlichen Herausforderungen. Frankfurt/Main [u. a.]. S. 111-125.

Leitner, Johannes; Maier, Florentine; Meyer, Michael; Millner, Reinhard (2008): Managerialismus in Nonprofit Organisationen: Zur Untersuchung von Wirkungen und unerwünschten Nebenwirkungen. In: Schauer, Reinbert (Hg.): Steuerung und Kontrolle in Nonprofit-Organisationen. Eine Dokumentation. Linz. S. 89-112.

Lissek-Schütz, Ellen (2008): Fundraising. In: Klein, Armin (Hg.): Kompendium Kulturmanagement. Handbuch für Studium und Praxis. 2. Aufl. München. S. 502-538.

Luczak, Holger (1997): Innovationsmanagement als Basis für neue Dienstleistungen. In: Bullinger, Hans-Jörg (Hg.): Dienstleistungen für das 21. Jahrhundert. Gestaltung des Wandels und Aufbruch in die Zukunft. Stuttgart. S. 515-525.

Lüders, Jelka (2005): Geld für die Kunst: Kulturfinanzierung und Fundraising in den USA. In: Höhne, Steffen (Hg.): »Amerika, Du hast es besser«. Kulturpolitik und Kulturförderung in kontrastiver Perspektive. Leipzig. S. 45-108.

Magrath, A. J. (1986): When Marketing Services, 4 Ps are not enough. In: Business Horizons, Jg. 29, H. 3, S. 44-50.

Mandel, Birgit (2011): Audience Development. In: Lewinski-Reuter, Verena; Lüddemann, Stefan (Hg.): Glossar Kulturmanagement. Wiesbaden. S. 9-14.

Mandel, Birgit (2005): Kulturvermittlung. Zwischen kultureller Bildung und Kulturmarketing. In: Mandel, Birgit (Hg.): Kulturvermittlung – zwischen kultureller Bildung und Kulturmarketing. Eine Profession mit Zukunft. Bielefeld. S. 12-21.

Maretzki, Jürgen (2001): Productplacement (Produktplatzierung). In: Diller, Hermann (Hg.): Vahlens großes Marketinglexikon [in zwei Bänden]. 2. Aufl. München. Bd. 2, S. 1387-1389.

Martin, Albert (2001): Personal – Theorie, Politik, Gestaltung. Stuttgart [u. a.].

Maslow, Abraham H. (1954): Motivation and personality. New York.

Meffert, Heribert (1992): Marketingforschung und Käuferverhalten. 2. Aufl. Wiesbaden.

Meffert, Heribert; Bruhn, Manfred (2012): Dienstleistungsmarketing. Grundlagen, Konzepte, Methoden. 7. Aufl. Wiesbaden.

Meffert, Heribert; Burmann, Christoph; Kirchgeorg, Manfred (2012): Marketing: Grundlagen marktorientierter Unternehmensführung. Konzepte, Instrumente, Praxisbeispiele. 11. Aufl. Wiesbaden.

Mühlbacher, Hans (2001): Außenwerbung. In: Diller, Hermann (Hg.): Vahlens großes Marketinglexikon [in zwei Bänden]. 2. Aufl. München. Bd. 1, S. 94.

Müller, Iris (2001): Kommunikation. In: Diller, Hermann (Hg.): Vahlens großes Marketinglexikon. 2. Aufl. München. Bd. 1, S. 787-788.

Müller-Hagedorn, Lothar; Feld, Christa (2000): Kulturmarketing. Studienbrief der Fernuniversität Hagen 2. Aufl. Hagen.

Munkwitz, Matthias (2008): Der Markt. In: Geyer, Hardy (Hg.): Kulturmarketing. München [u. a.]. S. 13-26.

Musgrave, Peggy B.; Kullmer, Lore; Musgrave, Richard Abel (1959): The theory of public finance. A study in public finance. New York.

Mußmann, Olaf (2007): Leitbild-Entwicklung im Museum aus Beratersicht. Vortrag, gehalten auf dem IV. Rheinischen Museumstag, 07.05.2007 in Wuppertal. Konzept-Support. Online verfügbar unter http://konzept-support.de/Leitbild_Museum.pdf, zuletzt geprüft am 08.09.2013.

Mußmann, Olaf (2006): Leitbild im Museum: Eine Betriebsanleitung. In: Museum Aktuell, Nr. 129. S. 27-31. Online verfügbar unter http://museen.be/attachments/000555_Artikel_Mussmann.pdf, zuletzt geprüft am 08.09.2013.

Ober-Heilig, Nadine; Bekmeier-Feuerhahn, Sigrid; Sikkenga, Jörg (2012): How to attract visitors with strategic, value-based experience design. A review and analysis of customer experience and visitor segmentation research for cultural organisations. In: Marketing ZFP 34 (4), S.301-315.

Opaschowski, Horst W. (2006): Deutschland 2020. Wie wir morgen leben – Prognosen der Wissenschaft. Wiesbaden.

Opaschowski, Horst W. (2013): Deutschland 2030. Wie wir in Zukunft leben. Neuaufl. Gütersloh.

Pantellini, Claudia; Stohle, Peter; Thalmann, Simone (2003): »Marketing the Museum«. Kulturmarketing, Besucherorientierung und ihre Umsetzbarkeit am Beispiel von drei Schweizer Institutionen. In: Klein, Armin (Hg.): Deutsches Jahrbuch für Kulturmanagement 2002 (6), S. 82-103.

Panzer, Gerhard (2004): Kulturkonsum: Zur Ökonomik kultureller Bedeutungen. In: Hellmann, Kai-Uwe (Hg.): Konsum der Werbung. Zur Produktion und Rezeption von Sinn in der kommerziellen Kultur. Wiesbaden. S. 127-146.

Panzer, Gerhard (2010): Die Funktion inszenierter Prosumtion für Qualität und Wert kultureller Güter. In: Blättel-Mink, Birgit; Hellmann, Kai-Uwe (Hg.): Prosumer Revisited. Zur Aktualität einer Debatte. Wiesbaden. S. 131-146.

Pavlakovich-Kochi, Vera K.; Charney, Alberta H. (2001) Arts in Tucson's economy: An economic and tax revenue impact study. Online verfügbar unter http://ebr.eller.arizona.edu/research/artstucson.pdf, zuletzt geprüft am 18.09.2013

Petty, Richard E.; Cacioppo, John T. (1986). The elaboration likelihood model of persuasion. In Berkowitz, L. (Hg.): Advances in experimental social psychology 19, New York, S. 123-205.

Priddat, Birger P. (2009): Politische Ökonomie: Neue Schnittstellendynamik zwischen Wirtschaft, Gesellschaft und Politik. Wiesbaden.

Ritzer, Georg (2006): Die McDonaldisierung der Gesellschaft. 4. Aufl. Konstanz.

Rockweiler, Susanne; Reimann, Michaela (2005): Handbuch Kulturmarketing. Berlin.

Rotering, Joachim (1993): Zwischenbetriebliche Kooperation als alternative Organisationsform. Stuttgart.

Rumey-Wohsmann, Saskia (2012): Der Einsatz des Mission Statements als außengerichtetes Kommunikationsinstrument an staatlichen Theatern deutscher Metropolen, untersucht anhand einer Homepage-Analyse. Unveröffentlichte Bachelorarbeit. Leuphana Universität Lüneburg.

Rump, Oliver (2001): Controlling für Museen. Ziele Verfahren und Kontrollmöglichkeiten im Museumsmanagement. Ehestorf.

Schenker, Philipp (1990): Ökonomie und Management von Kunstinstitutionen. Basel [u. a].

Scheytt, Oliver (2005): Kommunales Kulturrecht. Kultureinrichtungen, Kulturförderung und Kulturveranstaltungen. München.

Scheytt, Oliver (2008): Kulturstaat Deutschland. Plädoyer für eine aktivierende Kulturpolitik. Bielefeld.

Schulze, Gerhard (2000): Die Erlebnisgesellschaft. Kultursoziologie der Gegenwart. Studienausg., 8. Aufl. Frankfurt/Main.

Siebenhaar, Klaus (2009): Audience Development oder eine Liebesbeziehung fürs Leben. In: Siebenhaar, Klaus (Hg.): Audience Development – oder die Kunst, neues Publikum zu gewinnen. Berlin. S. 11-17.

Sikkenga, Jörg (2013): Weiterempfehlung als informative & soziale Funktion im Kulturbereich. Dissertation Leuphna Universität Lüneburg.

Slater, Alix (2007): ›Escaping to the gallery‹: understanding the motivations of visitors to galleries. In: International Journal of Nonprofit and Voluntary Sector Marketing 12 (2), S. 149-162.

Statistische Ämter des Bundes und der Länder (Hg.) (2008): Kulturfinanzbericht 2008. Wiesbaden. Online verfügbar unter http://miz.org/artikel/MF_020_Statistisches_Bundesamt_Kulturfinanzbericht_2008.pdf, zuletzt geprüft am 08.09.2013.

Statistische Ämter des Bundes und der Länder (2008): Kulturstatistiken. Kulturindikatoren auf einen Blick. Ein Ländervergleich. Wiesbaden. Online verfügbar unter http://www.statistik-portal.de/Statistik-portal/kulturindikatoren_2008.pdf, zuletzt geprüft am 08.09.2013.

Steffenhagen, Hartwig (2008): Marketing. Eine Einführung. 6. Aufl. Stuttgart.
Straßl, Karl G. (2010): Staatsziel Kultur: Bekenntnis zur Kulturnation oder hohle Phrase? Wien.

Terlutter, Ralf (2000): Lebensstilorientiertes Kulturmarketing. Besucherorientierung bei Ausstellungen und Museen. Wiesbaden.
Tulder, Rob J. M. van; Zwart, Alex van der (2006): International business-society management. Linking corporate responsibility and globalization.London [u. a.].

Ukena, Karl-Heinz (2008): Fundraising. In: Geyer, Hardy: Kulturmarketing. München [u. a.]. S. 393-401.

Wagner, Bernd (2006): Kulturpolitik heute: Veränderte kulturelle Praxis und brüchige konzeptionelle Grundlagen. In: Zembylas, Tasos; Tschmuck, Peter (Hg.): Kulturbetriebsforschung. Ansätze und Perspektiven der Kulturbetriebslehre. Wiesbaden. S. 159-174.
Walmsley, B. (2011): Why people go to the theatre: A qualitative study of audience motivation. In: Journal of Customer Behaviour Vol. 10 (4), S. 335-351.
Weber, Wolfgang; Kabst, Rüdiger (2012): Einführung in die Betriebswirtschaftslehre. 8. Aufl. Wiesbaden.
Wefing, Heinrich (2006): Staatsziel Kultur. Kultur und Verfassung. In: Frankfurter Allgemeine Zeitung, Jg. 2006, Ausgabe 49, 27.02.2006, S. 1.
Weinberg, Peter (1981): Das Entscheidungsverhalten der Konsumenten. Paderborn.
Westermann, Georg (2008): Business Process Reengineering in Kulturbetrieben. In: Geyer, Hardy (Hg.): Kulturmarketing. München [u. a.]. S. 323-336.
Witt, Martin (2000): Kunstsponsoring: Gestaltungsdimensionen, Wirkungsweise und Wirkungsmessungen. Berlin.
Wöhe, Günter; Döring, Ulrich (2013): Einführung in die Allgemeine Betriebswirtschaftslehre, 25. Auflage, München.

Zanger, Cornelia (2001): Event-Marketing. In: Diller, Hermann (Hg.): Vahlens großes Marketinglexikon [in zwei Bänden]. 2. Aufl. München. Bd. 1, S. 439-442.
Zembylas, Tasos (2006): Vom ›Geist‹ des Kulturmanagement. In: Stepina, Clemens K. (Hg.): Wiener Kulturmanagement in Theorie und Praxis. Akten des Symposiums »Kulturmanagement in Wien 2005«. Wien. S. 15-21.
Ziegler, Ralf Philipp (2006): Entwurf eines Modells zu Grundlagen der Markenführung in Kulturinstitutionen am Beispiel der Präsentation klassischer Musik. In: Höhne, Steffen; Ziegler, Ralf Philipp (Hg.): Kulturbranding. Konzepte und Perspektiven der Markenbildung im Kulturbereich. Leipzig. S. 59-93.

Stichwortregister

A

Absatz 9, 28, 51, 98
Absatzhelfer 143
Absatzmarkt 32 f., 42, 68
Absatzmittler 65, 143, 145
Absatzpolitik 50 f., 93
Absatzwege 142 f.
Analyzer 91 f.
Anspruchsgruppe 42, 50 f., 66, 68, 91, 99, 110, 112 f., 145, 152, 155
Anspruchsgruppenbedürfnis 51
Anspruchsgruppenbeziehung 51
Architektur 2, 161 ff.
Audience Development 45, 99 f., 102
Audience-Development-Strategie 100 f., 103
Ausschlussprinzip 32 f.
Ausstattungspolitik 160 f.

B

Barrieren
- Akzeptanzbarrieren 153
- Besuchsbarrieren 82, 140
- Eintrittsbarrieren 22
- Kontaktbarrieren 151
- , psychologische 35, 100
- Wechselbarrieren 101 f.

Basisfaktoren 134 f.
Baumols Disease 35
Bedarf
- Bedarfsdeckung 10
- Fremdbedarfsdeckung 9 f.
- künstliche Bedarfssteigerung 98
- öffentlicher Bedarf 9, 125

Bedürfnis 22, 32, 78, 82, 112
- Bedürfnisse, individuell 134
- Bedürfnisse, kollektiv 31
- Gemeinschaftsbedürfnisse 31

Bedürfnisbefriedigung 33, 39, 45, 78
Bedürfnispyramide nach Maslow 78
Begeisterungsfaktoren 134 f.
Below-the-line-Aktivitäten 150, 152 f.
Beschaffungsmarkt 19, 42
Beschaffungsmarketing 42 f., 122
Beschaffungsmarkt 41
Beschwerdemanagement 136
Besuchsprozessphase 132 f.
Besucher 32, 65 f., 113, 127, 132, 134, 136 f., 142 f., 153, 161 ff.
Besucherbefragung 75, 126
Besucherbindungsstrategie 99 ff.
Besucherdatenbank 151 ff.
Besucherforschung 82
Besucherintegration 30
Besucherrückgewinnungsstrategie 102
Betrieb 9, 11

Betriebstyp 9 f.
Beziehungsbildung 121, 128
Beziehungsmanagement 42
Beziehungspflege 123, 155
Bildungsauftrag 9, 12, 21, 32 f., 40, 62
Bildungswert 31 f.
Billigmarkenstrategie 111
Bindung 99, 102 f., 109, 112, 121, 125, 128, 154, 157
- Bindungsstrategie 100
Bourdieu, kulturelles Feld 5
Branding 108, 110, 113, 161. Siehe auch Marke: Markenbildung
- Behavioral Branding 109
- Brand Behaviour 108
- Brand Commitment 109
- Brand Communication 108
- Brand Design 108
- Branding-Prozess 113
- Branding-Strategie 161
- Corporate Branding 110
- Kulturbranding 108
Business Process Reengineering 159 f.
Business-to-Business-Ansatz, B2B 42
Business-to-Consumer-Ansatz, B2C 42

C

Chancen-Risiken-Analyse 72
Concept Line 163
Controlling 157 f.
Co-Producer 143
Core Attraction 163
Corporate Architecture 161
Corporate Behaviour 107, 156
Corporate Communication 107, 155 f.
Corporate Design 56, 107, 112, 156, 161
Corporate Identity 91, 106 ff., 127, 155, 161
Corporate Social Responsibility 26, 72
Creative Industries 3
Crowdfunding 121 f.

D

Dachmarke 110 f.
Database-Marketing 152
Defender 91 f.
Demografische Faktoren 82, 93
Demografischer Wandel 82, 102 f.
Dienstleister 21, 28, 30, 72, 136
Dienstleistung 3, 8 f., 12, 51, 79, 96 ff., 105, 122, 136, 143, 160
Dienstleistungsentwicklung 97 f.
Dienstleistungsmarketing 46, 48 f., 51
Dienstleistungsphase
- Ergebnisorientierung 30 f.
- Potenzialorientierung 30
- Prozessorientierung 30

Dienstleistungssektor 28
Direktwerbung 152
Distribution
- Absatzwege 143
- Absatzwege, direkte Distribution 143 f.
- Absatzwege, indirekte Distribution 143 f.
Distributionsinstrumente 142
Distributionspolitik 47, 50, 119, 142
Diversifikation 97 f.
- Diversifikation, horizontal 98
- Diversifikation, lateral 99
- Diversifikationsstrategie 98
- Diversifikation, vertikal 98
Dual-Process-Modelle 149

E

Effektivität 52 f., 153, 158
Effizienz 52 f., 125, 158
ehrenamtliche Mitarbeiter 45, 47, 50, 128
Eigeneinnahmen 36, 69, 95, 126
Einstellung 71, 76 f., 79, 83, 93, 129, 145 f., 149
Einstellungen 82
Elaboration-Likelihood-Modell 149
Emotion 76 f.
Entscheidungsprozess 80
Entscheidungsverhalten 80 ff.
Erlebnischarakter Architektur 162
Erlebnismarketing 102
Erlebnisorientierung 102, 162
Erlösfelder 126
Erlösoptimierung 140
Event 92, 101, 152 ff.
- Eventkultur 56
- prosumtive Events 103
Externer Faktor 28 ff., 79

F

Facilitating Services 131
Finanzierungsinstrumente 120
Finanzierungspolitik 43, 50, 54, 119 f.
Fremdbedarfsdeckung 10
Friendraising 121
Fundgiver 121 f.
Fundraising 120 ff.

G

Gebundenheitsstrategie 101 f.
Gegenleistung
- Gegenleistung, immateriell 12
- Gegenleistung, materiell 12
- Gegenleistung, Sponsoring 26
Geschäftsfelder, strategisch 71, 95 f., 125
Gewinn
- Gewinnausrichtung 11
- Gewinnerzielung 125, 137
- Gewinnmaximierung 10
- Gewinn, NPO 11

H

Haltung zu Kulturmarketing

- enthusiastisch-euphorisch-bejahend 56
- fundamentalistisch-puristisch-ablehnend 56
- kritisch-reflektiert integrierend 55 ff.
- Reduktion auf Werbung 56
Homo oeconomicus 34

I

Image 21, 69, 107, 123, 136, 145 f., 152, 155
- Markenimage 155
Imageeffekt 55, 152 f.
Imagetransfer 106, 123, 125, 160 f.
Imageverlust 125
Imagestrategie 111
Imageverbesserung 26
Income Gap 35
Individualität 28, 29
Informationsaufnahme, passiv 76
Informationsinteresse 148, 154
Informationssuche, aktiv 79
Informationsüberlastung 114, 154
Informationsverarbeitungsprozess 76
Input-Output-Relation 6, 12, 35, 52
Intangibilität 28
Integration des externen Faktors 28 ff., 45
Interessengruppe 21, 23, 25 f., 33, 37 f.
Interessenvertretung 12
Interstitials 151, 153
Involvement 76 f., 149
Ist-Positionierung 75
Ist-Situation 68

K

Kapazitätsmanagement 160
Kaufentscheidung 81 f.
Kaufrisiko 79
Kernleistung 120, 126 f., 130 ff., 136, 161
Kommerzialisierung von Kultur 55, 125
Kommunikation 56, 114, 125, 145 f., 154
analoge 147
- Dialogkommunikation, interaktiv 153
-, digitale 147
- Echtzeitkommunikation 147
- Einwegkommunikation 147
- face-to-face-Kommunikation 147
- Kommunikation, persönlich 147, 152
- Kommunikation, unpersönlich 147
- Netzwerkkommunikation 147
- Zweiwegkommunikation 147
Kommunikationsform 147
Kommunikationsinstrumente 150 ff.
- Below-the-Line-Aktivitäten 152 f.
- Direktwerbung 151, 153
- klassische Werbung 150 ff.
- Online-Werbung 150 f., 153
- Public Relations 150, 154 f.
Kommunikationsmaßnahmen 98, 112, 123, 155
Kommunikationspolitik 51, 145, 148, 150, 152, 155, 162
Kommunikationsprozess 145 f.
Kommunikationsquelle 146

Konsumentscheidung 34, 76, 80 f.
Konsumrivalität 32 f.
Konsument 7, 21 ff., 25, 31 f., 34, 40 f., 79, 83, 138
- Kulturkonsument 33, 45, 52, 61, 65, 72 f., 82, 93, 119
Konsumentenorientierung 7, 55
Konsumentensouveränität 35
Konsumententypologien 93
Konzeptionspyramide 53, 91
Kooperation 50, 69, 104 f., 142, 152 f.
- Kooperationsformen 105
- Kooperationspartner 43, 66, 104, 151
- Kooperationsstrategie 43, 99, 104, 106
- Marketing-Kooperation 106
Kosten
- Beschaffungskosten 42
- Fixkosten 106, 138
- Kostendeckung 65
- Kosten, variabel 138
- Leerkosten 140
- Transaktionskosten 101
- Zusatzkosten 137
Kostendeckung 12, 35
Kräfte-Dreieck Markt = Staat - Civil Society 12
Kultur 8, 83, 122
Kulturbegriff 1 f.
Kulturgut 7, 32, 56, 79
Kulturgüter 2, 7, 31, 55 f., 97, 112, 142
Kulturangebot 31 f., 72, 79, 81 f., 84, 112, 127, 134, 142, 155
Kulturbetrieb 9, 40, 55 f., 82, 91 f., 102, 137, 153 f., 161, 163
- Klassifizierung von Kulturbetrieben 7
- Kulturbetrieb, kommerziell 32
- Kulturbetrieb, nicht-kommerziell 9, 50, 128
Kulturdienstleistung 72, 79, 160 f.
Kulturinstitution 8 f., 56
Kulturkonsum 33 ff.
Kulturleistung 31, 50, 103, 142 f., 154
Kulturmarke 112
Kulturmarketing 1, 3 f., 6, 19, 39, 45, 55, 83
- Kulturmarketingdefinition 40
- Kulturmarketing, integrativ 9
Kulturmarkt 19 ff., 34, 40 ff., 45, 71, 106
- Anbieter 13, 19, 22 f., 25 f., 32 f., 42, 109
- Kulturmarktakteure 20, 55
- Nachfrager 19, 22, 34
- Wettbewerber 23, 68, 103
Kulturmuffel 84
Kulturorganisation 8 f., 11, 31, 66 f., 91, 98
- Kulturorganisation, nicht-kommerziell 8
- Kulturorganisation, öffentlich 31, 40
Kulturpolitik 25, 31, 101, 155
Kulturprodukt 8, 32, 79, 131
Kulturpublikum 95, 100, 103
Kultursektor 1, 3, 5, 8, 55 f., 72, 114, 154
Kundenbeziehung 45, 48 f.
Kundenbindung 98, 123, 126
Kundenzufriedenheit 134 ff.

L
Landmarks 163
L´art pour l´art 5
Lasswellsche Formel 145 f.
Lebensstil 82 ff., 93, 114
Lebensstilforschung 83
Leistung
- Basisleistung 48
- Kernleistung 130 ff., 136 f.
- Kulturleistung 6, 19, 21, 28, 30 f., 34, 36 f., 42, 45, 50 f., 76, 103, 134, 140, 142 ff., 154, 158
- Leistungen, innovativ 104
- Zusatzleistung 112, 128, 131 f., 153
Leistungsdifferenzierung 48, 106, 130 f.
- Leistungsdifferenzierung, zielgruppenspezifisch 98
Leistungserstellung 11, 43, 97, 103, 129, 138
Leistungsfaktoren 68, 134
Leistungsmerkmal 69, 70, 133
Leistungspolitik 50 f., 119, 130
Leistungsversprechen 143
Leistungserstellung 28 f., 42, 143, 156 f.
Leistungsmerkmal 75
Leistungsversprechen 28
Leitbild 54, 61 f., 66 f.
Licensing 126
Lieferant 21, 23, 27, 37, 41 ff.
Lieferantenbeziehungen 42

M
Make, Cooporate or Buy 104
Malling 163
Marke 108 ff., 123
- Dachmarke 109 f.
- Einzelmarke 109
- Kulturmarke 109, 112
- Markenarchitektur 109
Markenbildung 91, 108 ff., 126. Siehe auch Branding
Markenbotschafter 110
Markenführung 108 ff., 113
Markenidentität 108 f., 112
Markenimage 109, 113, 155
Markenkern 108
Markennutzen 113
Markenstärke 111
Markenwerte 109, 113
Markenbildung
Markenidentität 112
Marketing 8, 20, 39, 40 ff., 44, 46, 52, 56
- B2B-Marketing 42 f.
- Beziehungsmarketing 44 f., 51, 100
- Dienstleistungsmarketing 45 f., 48 f., 51, 102, 157, 160
- klassisch 42
- Non-Profit-Marketing 49 ff.
Marketinginstrumente 51, 91, 93, 97
Marketingkonzeption 9, 41, 52 ff., 61, 68
Marketingmix 42, 46, 53 f., 119, 145
Marketingstrategie 42, 53, 61
Marketing-Zielsystem 65
Markt 12 f., 19 f., 23, 26, 33 f., 39 ff., 56, 61, 64, 71

- Absatzmarkt 19, 32 f., 41 f., 68
- Käufermarkt 19, 40
- klassische Marktgesetze 32
- Regulationsprinzip des Marktes 34
- Verkäufermarkt 19

Marktabdeckungsstrategie 96
Marktakteure 99
Marktanteil 65, 91, 104, 139
Marktaustritt 22 f.
Marktdurchdringung 97 f.
Markteintritt 22 f., 125
Marktentwicklung 97 f.
Marktgeschehen 19, 21, 39
Marktorientierung 7, 32
Marktsegmentierung 91, 93
- geographische Kriterien 93
- psychografische Kriterien 93 f.

Marktteilnehmer 71, 95, 99, 137
Marktversagen 13, 32 ff.
Massenproduktion 7
Mäzen 26, 33
McDonaldisierung 56
Mehr-Faktor-Theorie der Kundenzufriedenheit 134
Meinungsfolger 148
Meinungsführer 82, 147 f.
Merchandising 126, 136
Meritorische Güter 31, 33, 140
Milieu 83
- Erlebnismilieu 84
- Harmoniemilieu 84
- Integrationsmilieu 84
- Milieuforschung 83
- Niveaumilieu 84
- Selbstverwirklichungsmilieu 84
- Unterhaltungsmilieu 84

Mission Statement 54, 61 ff., 66 f., 107 f., 162
Mitarbeiterbeziehungen 48 f.
Mitarbeiterbindung 48 f.
Mitarbeiterkompetenz 69, 112, 129, 136
Mitarbeiterzufriedenheit 48 f., 128
Motiv 77 f., 94, 100, 162
Motivation 9, 76 f., 83, 129, 149

N

Nachfrage 13, 19, 31, 33 ff., 77, 92, 97 f., 137, 139, 141
Nachfrageorientierung 7, 49
Nichttransportfähigkeit 28
Non-Profit-Marketing 49 ff.
Non-Profit-Organisation 1, 9 ff., 32, 49 f., 55, 119
Nutzenmaximierung 34
Nutzenorientierung 19, 45
Nutzungsbarrieren 141

O

Öffentlichkeitsarbeit 55, 154 f., 157
Ökonomisches Prinzip 6, 9
Optionswert 31

P

Personal 46 f., 51, 127 ff., 133

Personalbedarfsplanung 127 f.
Personalbestandsplanung 127 f.
Personaleinsatz 127 ff.
Personalentwicklung 127, 129 f., 138
Personalkosten 36, 106, 128, 164
Personalpolitik 47, 50, 127 f.
Platzierung 26, 46 f., 75
Positionierungsanalyse 74 f., 104
Präferenz
- Präferenzbildung 114
-, verzerrte 34 f.

Preisbeeinflussung 33
Preisbereitschaft 138 f., 141
Preisbildung 33, 35, 137 f.
- Preisbildung, konkurrenzorientiert 138
- Preisbildung, kostenorientiert 138
- Preisbildung, Methoden 137

Preisbindung 21
Preisbündelung 140, 142
- Mixed Bundling 142
-, optional bundling 142
- Pure Bundling 142

Preisdifferenzierung 139 ff.
Preispolitik 46, 136, 138 ff., 142
Preisvariation 140 ff.
Preiszusammensetzung 137
Premiummarkenstrategie 111
Prestigewert 32
Produktorientierung 7, 32
Produktion
- Kulturproduktion 2 f., 5, 8, 22
- Produktionsprozess 2, 103, 105
- Produktionsart 7

Produktionskosten 33, 138
Prospector 91 f.
Prosumer 22, 29, 102 f.
Prosumtion 103
Prototyp 7
Prozessmanagement 156 f.
Prozessoptimierung 157, 160
Prozesspolitik 47, 119, 156 f.
Prozessoptimierung 48
Prozessorientierung 30
Public-Private-Partnership 125
Public Relations 66, 101, 126, 154 f.
Publikumsbeteiligung 22, 30, 103

Q

Qualitätsmanagement 157 f.
Qualitätsstrategie 110 f.

R

Reactor 91 f.
Rechtsträgerschaft 23
Relationship-Marketing 44 f., 49 ff.
Ressource 68, 72, 95 ff., 104 ff., 113, 119, 122 f., 126 f., 143, 155, 159 f
-, finanzielle 103, 120, 143
Ressourcenanalyse 68 f., 72 f.

Stichwortregister

Ressourcenpolitik 50 f.
Risiko 151 f.
- Bestandsrisiko 10
- Finanzrisiko 36
- funktionelles Risiko 79
- ökonomisches Risiko 79
- psychologisches Risiko 79
- soziales Risiko 79
- wahrgenommenes 28 f., 79
Risikoreduzierung 79
Risikowahrnehmung 76 f., 79, 153
Rivalität im Konsum 32 ff.

S
Social-Media 152 ff.
Sponsor 43, 66, 72, 112, 114, 122 ff., 137, 151
Sponsoring 26, 72, 105, 122 ff., 152 f., 164 f.
- Kultursponsoring 26 f., 72, 122
- Sponsoring-Partnerschaft 123
- Sponsoringplanung 123
Staat 12 f., 21, 35
- staatliche Regulierungsmaßnahmen 35
Staatsversagen 13
Stärken-Schwächen-Analyse 70, 72
Stärken-Schwächen-Profil 70, 73, 158
Strategie
- Anpassungsstrategie 99, 104
- Audience Development-Strategie 99 ff.
- Ausweichstrategie 99
- Ausweichungsstrategie 104
- Besucherakquisitionsstrategie 99, 101
- Besucherbindungsstrategie 101
- Dachmarkenstrategie 110
- Gebundenheitsstrategie 102
- Gesamtmarktstrategie 96
- Geschäftsfeldstrategie 91, 95
- Kompensationsstrategie 102
- Konfliktstrategie 99, 104
- Kooperationsstrategie 43, 99, 104, 106
- Marktabdeckungsstrategie 95 f.
- Marktfeldstrategie 95, 97
- Marktteilnehmerstrategie 91, 99
- Nachbesserungsstrategie 102
- Stimulierungsstrategie 102
- Strategiebildung, unternehmenstypenbezogen 91
- Strategie, wettbewerbsbezogen 99, 103
- Teilmarktstrategie 96
- Überzeugungsstrategie 102
- Verbundenheitsstrategie 101 f.
- Vertriebsstrategie 144 f.
- Wettbewerbsstrategie 103 f.
Strategische Geschäftsfelder 71, 95 f., 125
Subvention 10, 33, 36, 71, 95, 140
Supporting Services 131
SWOT-Analyse 68, 72, 74
SWOT-Profil 73

T
Teilöffentlichkeiten 155

Ticketing 143
Total Quality Management 158
Trägerschaft 21, 23, 31

U
Umweltanalyse 68, 71 ff.
Umweltbedingung 61 f., 72
Umweltfaktor 68, 70
Unique Selling Proposition 130
Uno-Actu-Prinzip 28
Unternehmensführung 39, 40, 49
Unternehmensziel 11, 39, 66, 97, 121, 129
Unzufriedenheit 101, 134 ff.

V
Verbundenheitsstrategie 101 ff.
Vermächtniswert 31
Vertrauensaufbau 101, 155
Vertriebspartner 144 f.

W
Weiterempfehlung 101 f., 127, 148
Werbewirkung 148
Werbung 55 f., 152 f.
- Direktwerbung 150 ff.
- klassische Werbung 150 ff.
- Online-Werbung 150 ff., 153
Werte
-, immaterielle 19, 31
-, kollektive 31
Wertschöpfung 114, 131
Wertschöpfungstiefe 98
Wettbewerber 22 ff., 68, 74, 95, 103 f., 130, 136 ff., 160
Wettbewerbsfähigkeit 64, 145
Wettbewerbskräfte 23
Wettbewerbsorientierung 32 f., 138
Wettbewerbsumfeld 68
Wirtschaftsgüter 8, 28, 56
Wirtschaftsprinzipien 8
Wirtschaftlichkeitsprinzip 6, 10, 35, 52

Z
Zeitraumorientierung 45
Ziel
- Finanzierungsziel 65
- Formalziel 6, 9 f.
- Image- und Bekanntheitsgradziel 65
- Kommunikationsziele 146, 155 f.
- Leistungsziel 9 f.
- Marketingziel 53, 64, 91
- Marktanteils- und Distributionsziel 65
- Marktpositionsziel 65
- Non-Profit-Ziel 11, 32, 61 f.
- Oberziel 62 ff.
- Sachziel 9 ff.
- Unterziel 62 ff.
- Zwischenziel 62 f.
Zielebene 62

Zielhierarchie 62, 64
Zielkonkretisierung 63
Zielmarkt 93
Zielplanung 54, 61 f., 67, 75, 119
Zielpyramide 62 f.
Zielgruppe 65, 82 f., 91, 98, 100 f., 103 ff., 145 f., 151, 153, 155

- Zielgruppe, strategisch 93
Zielgruppenansprache 103
Zielgruppenbildung 93
Zielgruppensegmentierung 83
Zusatzleistungen 29, 112, 130 ff., 140, 153

Zwischen Ökonomie und Mission

Der Klassiker zur NPO in neuem Layout

Umwelt, Migration, Gesundheit, Jugend und Bildung… – NPOs engagieren sich in vielen Bereichen. Vor mehr als zehn Jahren war es dabei noch wichtig, auf Ökonomie und Betriebswirtschaft aufmerksam zu machen. Heute agieren NPOs äußerst professionell, insbesondere im Management. Zu professionell? „Managerialismus" und „Verbetriebswirtschaftlichung" sind zwei aktuelle Entwicklungen, die die Autoren konstatieren. Das heißt: NPOs müssen sich eher wieder auf ihren Unternehmenszweck, ihre „Mission" zurückbesinnen. Doch kann es gelingen, ökonomisch zu denken und dennoch auch soziale Ziele anzustreben und zu erreichen? NPO-Management ist heute vor allem ein Balanceakt zwischen Wirtschaft und Werten.

Simsa/Meyer/Badelt (Hrsg.)
Handbuch der Nonprofit-Organisation
Strukturen und Management
5., überarb. Auflage 2013. 558 S., 46 s/w Abb., 34 Tab.
Geb. € 49,95
ISBN 978-3-7910-3191-0
eBook 978-3-7992-6664-2

▶ Beiträge aus der NPO-Forschung, von Autoren, die im direkten Austausch mit NPOs stehen

▶ Heute für NPOs wichtig: Projekt- und Prozessmanagement, Führung, Innovationen und Social Entrepreneurship, Evaluation, Wirkungsmessung und Governance

SCHÄFFER POESCHEL

www.schaeffer-poeschel.de